Gemüse Garten Kochbuch

Gemüse Garten Kochbuch

mit 160 saisonalen Rezepten durch das Jahr

Andi Clevely

Christian Verlag

Dieses Buch ist allen Schrebergärtnern auf der ganzen Welt gewidmet, insbesondere jenen der Vergangenheit, die uns überliefert haben, wie man sich mit vielen Nahrungsmitteln selbst versorgen kann, und jenen der Zukunft, die diese Kenntnisse vermutlich wieder brauchen werden.

Unser Verlagsprogramm finden Sie unter www.christian-verlag.de

Übersetzung aus dem Englischen: Angela Kuhk unter Mitarbeit von Ulla Pip
Textredaktion und Satz: Barbara Kiesewetter
Korrektur: Petra Tröger
Umschlaggestaltung: Caroline Daphne Georgiadis, Daphne Design
Umschlagbild vorne: David Murphy, Sarah Cuttle, Mike Newton
Umschlagbilder hinten: 1. Reihe links und rechts, 2. Reihe rechts, 3. Reihe Mitte: Kate Whitaker; 1. Reihe Mitte; 3, Reihe links und rechts: David Murphy, Sarah Cuttle, Mike Newton, Hintergrundbild: Florentine Schwabbauer

Bitte richten Sie diese an:
Christian Verlag
Postfach 400209
80702 München
E-Mail: info@christian-verlag.de

Die Originalausgabe mit dem Titel *The Allotment Seasonal Planner & Cookbook* wurde erstmals 2008 im Verlag HarperCollins Publishers Ltd., London, veröffentlicht.

Text: Andi Clevely
Fotos (mit Ausnahme der auf Seite 224 genannten): Sarah Cuttle, David Murphy, Mike Newton

Printed in China by Leo Paper Products Ltd.

Die Deutsche Bibliothek - CIP Einheitsaufnahme
Ein Titeldatensatz für diese Publikation ist bei der Deutschen Bibliothek erhältlich.

ISBN 978-3-88472-931-1

Inhalt

Vorwort

Jeder träumt von gutem Essen. Dazu braucht man jedoch qualitativ hochwertige Zutaten, und weil viele gekaufte Lebensmittel zwar verführerisch aussehen, aber kaum noch nach etwas schmecken, liegt es nahe, auf Gemüse und Obst aus eigenem Anbau zurückzugreifen.

Tatsächlich gehen immer mehr Menschen diesen Weg. Nach Jahrzehnten der Gleichgültigkeit, der brachliegenden Gemüsegärten und schleichenden Vernachlässigung ist das Interesse an einem eigenen Gemüsegarten – sei es ein Garten direkt am Haus oder vielleicht sogar ein Schrebergarten – wieder erwacht, und Samenhandlungen verzeichnen eine unglaubliche Nachfrage nach Gemüsesaatgut. Das Interesse richtet sich dabei nicht nur auf gängige Gemüse wie Stangenbohnen und Rosenkohl, sondern auch auf alte, fast vergessene Gemüse sowie auf Gewächse aus anderen Kulturkreisen, deren Anbau sich als durchaus lohnend erweisen kann. Oft gedeihen sie bestens Seite an Seite mit weitverbreiteten Gemüsen wie Erbsen, Bohnen oder Roter Bete, und das Gemüse aus eigenem Anbau wird frischer sein als alles, was zum Kauf angeboten wird. Zudem wird es dann geerntet, wenn es wirklich reif ist, und es wird auf dem kurzen Weg vom Garten in die Küche garantiert nichts an Frische einbüßen.

Andi Clevely

Zu den Gemüsegärtnern gehört heute auch eine lebendige, junge Szene, die die modernen Lebensauffassungen gut widerspiegelt. Anstelle der einheitlichen Vorstellungen früherer Zeiten, warum und wie man einen Gemüsegarten zu bestellen hat, treten heute eine Vielzahl von Motiven und Zielen. Denn im Kreis der Hobbygemüsegärtner treffen sich mittlerweile ganz unterschiedliche soziale Schichten und Kulturkreise.

Die angebauten Früchte spiegeln genau diese Vielfalt. Schließlich umfasst Kultur nicht nur Musik, Literatur und Kunst, sondern auch alltägliche Dinge wie den Anbau traditioneller Kräuter, die dem selbst gebackenen Brot beigegeben werden, die Zutaten für den Lieblingssalat, die Art, wie Lauch oder Kohl angebaut oder zubereitet wird. Gemüseanbau und Kochkunst sind ein wesentlicher Bestandteil der Kultur, und der Ort, an dem sie sich begegnen und vermischen, ist der Garten. Dazu gehört auch der Austausch mit anderen Gartenfreunden – sei es beim Gespräch über den Zaun oder in den immer zahlreicher werdenden Internetforen. Hier wird diskutiert, wie man die diversen Gemüse und Früchte am besten verarbeitet oder wie man am besten mit einem Überschuss an Zucchini, Stangenbohnen und Tomaten fertig wird.

Wer zum ersten Mal vor der Aufgabe steht, einen Gemüsegarten zu bestellen, erlebt oft ein absolutes Hochgefühl: Jetzt scheinen sich fast unbegrenzte Möglichkeiten zu bieten, all das im Garten anzubauen, was man sich schon immer gewünscht hat. In dem Augenblick, in dem die Neulinge anfangen, zu planen und den Boden zu bearbeiten, beginnen sie auch, einen eigenen Stil zu entwickeln, und sie nehmen teil an dem immer wiederkehrenden und

ständig wechselnden Wachstumszyklus der verschiedenen Jahreszeiten. Dieses Buch konzentriert sich auf die jahreszeitlichen Aspekte des Gemüsegartens – Aussaat, Wachstum und Ernte finden in einem sich wiederholenden Muster statt – sowie darauf, wie man die selbst angebauten Zutaten der jeweiligen Jahreszeit in der Küche am besten verwenden und zu den köstlichsten Gerichten verarbeiten kann.

Dieses Buch verzichtet jedoch darauf, die Anbauverfahren für alle einzelnen Gemüse und Früchte schrittweise zu erläutern, wenngleich die wichtigsten Schritte in jeder Jahreszeit für Gartenneulinge – und auch als Gedächtnisstütze für erfahrene Gärtner – beschrieben werden.

Das Buch befasst sich auch mit der zentralen Frage des richtigen Zeitpunkts. Jede Frucht hat ihre natürliche Saison, wenngleich diese durch eine kluge Sortenauswahl und etwas Geschick bei den verschiedenen Techniken des Vortreibens verändert oder verschoben werden kann, um die Verfügbarkeit einer bestimmten Frucht etwas zu verlängern. Jede Frucht erreicht zu einer bestimmten Zeit des Jahres eine optimale Qualität – erntet man sie zu früh, besitzt sie unter Umständen wenig Aroma, Zucker oder Mineralien, bei Überreife wandeln sich die Zucker möglicherweise in Stärke um, während Aroma, Beschaffenheit und Vitamingehalt abnehmen. Optimale Qualität ist jedoch das alles überragende Ziel in der Küche und auf dem Tisch.

Das Wissen um die verschiedenen Sorten und ihre Eigenschaften, insbesondere die Kenntnis um die richtige Erntezeit, helfen bei der Umsetzung des Vorhabens, an jedem Tag des Jahres etwas ernten zu können. Zusätzlich zu vielen bekannten Gemüsearten gibt es jedoch zahlreiche weniger bekannte Arten oder Sorten, die in kritischen Zeiten heranreifen oder vielleicht besonders rasch wachsen und so mögliche Lücken füllen können. Viele von ihnen sind unter der entsprechenden Jahreszeit in diesem Buch beschrieben.

Wer solche neuen Möglichkeiten ausprobiert, bringt Abwechslung in den Speiseplan. Rezepte für die jeweiligen Jahreszeiten laden ein, diese große Vielfalt an bekannten und ungewohnten Gemüsen und Früchten auf den Tisch zu bringen. Was zu viel ist, wird als Vorrat eingefroren oder eingemacht. So kann man mithilfe eines Gemüsegartens dafür sorgen, dass die Speisekammer das ganze Jahr über gut gefüllt ist, und die weniger bekannten Gemüse und Früchte tragen dazu bei, die kreative Seite eines jeden Gemüsegärtners zu wecken.

Andi Clevely

Einführung

Gemüse und Obst selbst anzubauen, ist in vielerlei Hinsicht eine lohnende Tätigkeit: Sie bringt uns in engen Kontakt zum Boden und zum Leben in der freien Natur mit ihren Pflanzen und all den Lebewesen, die diesen Planeten mit uns teilen. Einen Gemüsegarten zu bestellen, mag für die einen einfach eine befriedigende Freizeitbeschäftigung sein, für andere ist sie vielleicht sogar ein spirituelles Erlebnis oder einfach eine effektive Art, ein wenig die Kontrolle darüber zu haben, was sie essen. Was auch immer die Motive sind: Jeder muss lernen, wie der Boden bearbeitet werden muss und welche Bedürfnisse die einzelnen Pflanzen haben, die im Garten gedeihen sollen.

Einführung

Gemüse und Obst selbst anbauen

Den Boden bearbeiten, Obst und Gemüse selbst anbauen und anschließend die eigene Ernte verwerten und auf den Tisch bringen ist eine zutiefst befriedigende Tätigkeit. Egal, ob man dies aus Überzeugung oder wegen des kulinarischen Hochgenusses betreibt, ist es im Wesentlichen eine kreative Tätigkeit. Für viele ist es unter Umständen die einzige Möglichkeit, in Kontakt mit der Natur und den wechselnden Jahreszeiten zu kommen.

Jeder gut geplante Gemüsegarten ist eine behutsam abgestimmte Abfolge verschiedener Kulturen. Hier werden die reifen Erbsen von Stangenbohnen und Zucchini abgelöst, während Lauch, Schwarzkohl und Brokkoli für die spätere Ernte heranreifen.

Die Vorzüge

Die meisten Gärtner genießen die vielfachen Freuden und Vorzüge, die der eigene Anbau bereitet. Einige dieser Gründe mögen auch Ihre Entscheidung, einen Gemüsegarten zu bestellen und die damit verbundene Verantwortung zu übernehmen, beeinflusst haben. Und die Erfahrung zeigt meist, dass die Vorzüge überwiegen. Obwohl Selbstversorger nicht notgedrungen billiger davonkommen, wenn man die Zeit und Mühen mit einrechnet. Trotzdem kann Gemüse und Obst aus dem eigenen Garten die Lebenshaltungskosten reduzieren – besonders, wenn man die Erträge der jeweiligen Saison verwertet.

Gute Nahrungsmittel sind geschmackvolle, nährstoffreiche Produkte, die auf dem Höhepunkt der Reife geerntet und dann frisch zubereitet werden. Die eigenen Gemüse bieten die Möglichkeit, Sorten auszuwählen, die für ihr Aroma bekannt sind, selbst wenn die Erträge mitunter geringer ausfallen als bei den üblichen kommerziellen Sorten. So ist von Petersilie beispielsweise in den Geschäften überwiegend die krause Sorte zu finden, während die glattblättrige deutlich aromatischer ist.

Außerdem kann man mehrere Sorten für die unterschiedlichsten Verwendungszwecke in der Küche ziehen oder vielleicht auch nur die eine Lieblingssorte, die selten im Handel angeboten wird. Und nicht zuletzt kann man Obst und Gemüse biologisch anbauen *(siehe Seiten 22–23)*, was einen deutlichen Vorzug gegenüber der im Handel erhältlichen Ware ausmacht, deren Preis oft recht hoch ist und die darüber hinaus häufig importiert ist. Es steht jedem Gärtner frei, den biologischen Ansatz auf den gesamten Garten anzuwenden oder ihn auf einzelne Beete zu begrenzen.

Schauen Sie auch einmal bei Ihren Gartennachbarn über den Zaun. Nehmen Sie mit Ihnen Kontakt auf und tauschen Sie sich über Erfahrungen, Erfolge und Misserfolge aus. Unterstützen Sie sich gegenseitig mit Rat und Tat und freuen Sie sich gemeinsam an allem, was gelingt.

Gartenarbeit zählt in jedem Lebensalter zu den gesündesten regelmäßigen Tätigkeiten im Freien und kann überdies auch die Umwelt schonen. Und so erstaunlich es klingt, aber Umgraben ist eine Arbeit, die nicht sein muss – obwohl es für manche ein hervorragendes körperliches und sogar kreatives Training sein mag. Dafür gehören zahlreiche andere Aktivitäten zur Pflege eines Gemüsegartens, die größtenteils im Freien geschehen und die Sie in dem Tempo ausführen können, das Ihren Möglichkeiten und Neigungen entspricht.

Vergessen Sie aber nicht, dass ein Gemüsegarten nicht nur aus harter Arbeit besteht. Schließlich müssen Sie sich nicht ausschließlich mit Produkten aus Ihrem eigenen Garten versorgen, sondern gärtnern aus freien Stücken. Einen Gemüsegarten zu bearbeiten, zählt in der heutigen Welt vielmehr zu den Freizeitaktivitäten. Alle damit verbundenen Tätigkeiten sollen immer auch Spaß machen und letztlich der Entspannung dienen. Genießen Sie also die vielfältigen Pflanzen, die unterschiedlichen Arbeiten im Garten, den Schwatz mit den Nachbarn – und schließlich die besten Gemüse und Früchte auf Ihrem Tisch.

Ein Gartenschuppen ist praktisch: Hier können Sie Geräte unterbringen, und vielleicht bietet er obendrein die Möglichkeit, dort bei einer guten Tasse Tee zu sitzen und Pläne für die Zukunft zu schmieden.

Der ernste Teil

Lebensmittel selbst anzubauen, ist ein Schritt hin zum bewussten Konsumieren und hat zahlreiche positive Folgen. Im Vergleich zum Kauf von Lebensmitteln im Supermarkt hat die Gartenarbeit einen geringeren negativen Einfluss auf die Umwelt. Weil lange Transportwege entfallen, sind die Energiekosten minimal, und der Ausstoß von Kohlendioxid wird fast auf Null reduziert. Genau genommen wird durch biologisches Gärtnern sogar Kohlenstoff im Boden gebunden, und die Nutzung der Flächen ist effizienter: Bei intensiver Nutzung ist ein Gemüsegarten bis zu zwölf Mal produktiver als eine landwirtschaftlich bearbeitete Fläche.

Durch den Anbau der eigenen Erzeugnisse trägt man also dazu bei, die Umweltverschmutzung und den Energieverbrauch zu reduzieren: Der verschwenderische Umgang mit Wasser, Material und Düngemitteln, das Verarbeiten und Behandeln von Lebensmitteln mit Konservierungsstoffen und anderen Zusätzen sowie die Verpackung entfallen, wenn man Gemüse selbst im Garten anbaut.

Die Welt ändert sich, und es herrscht zunehmend Einigkeit darüber, dass der Anbau der eigenen Nahrungsmittel für viele Menschen wieder wichtiger werden könnte. In den Industrienationen sind wir es gewöhnt, eine große Auswahl an Lebensmitteln zu haben, und mehrere Generationen lang war der Anbau der eigenen Nahrungsmittel keine Notwendigkeit. Doch die Ölreserven werden knapper und der Ölpreis steigt. Dies führt zu höheren Transportkosten und Preisen – für manche Menschen wird der Kauf von Lebensmitteln in Zukunft deshalb zum Problem werden. Das Wissen, wie man Nahrungsmittel selbst anbaut, wird dann ein unschätzbares Erbe sein, das wir unseren Kindern hinterlassen.

Ein Gemüsegarten ist also eine Investition, bei der es nicht nur um die Gemüse und Früchte geht, die wir in den verschiedenen Jahreszeiten ernten, sondern auch darum, Ressourcen für eine ungewisse Zukunft zu entwickeln.

Der Anfang

Jeder Gärtner beginnt an einem anderen Ausgangspunkt, er bringt verschiedene Erfahrungen und unterschiedliches Wissen mit. Wer zum allerersten Mal einen Gemüsegarten bestellt, sollte nicht glauben, alles müsse auf einmal geschehen: Bereiten Sie einfach einen kleinen Teil des Gartens vor, säen oder pflanzen Sie etwas und spüren Sie, wie das Selbstvertrauen in dem Maße wächst, wie auch die Pflanzen sich entwickeln. Lassen Sie freie Flächen jedoch nicht unbestellt, denn eine von Unkraut befreite Fläche lädt nur dazu ein, dass mehr Unkraut nachwächst. Freie Flächen sollten deshalb gemulcht oder bepflanzt werden. Es ist auch niemals zu spät, etwas auszusäen – in einem guten Jahr können Sie Erfolge feiern, und im schlimmsten Fall ist wenigstens der Boden bedeckt und die Ernte kommt im Herbst auf den Kompost. Vergessen Sie nicht, dass Pflanzen zum Wachsen und Samen zum Keimen bestimmt sind – alles, was sie von Ihnen brauchen, ist etwas Hilfe zur rechten Zeit. Nehmen Sie sich die Zeit, Ihren Boden und das Mikroklima kennenzulernen: Über die Wissenschaft des Pflanzenanbaus kann man dicke Bücher lesen, aber die wahre Kunst lernt man durch die sinnliche Erfahrung.

Die Gründe, warum Sie sich für einen Gemüsegarten entschieden haben, können ganz unterschiedliche sein. Vielleicht finden Sie – ohne Rücksicht auf die Erfolgsquote – das Säen von allen möglichen Samen und Kernen einfach unwiderstehlich oder Sie kaufen gern junge Pflanzen in einem Gartencenter, die zu den vertrauten Gemüsesorten heranwachsen. Vielleicht mögen Sie aber auch Ihre Gäste bei einem Abendessen mit ungewöhnlichen Obst- und Gemüsesorten überraschen und Sie möchten die karibische oder fernöstliche Küche mit ihren exotischen Zutaten ausprobieren. Oder vielleicht wollen Sie auch einfach nur wissen, woher das, was Sie täglich essen, stammt und wie es angebaut wurde.

Dies sind alles gute Motive mit einer fairen Chance auf Erfolg, wenn man zunächst einige Vorbereitungen trifft und sich so gut wie möglich informiert.

Der ewige Gemüsegärtner

Henry, ein pensionierter Bezirksrichter, besitzt schon seit Ewigkeiten einen Schrebergarten. Vor über 40 Jahren fing er an und bestellt seinen Garten bis heute. Als er noch im Arbeitsleben stand, ging er, selbst in äußerst umtriebigen Zeiten, trotzdem fast jeden Sommerabend und auch an einem Tag am Wochenende in seinen Garten. Und selbst jetzt in seinem 80. Lebensjahr verbringt er dort ein bis zwei Stunden pro Tag. Gemüse anzubauen, ist für Henry Therapie, seine Lieblingstageszeit ist der Morgen. Er mag schwere Arbeiten wie das Umgraben, aber am meisten liebt er das Ernten.

In seinem Garten wachsen die wichtigsten Gemüse: Kartoffeln, Zwiebeln, Stangenbohnen, Lauch, Dicke Bohnen, Tomaten, Salat und Kohl. Ihm gefällt auch, dass er seine Kartoffeln ausgraben kann und sie fünf Minuten später bereits im Kochtopf hat.

Henry ist auf dem Land aufgewachsen. Sein Vater war ein begeisterter Gärtner, und er begann schon früh mit dem Anbau einzelner Pflanzen im Schrebergarten seines Vaters. Bereits als Kind wusste er, was zu welcher Jahreszeit auf den Tisch kommt, ebenso, wie man den Überschuss einmacht und lagert. Heute kann er sich das Leben jedoch nicht mehr ohne Tiefkühltruhe vorstellen – ohne sie könnte er kaum die Eimer voller Tomatensuppe aufbewahren, die er alljährlich kocht!

S. 59 *siehe* Gefüllte Zwiebeln
S. 96 *siehe* Henrys Tomatensuppe

Experten-tipp

Internetforen sind eine gute Gelegenheit, mit anderen Gärtnern nicht nur Erfahrungen, sondern auch die eine oder andere Pflanze auszutauschen.

Gute Wege, ein trockener Schuppen und eine Regentonne sind wichtige Bestandteile eines gut ausgestatteten Gemüsegartens. Ob man den Boden umgräbt, Unkraut mit einem Vlies unterdrückt oder eine bunte Pflanzenmischung nach Art der Cottage-Gärten kultiviert, bleibt jedem selbst überlassen.

Informationen sammeln

Stellen Sie zunächst eine Liste mit den Pflanzen zusammen, die Sie anbauen möchten. Notieren Sie die gewünschte Anzahl Pflanzen pro Gemüse und den jeweiligen Erntezeitpunkt. Laden Sie jeden in der Familie ein, die jeweiligen Lieblingspflanzen auszuwählen. Informieren Sie sich anschließend möglichst detailliert über die ausgewählten Pflanzen. In einem Gemüsegarten kann man zwar unglaubliche Mengen ziehen, aber geht man beim Pflanzen mit zu viel Enthusiasmus ans Werk, wird der Garten bald überfüllt sein. Notieren Sie, wie viel Platz jede Pflanze braucht, wie groß der jeweilige Ertrag sein wird und wie lange die Pflanze an ihrem Standort bleiben wird. Stellen Sie sicher, dass Sie auch große Erntemengen verwerten können, besonders, wenn Sie zur Erntezeit einen Urlaub planen.

Falls Sie schon ein erfahrener Gemüsegärtner sind, haben Sie vermutlich im Laufe der Jahre eine gewisse Routine entwickelt. Neue Gärtner stellen jedoch häufig fest, dass sie entweder zu viel oder zu wenig von einer Sorte gesetzt, Pflanzen möglicherweise an einem ungeeigneten Standort angebaut oder dass sie einen unpassenden Zeitpunkt gewählt haben.

Sobald Sie festlegen, an welchem Platz jede Pflanze wachsen soll, prägen Sie den Gemüsegarten mit Ihrem eigenen Stil. Erkunden Sie den Standort, um sicherzugehen, dass er alles bietet, was die Pflanzen brauchen, und nicht der falsche Boden *(siehe Seite 24)*, das falsche Klima oder eine ungünstige Lage das Wachstum beeinträchtigt. Wie viele sonnige Standorte und schattige Lagen gibt es, wie exponiert oder geschützt liegen die Beete? Schätzen Sie den Arbeitsaufwand ein, den der Garten erfordern wird, und Ihre Möglichkeiten, dies auch zu leisten. Fragen Sie die Nachbarn, wann der erste und der letzte Frost zu erwarten sind, wie deren Erfahrungen mit dem Boden sind und ob Sie gegebenenfalls auf ihre Unterstützung zählen können.

All dieses Wissen hilft Ihnen, zu entscheiden, welche Pflanzen wann und wo angebaut, wann sie ausgesät und gesetzt werden und welche Folgekulturen möglich sind, falls die Saison noch nicht zu Ende ist.

Planung

Bei einem Spaziergang sollten Sie unbedingt die Gärten Ihrer Nachbarn genauer in Augenschein nehmen. Zu den großen Freuden verschiedener Gärten zählt die unendliche Vielfalt an Pflanzen. Eine eingehende Betrachtung liefert neue Ideen für Ihre ursprünglichen Pläne und die beruhigende Gewissheit, dass nichts ausgeschlossen werden sollte, bevor man es nicht ausprobiert hat.

Einige Gärten werden bis in die letzte Ecke gepflegt sein, während in anderen vielleicht ein scheinbar wildes Durcheinander herrscht, die Pflanzen aber dennoch gut gedeihen. Es mag Monokulturen von Kartoffeln oder Kohl geben neben komplexen Mischkulturen mit zahlreichen, möglicherweise unbekannten Pflanzen; kleine Beete und Parzellen, die von einem Netzwerk schmaler Pfade durchzogen sind, und Gärten mit großzügig angelegten Reihen verschiedener Pflanzen. Sie alle spiegeln die Vorlieben ihrer Besitzer wider und ein jeder arbeitet auf seine Weise. Wie Sie selbst Ihren Garten organisieren, hängt von verschiedenen Faktoren ab.

Informationsquellen

Beschaffen Sie sich so viel Information wie möglich über die Arbeit im Gemüsegarten und über all die Gemüse- und Obstarten, die sich in Ihrem Garten voraussichtlich gut ziehen lassen.

- ▶ Schlagen Sie zunächst auf den Seiten mit den Informationen und Bezugsquellen nach *(siehe Seiten 219–220)*. Hier finden Sie eine Auswahl nützlicher Adressen, Bücher, Webseiten und Organisationen, die Ihnen jede Menge hilfreicher Informationen bieten.
- ▶ Hören Sie den Berichten älterer Menschen zu, die vielleicht einen Gemüsegarten zu einer Zeit hatten, als der Anbau von Nahrungsmitteln eine Notwendigkeit war und gärtnerisches Können einfach sicherstellte, dass man etwas zu essen hatte.
- ▶ Fragen Sie Ihre Nachbarn nach den Sorten, die sie anbauen, und ihren Methoden.
- ▶ Websites liefern zahlreiche Informationen, in Blogs und Foren werden vielleicht genau die Fragen erörtert, die auch Sie beschäftigen.
- ▶ Wenn befriedigende Antworten ausbleiben, hilft nur eins: Selbst ausprobieren und über Erfolge und Fehlschläge Buch führen.

Der pensionierte Gemüsegärtner

Raj war zehn Jahre lang Toningenieur bei der BBC, bevor er sich entschied, frühzeitig aus dem Arbeitsleben auszuscheiden. So wurde sein Schrebergarten von der Abend- und Wochenendbeschäftigung zum Fulltimejob. Raj hatte schon immer die Gemüse anbauen wollen, die er aus seiner Kindheit in Indien kannte, und es gelang ihm, einige der Samen in England zu beschaffen, zusätzlich wurde ihm auch vieles aus Indien zugeschickt. Er zieht Chilischoten, Okraschoten, Balsambirnen, Koriander und natürlich auch die üblichen Gemüse wie Spinat, Lauch und Stangenbohnen.

Raj hat zwei Gärten, einen für die indischen Gemüse und einen zweiten für Kräuter und Blumen – besonders gern zieht er Dahlien für die Gartenausstellung. Sein Enkel kommt ihn gern im Garten besuchen und Raj versucht, ihn in die Kunst des Gemüseanbaus einzuführen. Im Augenblick begnügt sich der Kleine aber damit, seinem Großvater und den anderen Gärtnern bei der Arbeit zuzusehen. Rajs Gartennachbarn stammen aus der ganzen Welt: Sein direkter Nachbar Jay ist ebenfalls Inder und zieht mehr oder weniger das Gleiche wie Raj, während das chinesische Ehepaar gegenüber für ihre Wokgerichte ausschließlich verschiedene chinesische Gemüsesorten anbaut.

S.138 *siehe* Kürbiscurry mit grünen Bohnen und Kokosnuss
S.171 *siehe* Bittergurken-Curry

Nur Sie selbst wissen, wie viel Zeit Sie für die Gartenarbeit aufbringen können und wollen. Neulinge sind in der Anfangseuphorie fast täglich im Garten und geneigt, alles schnell und möglichst gleichzeitig zu machen. Gelegentlich schwindet dann die Begeisterung, wenn das Unkraut erneut austreibt und Samen Wochen brauchen, bis sie keimen. Mit zunehmender Erfahrung schätzt man die Arbeit dann realistischer ein. Einige Gärtner verbringen viel Zeit damit, zu jäten und ihre Pflanzen zu pflegen. Am anderen Ende der Skala findet sich der Gemüsegarten, der mit einem kurzen täglichen oder wöchentlichen Besuch seines Gärtners auskommen muss. Die durchschnittliche Arbeitszeit liegt irgendwo dazwischen und wird von der Pflanzenvielfalt bestimmt, von den jeweiligen Ansprüchen der Pflanzen und von der Art, wie sie gepflanzt wurden.

Der Boden kennt keine kulturellen oder nationalen Grenzen: Wenn man mit den verschiedenartigsten Gemüsen aus aller Welt experimentiert, können sich in einem Gemüsegarten kulinarische Traditionen aus der ganzen Welt begegnen.

Gärtner, die Ordnung und Effizienz lieben, ziehen es vor, lange Pflanzenreihen zu hacken, andere jäten lieber von Hand breitwürfig eingesäte Beete. Planen Sie den Garten entsprechend: Vielleicht teilen Sie ihn in gleich große Viertel auf, die von Reihen durchzogen sind, die überall guten Zugang bieten und die klassische Fruchtfolge ermöglichen *(siehe Seite 20)*. Vielleicht ziehen Sie es aber auch vor, das Grundstück in lange schmale Beete aufzuteilen, die nicht umgegraben werden. Sie werden von kurzen Querreihen durchzogen, sodass kleine Quadrate entstehen, in denen man die Pflanzen pflegen kann, ohne dass man das Beet betreten muss.

Wer Möhren, Zwiebeln und Kohl in großen Mengen zieht oder eine große Fläche mit nur einem Gemüse, etwa Kartoffeln, bepflanzt, kann die meiste Arbeit in einigen wenigen Aktionen erledigen. Wer dagegen eine reichhaltige Mischung oder ein bisschen von allem gesetzt hat, muss vermutlich auch mehr Routinetätigkeiten auf sich nehmen, etwa Ausdünnen, aufeinanderfolgende Aussaaten, Anbinden, Auslichten oder Zurückschneiden sowie regelmäßiges Ernten.

Wem der Anbau von Gemüse- und Obst Freude bereitet, wird vermutlich Vielfalt und etwas Aufwand im Garten begrüßen. Wer hingegen lediglich an den Erzeugnissen interessiert ist, sollte seine Pläne wohl eher einfach halten und die Auswahl auf einzelne verlässliche Arten reduzieren, die vielleicht auf einmal geerntet und tiefgekühlt oder auf andere Weise konserviert werden können.

Gemüsesorten auswählen

Wer zum ersten Mal in Samen- und Pflanzenkataloge schaut, ist vermutlich von der fast Schwindel erregenden Auswahl an Pflanzen überwältigt. Beachtet man jedoch einige wesentliche Kriterien, wird die Auswahl schnell eingeengt.

- Wählen Sie zunächst Gemüse, die Sie und Ihre Familie mögen, und planen Sie Mengen, die Ihren Bedürfnissen entsprechen: entweder große Ernten zum Einfrieren und Lagern oder kleine Mengen in regelmäßiger Folge für den ganzjährigen Verzehr.
- Probieren Sie unterschiedliche Sorten der verschiedenen Gemüse aus. Hier gibt es in Samenkatalogen viel zu entdecken, und eines Tages werden Sie eine erprobte Sammlung der eigenen Lieblingssorten besitzen.
- Vermeiden Sie F1-Hybriden, wenn Sie eigene Samen sammeln wollen, und wählen Sie Sorten, die krankheits- und schädlingsresistent sind, falls Sie biologisch gärtnern wollen.
- Nutzen Sie die Fläche optimal aus, indem Sie einige Pflanzen auswählen, die lange am Standort verbleiben, etwa Pastinaken oder Rosenkohl, und dazu einige »Sprinter« – also schnelle Gemüse wie Rauke und fernöstliche Blattgemüse, die als Zwischenkultur zwischen die langlebigen Pflanzen gesetzt und geerntet werden.
- Vergessen Sie nicht, einige Gründüngerpflanzen wie Klee und Phacelia *(siehe Seiten 88–90)* zu säen, wenn eine freie Fläche zwei bis drei Monate oder länger zur Verfügung steht. Die Gründüngung schützt den Boden und verbessert ihn, wenn sie untergegraben wird. Auch Begleitpflanzen *(siehe Seite 29)* wie Tagetes, die als alternative Schädlingsbekämpfung und als Schnittblumen dienen, sollten im Pflanzplan vorkommen.

Standorte für Obst

Obwohl es manchmal heißt, Obst sei zu anspruchsvoll und zu schwierig, um es in einen Gemüsegarten zu integrieren, lassen sich zahlreiche Obstsorten so schneiden und erziehen, dass sie sich hervorragend einfügen, ohne sich gegenseitig den Lebensraum zu nehmen.

Äpfel, Birnen, Pfirsiche und Kirschen wachsen von Natur aus als Bäume mit einem Stamm und auf den eigenen Wurzeln. Sie können zu großen, Schatten spendenden Exemplaren heranwachsen. Wenn sie

Mit einer Vogelscheuche hat man immer Gesellschaft im Garten – und sie ist eine klassische und attraktive Methode, plündernde Vögel davon abzuhalten, sich an der Ernte zu vergreifen.

jedoch auf schwachwüchsige Unterlagen gepfropft wurden, die Größe und Wuchskraft vorgeben, sind sie besser an die Dimensionen eines Gemüsegartens angepasst und auch leichter mit Netzen gegen Vögel zu schützen. Auch das Ziehen an einem Gerüst, etwa als Kordon oder Spalier, hält die Größe eines Baums in Schach.

Auch Beerenobst wie Stachelbeeren und Rote Johannisbeeren wachsen auf den eigenen Wurzeln. Sie können als Büsche gezogen werden – so beanspruchen sie den meisten Platz – oder ebenfalls als Fächer oder Spalier. So begnügen sie sich mit einem nur 30 cm breiten Streifen als Pflanzfläche. Sie lassen sich auch hervorragend als Hochstamm ziehen. Dann werden sie nur 90–120 cm hoch und tragen die Krone mit den Früchten hoch über Kräutern oder Gemüse.

Himbeeren werden meist in Reihen gezogen, wachsen an Drahtgestellen zu schlanken Hecken

Die Fruchtfolge

Der alljährliche Wechsel der Gemüsearten in den Beeten, die sogenannte Fruchtfolge, trägt dazu bei, typische Bodenschädlinge und Krankheiten zu vermeiden. Sie hilft auch, einer möglichen Auszehrung des Bodens an Mineralien und Nährstoffen vorzubeugen.

Es existieren ausführliche und gelegentlich komplizierte Regeln, die verwandte – und daher ähnlich anfällige – Gemüsesorten manchmal für mehrere Jahre voneinander fernhalten, bevor sie in ihr ursprüngliches Beet zurückkehren. Die bekannteste grundlegende Fruchtfolge teilt die Gemüse in Kohlpflanzen (alle Kohlsorten, *siehe auch Seiten 190–193*), Hülsenfrüchte (Erbsen und Bohnen, *siehe auch Seiten 186–189*) und Wurzelgemüse *(siehe auch Seiten 182–185)*. Jeder Gruppe wird ein Beet oder ein Teilbereich zugeordnet, im darauffolgenden Jahr zieht sie in das nächste Beet um, bis sie schließlich wieder im ursprünglichen Beet angebaut wird.

Diese Anbaumethode hat Vorteile. Jeder Gruppe ist eine Vorliebe für eine bestimmte Art der Bodenvorbereitung und ein bestimmtes Maß an Nährstoffen gemeinsam, zudem sind sie anfällig für ähnliche Krankheiten. Die Zuweisung eines Beets pro Gruppe erleichtert den Umgang mit ihren jeweiligen Ansprüchen und beantwortet die Frage, wo das Gemüse im nächsten Jahr angebaut werden soll.

Der Nachteil ist, dass viele beliebte Gemüse, wie Tomaten, Zuckermais und Zwiebeln nicht zu einer dieser Hauptgruppen zählen und entsprechend dort gepflanzt werden müssen, wo noch Platz ist. Auch beanspruchen die verschiedenen Gruppen nicht alle den gleichen Platz, und einige der zu einer Gruppe gehörenden Gemüse bleiben auch im nächsten Jahr am selben Ort, was zu Überlappungen führt.

Viele Gärtner finden es daher am einfachsten und flexibelsten, im nächsten Jahr kein Gemüse wieder an dem Platz anzubauen, an dem es im vorigen Jahr stand. Bereits ein um wenige Schritte versetztes Anpflanzen kann ausreichen, die Probleme des Anbaus am selben Ort zu vermeiden. Einige Gemüse, wie Zwiebeln oder Stangenbohnen, können auch problemlos viele Jahre am selben Ort verbleiben, es sei denn, Krankheiten oder abnehmende Erträge legen einen Standortwechsel nahe.

Wenngleich diese vereinfachte Form der Fruchtfolge auf den meisten Böden funktioniert, kann sie doch zu einer gewissen Gleichgültigkeit gegenüber dem zugrunde liegenden Prinzip der Fruchtfolge führen, die unnötige Risiken für Krankheiten und Schädlinge vermeiden soll und eines der grundlegenden Prinzipien des biologischen Anbaus ist. Die Fruchtfolge insgesamt als unwichtig zu betrachten, kann zu Problemen führen, insbesondere wenn das sich verändernde Klima die Bedingungen für Schädlinge und Krankheiten verbessert, die bis dahin nicht sonderlich verbreitet waren.

So haben beispielsweise sintflutartige Regenfälle in den vergangenen Jahren zur Verbreitung von Rost an Stangenbohnen geführt. Dies ist in manchen Teilen Großbritanniens eine neuartige Pilzerkrankung. Sie könnte dauerhaft auftreten, denn dort, wo Bohnen am selben Ort gezogen werden, können die Sporen im Boden überwintern. Die Fruchtfolge ist hier die beste Vorbeugung.

Ein weiterer Vorteil der Fruchtfolge ist die Brache, also das Ruhenlassen eines Beetes, wie es auch in der Landwirtschaft geschieht. Der Anbau von Gründünger auf der freien Fläche während einer Saison hilft dem Boden, wieder zu Kräften zu kommen und die Übertragung von Krankheiten und Schädlingen zu unterbrechen. Ersatzweise kann man auch Zeitungen oder Pappe, bedeckt mit Kompost und Grasschnitt eine Saison lang ausbreiten. Im nächsten Frühjahr pflanzt man dann durch den Mulch hindurch.

heran und passen genau in die Mitte eines Beetes oder an die Seite. Ebenso kann man sie rund um einen zentralen Stab pflanzen, an dem sie schlank und aufrecht heranwachsen.

Brombeeren besitzen weiche Ranken, die einen Zaun oder ein frei stehendes Drahtspalier als Stütze benötigen. Auch sie können als Raumteiler im Garten zwischen Beeten oder als Gartengrenze gesetzt werden.

Erdbeeren können in der Fruchtfolge mit Gemüse gezogen werden und gedeihen auch gut unter Hochstämmchen oder einer Himbeerreihe.

Sich für eine Methode entscheiden

Zum Anbau von Gemüse und Obst gehören einige Aspekte, die man ignorieren kann, wenn das Hauptaugenmerk auf dem routinemäßigen Anbau und Verzehr der eigenen Erzeugnisse liegt, oder die man berücksichtigen kann, wenn man sich der weiter reichenden Folgen des Gärtnerns bewusst wird.

Für einige unter uns hat das Bestellen eines Gemüsegartens auch einen politischen Aspekt. Wir können damit kontrollieren, wie und wo unsere Nahrungsmittel angebaut werden, und ein System herausfordern, das denaturierte Nahrungsmittel akzeptiert. Diese werden mit energieintensiven Methoden angebaut, und es wird nur eine begrenzte Sortenzahl verwendet, die nicht wegen ihres Geschmacks oder Nährwerts ausgewählt wurden, sondern wegen des hohen Ertrags. Für manche Menschen ist der Anbau der eigenen Gemüse und Früchte deshalb ein kleiner, aber wesentlicher Beitrag zum Umweltschutz: Sie möchten damit einen Gegenpol zur Konsumindustrie setzen, zugunsten von anderen Methoden, die nachhaltiges Wirtschaften betonen und mit der Natur statt gegen sie arbeiten. Der biologische Anbau ist das beliebteste und bekannteste Beispiel für diesen Ansatz *(siehe Seiten 22–23)*.

Das Gewächshaus ist ein wesentlicher Bestandteil jedes Gemüsegartens: Es schützt frühe Aussaaten und empfindliche Sommergemüse und kann auch eine bedeutende Rolle für die Anzucht von Exoten wie Okraschoten, Limabohnen, Zitrusfrüchten und Wassermelonen übernehmen. Eine sorgfältige Schattierung und Belüftung in den heißen Sommermonaten sind in jedem Fall unerlässlich.

Der biologische Anbau

Der Hauptgrund, einen Gemüsegarten zu bewirtschaften, ist häufig der Wunsch nach bezahlbarem, hochwertigem Gemüse und Obst aus biologischem Anbau. Wer seine Nahrungsmittel biologisch anbaut, weiß, dass sie keine unerwünschten chemischen Rückstände enthalten und dass sie mit Methoden gezogen wurden, die den Boden und die Umwelt nicht belasten. Hiermit geht häufig eine Verbesserung des Geschmacks und der Qualität der Nahrungsmittel einher, die wir auf den Tisch bringen: Bio-Wurzelgemüse wie Möhren und Pastinaken etwa, oder Salatgurken und Frühkartoffeln zeichnen sich oft durch einen wesentlich intensiveren Geschmack aus und sollen obendrein mehr wichtige Mineralien enthalten.

Eine naturbelassene Fläche mit einem Naturteich und zahlreichen heimischen Blumen lockt viele natürliche Räuber als Verbündete in den Garten, die – ganz ohne Chemie – bei der Schädlingsbekämpfung im Gemüsebeet behilflich sind.

Warum biologisch gärtnern?

Biologische Gärtner rechtfertigen ihren Ansatz mit einer Vielzahl von Argumenten. Biologisches Gärtnern ist billiger – sowohl direkt als auch indirekt. Das Düngen mit Kompost nutzt wiederverwerteten Abfall, und Barrieren und Begleitpflanzen, die Schädlinge und Krankheiten abhalten, machen chemische Dünge- und Pflanzenschutzmittel überflüssig.

Der biologische Anbau belastet die Umwelt nur wenig, während konventionelle Methoden versteckte Kosten – etwa jene für die Reduktion von Nitraten und Pestiziden aus Gewässern mithilfe von Kläranlagen – nach sich ziehen. Überdies können sie Tieren Schaden zufügen. Die Schwerpunkte des biologischen Anbaus – die Verbesserung des Bodens, der Einsatz und die Förderung von Nützlingen gegen Schädlinge, die Anwendung von traditionellem Wissen und der Schutz von gefährdeten Pflanzen und alten Sorten – können dazu beitragen, eine gesündere Welt für zukünftige Generationen zu schaffen.

Wer die Argumente für den biologischen Anbau bis in die letzte Konsequenz durchdenkt, stellt fest, dass der Anbau der eigenen Früchte in einem Gemüsegarten auch weitaus größere Fragen aufwirft, etwa die nach dem Energieverbrauch, Fragen des Umweltschutzes sowie der Umweltethik. Waldgärten, der biodynamische Anbau und die Permakultur sind verschiedene alternative Methoden, die jedoch alle auf den Grundsätzen des biologischen Anbaus beruhen.

Eine individuelle Entscheidung

Die unmittelbare Belohnung für einen biologischen Ansatz kann eine Steigerung der Lebensqualität sein sowie ein Beitrag zur Erhaltung einer intakten Umwelt. Die Entscheidung für einen biologischen Ansatz könnte auch zu weiterem Nachdenken anregen, vielleicht über die geringeren Erträge von Biogärten im Vergleich zu ihren Vorzügen, oder über die Tatsache, dass der Verzicht auf Umgraben im biologischen Gartenbau als die umweltfreundlichste Methode gilt, einen Garten zu bestellen. Unter Umständen entwickeln Sie sogar Ihre eigene Mischung aus den verschiedenen Anbaumethoden.

Am Ende wird die Wahl der Methode jedoch davon bestimmt, was Sie für sich selbst als richtig erachten, und das ist nur eines der besonderen Privilegien eines Gemüsegärtners.

Die Bio-Gemüsegärtner

Jon und James sind nicht die klassischen Schrebergärtner. Beide haben einen anspruchsvollen Job in der Medienindustrie und ein hektisches Privatleben. Dennoch kann sie nichts davon abhalten, ihren Garten aufzusuchen. Meistens trifft man sie morgens vor der Arbeit sowie an allen Sommerwochenenden im Garten an – manchmal sogar im Anzug! Sie widmen sich ihrem Garten mit großer Hingabe und haben in drei aufeinanderfolgenden Jahren den Preis für den besten Schrebergarten gewonnen.

Der Garten war völlig verwahrlost, als sie ihn vor einigen Jahren übernommen haben. Heute ist er makellos, mit perfekten Hochbeeten und Gemüse, das in schnurgeraden Reihen gedeiht. Vor allem wird alles in ihrem Garten ausschließlich biologisch angebaut. In diesem Sommer waren die Tomatenpflanzen der gesamten Nachbarschaft von Mehltau befallen. Jon und James hatten jedoch mehltauresistente Sorten gesetzt und auch in Maßen Kupfersulfat gespritzt (im Bioanbau zugelassen) und waren so in der Lage, ihre Pflanzen vor Schaden zu bewahren.

Die begabten und leidenschaftlichen Köche bauen in ihrem Garten eine enorme Vielfalt an Gemüsen an, ihre Favoriten sind Dicke Bohnen, Spargel und der dekorative gelbgrüne Romanesco-Blumenkohl. Den Ernteüberschuss verschenken sie an ihre Nachbarn, die ihnen dafür gern ab und an einen Kaffee über den Gartenzaun reichen.

S. 45 *siehe* Brokkoli und Blumenkohl mit Knoblauch
S. 96 *siehe* Tomaten in Aspik

Leitungswasser ist meist viel zu kalt für die Pflanzen im Garten. Füllen Sie daher lieber mindestens einen Tag zuvor eine Tonne mit Wasser. Es kann sich dann vor dem Gießen auf die Umgebungstemperatur aufwärmen.

Ein guter Boden mit krümeliger Struktur fördert das Wurzelwachstum. Er enthält zahlreiche Nährstoffe, sodass die Pflanzen gesund bleiben, kräftig wachsen, ein üppiges Blattwerk bilden und zur Erntezeit reichlich Früchte liefern.

Den Boden verstehen

Der Boden ist alles in einem Gemüsegarten. Gehen Sie auf keinen Fall davon aus, er sei ein passives Medium, in das man Pflanzen setzt, die dann Wasser und Dünger erhalten und heranwachsen. Der Boden ist eine lebendige Nährstoffquelle, in dem eine Vielzahl von Mikroorganismen lebt und in dem Prozesse stattfinden, die dazu beitragen, dass die Pflanzen gut gedeihen. Die richtige Bodenpflege ist deshalb der erste Schritt zum Anbau hochwertiger Lebensmittel.

Die Bodenarten unterscheiden sich erheblich. Vielleicht ist der Boden in Ihrem Garten von Natur aus sauer oder kalkhaltig. Ermitteln Sie dies mit einem Bodentest und greifen Sie, wenn nötig, korrigierend ein. Oder vielleicht ist er so fein, dass die einzelnen Körner zwischen den Fingern hindurchrieseln, oder er ist klebrig und formbar wie Teig. Boden mit viel Humus und lebensspendenden organischen Stoffen ist unter Umständen dunkel und leicht krümelig. An einem steinigen Hang fühlt er sich vielleicht an wie eine Hand voll Kies. In gutem Boden ist die Humusschicht möglicherweise tiefer, als man zum Pflanzen graben muss, auf Felsboden in bergigem Gelände besteht sie dagegen nur aus einer dünnen Schicht.

Als Folge des Anbaus und der Bewirtschaftung durch eventuelle Vorbesitzer wird der Boden in den meisten Gärten nutzbar sein, doch selbst der beste Boden kann noch verbessert werden und erfordert regelmäßige Aufmerksamkeit, um auch in gutem Zustand zu bleiben – besonders, weil durch die intensive Nutzung Nährstoffe verbraucht werden.

Wässern

An der Niederschlagsmenge in einem Garten lässt sich nichts ändern. Doch Pflanzen brauchen in der Wachstumsphase ohne Rücksicht auf das Wetter regelmäßig eine angemessene Menge Wasser.

Weil Leitungswasser teuer ist, heißt die Lösung Regenwasser: Man kann es auffangen und als Reservoir für Notzeiten bereithalten. Stellen Sie eine

Den Boden verbessern

- Auf flachem oder nassem Boden kann man die Tiefe und Wasserdurchlässigkeit verbessern, indem man den Unterboden lockert. Graben Sie die Fläche möglichst zwei Spaten tief um oder brechen Sie kompakte Flächen mit einer Hacke auf. Selbst wenn Sie eine Grabgabel im Boden hin- und herbewegen, erzielen Sie gute Ergebnisse. An manchen Plätzen ist es einfacher, Hochbeete anzulegen, die mit Kompost und Gartenerde aufgefüllt werden.
- Graben Sie nicht um, wenn der Boden nass ist. Wenden Sie, wann immer möglich, eine alternative Methode an, die die Prozesse im Boden und seine Struktur nicht unnötig stört.
- Den Säuregehalt des Bodens kann man mit einem pH-Test (im Fachhandel erhältlich) bestimmen. Der pH-Wert sollte im Gemüsegarten zwischen pH 6,5 und pH 7,2 und im Obstgarten zwischen pH 6 und pH 6,5 liegen. In extrem sauren oder alkalischen Böden sind die Nährstoffe für die Wurzeln nicht verfügbar, die Folge sind Mangelerscheinungen.
- Die Fruchtbarkeit und der Anteil an organischem Material aller Böden erhöht man, indem man alljährlich mindestens einen Eimer verrotteten Stallmist oder Gartenkompost pro Quadratmeter verabreicht. Man kann ihn einen Spaten tief in die oberste Bodenschicht einarbeiten oder an der Oberfläche als Mulchschicht auslegen.

Regentonne auf und leiten Sie das Regenwasser vom Dach des Schuppens oder des Gewächshauses in die Tonne. Verbinden Sie sie mit weiteren Tonnen, die den Überschuss aufnehmen können – dieser kann auch durch einen Trog mit Brunnenkresse in einen Teich geleitet werden.

Auch eine Regenrinne, die an einem Zaun befestigt ist, fängt Wasser auf, ebenso ein Wellblech in der Form einer Schaufel, das zu einem großen Behälter überleitet. Bei Regen können zusätzlich leere Eimer, Tonnen und Fässer aufgestellt und später in die Regentonnen, in einen großen Tank oder eine alte Wanne geleert werden. Letztere werden abgedeckt, um Verluste durch Verdunstung zu vermeiden.

Die benötigte Wassermenge im Garten lässt sich reduzieren, indem der Humusgehalt des Bodens erhöht wird – er trägt dazu bei, dass Regenwasser besser gespeichert wird. Eine großzügige Mulchschicht mindert die Verluste durch Verdunstung.

Die Fläche freiräumen

Wenn man einen eingewachsenen Gemüsegarten übernimmt und wieder urbar machen will, geht man am besten Schritt für Schritt vor und verteilt die Arbeit sogar über mehrere Jahreszeiten. Im Herbst bleibt viel Zeit, ausreichend Flächen für die Aussaat und Pflanzung im Frühjahr freizuräumen. Wer im Frühjahr mit den Arbeiten beginnt, will vielleicht zunächst Platz für ein Anzuchtbeet schaffen, um einige frühe Gemüse auf den Weg zu bringen, während weitere Flächen freigeräumt werden.

Wählen Sie zunächst den Platz für den Kompost aus und legen Sie ihn mit einer ersten Schicht aus Pflanzenresten wie Rosenkohlstrünken oder Zuckermaisstängeln aus, zusammen mit Resten von hohen Gräsern und verholzten Kräutern. Dann kann der Bewuchs einiger verkrauteter Flächen mit der Sichel oder der Schere geschnitten und das Schnittgut auf und zwischen die verholzten Triebe verteilt werden.

Auch wenn bereits eine Fläche zum Pflanzen vorbereitet wird, sollten Sie auf den übrigen Flächen das Unkraut weiter entfernen und zum Kompost geben. Wer es nicht sehr eilig hat, kann auch gründlicher vorgehen und das Unkraut mit der Grabgabel aus dem Boden heben und dann kompostieren. Unkräuter an Ort und Stelle unterzugraben, geht zwar schneller, erfordert jedoch eine anschließende Kontrolle, da mehrjährige Unkräuter wieder aufkeimen.

Die Gemüsegarten-Novizin

Sarah zählt zu einer neuen Generation von Gemüsegärtnern: jung, weiblich, erfolgreich und bestrebt, ihr eigenes Gemüse zu ziehen. Da sie ausschließlich Bio-Lebensmittel kauft, war der Schritt zum eigenen Gemüsegarten, der zudem unmittelbar hinter ihrem Haus liegt, naheliegend.

Sarah hat das Gärtnern im Blut – ihr Vater schreibt nicht nur Gartenbücher, in der Familie gab es auch ausschließlich Obst und Gemüse aus dem Garten ihres Vaters.

Für jemand, der es kaum erwarten kann, den eigenen Garten zu bestellen, gab es jedoch ein Problem: Ihr Gemüsegarten war vollkommen überwuchert. Am Telefon riet ihr Vater, zunächst einen Kompost anzulegen, damit sie das gesamte Unkraut und alle Ranken, die entfernt werden mussten, sinnvoll verwerten konnte. Auch empfahl er, zunächst Kartoffeln zu setzen, da sie den Boden hervorragend vorbereiten.

Viele Abende und Wochenenden später war die Fläche schließlich frei und das erste Gemüse gepflanzt. Dann musste Sarah für kurze Zeit weg. Bei ihrer Rückkehr stellte sie fest, dass das Unkraut nachgewachsen war und sie die Flächen ein weiteres Mal freiräumen musste. Sie musste einsehen, dass ein Gemüsegarten auch eine Aufgabe ist, aber sie lernte schnell, dass mit guter Organisation nichts unmöglich ist. Heute gedeihen die Pflanzen in ihrem Garten bestens.

S. 74 *siehe* Suppe von Salat & Wildkräutern
S. 160 *siehe* Kleine Rote-Bete-Kuchen

Eine einfache Methode ist das Abdecken mit einer Schicht Pappe, auf der eine dicke Schicht Mulch aus Mist oder Gartenkompost ausgebreitet wird. Man kann das Unkraut auch mit schwarzem Unkrautvlies abdecken, das mit Pflanzlöchern versehen ist. Als Pionierpflanzen empfehlen sich Kartoffeln oder Kohl.

Üppiger Unkrautbewuchs deutet darauf hin, dass der Boden für die meisten Gemüse fruchtbar genug ist. An spärlich bewachsenen Stellen kann man einen Versuch mit anspruchslosem Gemüse machen, etwa Möhren, Bohnen, Zwiebeln und Tomaten. Düngen Sie sie während der Wachstumszeit mit einem Volldünger und mulchen Sie regelmäßig.

Unkraut vermeiden

Ungeachtet, wie gründlich der Boden gejätet wurde, wird sich wieder neues Unkraut breitmachen – aus Wurzelstücken, die im Boden übersehen wurden, ruhenden Samen im Boden sowie Samen, die vom Wind oder den Vögeln verbreitet werden. Wenngleich das meiste Unkraut harmlos ist, konkurriert es doch mit den Beetpflanzen um Nährstoffe, Wasser und Platz und überträgt mitunter Krankheiten oder Schädlinge. Man kann Unkraut mithilfe einer Mulchschicht unterdrücken oder indem man den Boden hackt, bevor das Unkraut dem Sämlingsstadium entwachsen ist. Größere Pflanzen reißt man heraus oder entfernt sie mit der Grabgabel und gibt sie auf den Kompost. Große verunkrautete abgeerntete Flächen kann man auch mit der Motorfräse bearbeiten, vorausgesetzt, es gibt nicht zu viele mehrjährige Unkräuter – diese vermehren sich nämlich, wenn sie untergegraben werden.

Krankheiten und Schädlinge

Meist treten im Gemüsegarten die gleichen Probleme auf wie in den anderen Gärten. Beugen Sie am besten vor: Wählen Sie widerstandsfähige Sorten, sorgen Sie für gute Bedingungen am Standort, überprüfen Sie die Pflanzen regelmäßig und reagieren Sie umgehend, wenn Sie einen Befall feststellen. Bestimmen Sie Krankheiten und Schädlinge genau und wählen Sie die umweltfreundlichste Methode zur Bekämpfung. Oft reicht gegen Blattläuse schon ein kräftiger Wasserstrahl und eine Barriere aus Kaffeesatz oder zerkleinerten Eierschalen hält Schnecken fern. Vermeidung, Abschreckung und Schutz sind häufig wirksamer als Spritzmittel.

UNGEBETENE GÄSTE

Schädlinge & Krankheiten

Kraut- und Braunfäule an Tomaten und Kartoffeln schädigt Früchte und Blätter. Resistente Sorten pflanzen, Tomaten von Kartoffeln fernhalten, kranke Blätter entfernen, um die Verbreitung der Sporen zu verhindern.

Lauchrost hemmt den Wuchs und schmälert die Erträge von Lauch und Zwiebeln. Bodendurchlässigkeit und Fruchtbarkeit verbessern. Drei bis vier Jahre warten, bevor man den Boden wieder mit Lauchgewächsen bepflanzt.

Echter Mehltau tritt vor allem in warmen, trockenen Jahren auf, besonders, wenn die Nächte kühler werden. Mehltauresistente Sorten pflanzen. Regelmäßig wässern und mulchen, nicht überdüngen, befallene Blätter entfernen.

Blütenendfäule befällt Tomaten und gelegentlich Paprika, die unter Kalziummangel leiden. Sie kann die Folge von saurem Boden sein, wird meist aber durch ungenügendes oder unregelmäßiges Wässern in trockenen Zeiten verursacht.

Älchen, Drahtwürmer und Schnecken an Kartoffeln bohren Tunnel in die Knollen, sodass diese ungenießbar werden. Bei befallenem Boden resistente Sorten wählen, sorgfältig alle Knollen ernten und jährlich Fruchtwechsel vornehmen.

Möhrenfliegen können den Wurzeln durch lange Fraßgänge großen Schaden zufügen. Man kann durch den Anbau unter Vlies oder mit einer Vliesumzäunung von mindestens 50 cm Höhe vorbeugen. Sehr frühe Sorten wählen.

Schnecken sind überall, wo Pflanzen wachsen, vor allem in der feuchten Jahreszeit. Pflanzen mit Schneckenzaun oder Barrieren aus Kupferband oder zerkleinerten Eierschalen schützen. Auch Bierfallen oder das Absammeln helfen.

Schwarze Blattläuse sind eine von vielen Blattlausarten, die an Pflanzen saugen. Sie übertragen auch Viruskrankheiten. Mit kräftigem Wasserstrahl abspülen, biologische Pflanzenschutzmittel spritzen, natürliche Feinde (Vögel, Marienkäfer) fördern.

Mäuse betrachten Samen, Zwiebeln und eingelagerte Gemüse als willkommene Nahrungsvorräte. Ernte und Samen sicher lagern und regelmäßig überprüfen. Aussaat von Erbsen und Bohnen mit stacheligen Blättern abdecken.

Rosmarinkäfer breiten sich immer weiter nach Norden aus. Käfer und Larven fressen die Blätter von Rosmarin, Lavendel, Thymian und Salbei. Käfer von Hand absammeln. Larven mit biologischem Pflanzenschutzmittel bekämpfen.

Raupen können die Blätter von Kohl, Kapuzinerkresse und Stachelbeeren völlig zerfressen. Nach erwachsenen Motten und Schmetterlingen Ausschau halten, an Blättern abgelegte Eier vernichten und Raupen absammeln.

Tauben lieben saftige Blätter, insbesondere die von jungen Erbsen und grünen Kohlsorten, und fressen sie völlig ab. Die Pflanzen mit Netzen schützen. Alte CDs, Glitzerbänder und Vogelscheuchen schrecken die Vögel ab.

Einen Versuch wert:
Schnecken? Nein danke!

Gemüse nicht unmittelbar am Boden zu ziehen, sondern in Hanging Baskets oder in Hochbeeten, die mit Kupferband umgeben sind, ist eine Möglichkeit, sich gegen Schnecken zu wehren. Kupferringe um einzelne Pflanzen wirken ebenfalls. Am Boden kann man die Pflanzen mit Kies, Holzasche oder zerkleinerten Eierschalen umgeben. Rhabarberblätter oder halbe Grapefruitschalen werden von Schnecken als Versteck angenommen. Dort kann man sie dann morgens einsammeln.

Schützende Hauben und Kupferband.

Warum Salat nicht im Hanging Basket ziehen?

WEITERE UNGEBETENE GÄSTE

Unkraut

Schachtelhalm wächst vor allem auf feuchten Böden. Die Pflanze soll unausrottbar sein, die Rhizome und kleinen Knollen lassen sich aber mit einem dicken Teppich oder einer dichten Bepflanzung mit Kapuzinerkresse in Zaum halten.

Jakobs-Kreuzkraut ist verbreitet und trägt auffällige gelbe Blüten. Die grundständigen Blattrosetten im Winter herausziehen, bevor sie Blüten treiben und sich aussamen. Kreuzkraut ist für weidende Tiere giftig – sorgfältig vernichten!

Disteln müssen mit Spaten oder Gabel entfernt werden, da sie dicke fleischige Pfahlwurzeln bilden, die sehr tief in den Boden reichen. Mit Handschuhen anfassen und vor der Blütezeit entfernen, da die Samen durch den Wind verbreitet werden.

Quecken sind eine Plage, wenn sie sich erst einmal etabliert haben. Die Büschel mattgrüner Blätter erscheinen aus unterirdischen Rhizomen, die sich meterlang durch den Garten ausbreiten. Wurzeln sorgfältig ausgraben.

Brennnesseln sind nützlich. Wenn sie sich zu sehr ausbreiten, mit Handschuhen oder mit der Gabel herausziehen. Brennnesseln in Wasser ansetzen und als Flüssigdünger verwenden. Einige Pflanzen als Futter für Schmetterlingsraupen stehen lassen.

Ackerwinde ist eine wuchsfreudige rankende Pflanze mit tiefen Wurzeln, die auch aus kleinen verbleibenden Wurzelstücken immer wieder neu austreibt. Geduldig ausgraben oder den Boden ein bis zwei Jahre mit Unkrautvlies mulchen.

Die Sumpfblume oder Spiegeleiblume **(Limnanthes douglasii)** ist eine nützliche winterharte Einjährige, die sich willig aussät und dichte Matten fedriger Blätter bildet, die von den bunten Blüten, die zahlreiche Bienen anziehen, nahezu verdeckt werden. Nach der Aussaat im Frühling wachsen sie an einem sonnigen Standort schnell heran.

WILLKOMMENE GÄSTE

Nützliche Insekten & Pflanzen

Schwebfliegen sind wirkungsvolle Helfer im Garten. Ihre Larven fallen gierig über Blattläuse her. Mit kalifornischem Mohn *(Eschscholzia)* und Steinkraut anlocken, Winterschutzplätze bieten und Insektenvertilgungsmittel vermeiden.

Marienkäfer sind bei Gärtnern als Verbündete beliebt. Die bunten Käfer vertilgen ganze Kolonien von Blattläusen. Sie können als biologische Nützlinge gekauft werden. Für Unterschlupfmöglichkeiten im Winter – unter Laub, im Schuppen etc. – sorgen.

Gemeine Bläulinge flattern von einer Blüte zur nächsten, während sich die Larven von Gründüngungspflanzen wie Wicken ernähren. Vergessen Sie aber nicht, dass das Anlocken von Schmetterlingen Freund und Feind gleichermaßen anspricht.

Marienkäferlarven sind genauso willkommen wie die Käfer selbst, sind aber seltener zu sehen, weil sie sich mitten in ihrer Nahrung, den Blattläusen niederlassen. Vermeiden Sie chemische Insektenvertilungsmittel.

Bienen, sowohl wilde als auch solche aus Bienenstöcken, zählen zu den wichtigsten bestäubenden Insekten. Die Zahl der Hummeln nimmt ab, ihr Fortbestand wird jedoch durch den biologischen Anbau und den Anbau ihrer Lieblingspflanzen (Klee) begünstigt.

Begleitpflanzen wie Knoblauch und Tagetes unterstützen ein gesundes Wachstum. Sie ziehen bestäubende Insekten und Nützlinge an und wehren Schädlinge ab, die diese Pflanzen vermeiden. Der Duft dieser Pflanzen schützt benachbarte Kulturen.

Der Gartenkalender

Die Übersicht, wann die gängigen Gartengemüse gesät, gepflanzt und geerntet werden, ist lediglich als grober Leitfaden gedacht, der die Planung, welche Gemüse wann gezogen werden, erleichtern soll. Die angegebenen Termine sind nur Durchschnittswerte: Die tatsächlichen Wetterbedingungen, der Standort, die Wahl der Sorte und mögliche Schutzmaßnahmen können den Zeitpunkt um einige Tage oder sogar Wochen verschieben, das Aussäen und Pflanzen kann entsprechend früher oder später geschehen und die Erntezeit hinausgezögert oder verlängert werden. Gemüse, die unter Glas ausgesät werden müssen, sind mit ∩ gekennzeichnet.

GEMÜSE	ZEITIGES FRÜHJAHR	SPÄTES FRÜHJAHR	FRÜH-SOMMER	SPÄT-SOMMER	FRÜH-HERBST	SPÄT-HERBST	FRÜH-WINTER	SPÄT-WINTER
Bohnen, Busch-		säen →	→	ernten				
(siehe Seite 186)			säen →	→	ernten			
				säen →	ernten →	ernten		
Bohnen, Dicke	säen →	→	→	ernten				
(siehe Seite 186)		säen →	→	ernten				
	→	ernten					säen ∩ →	→
Bohnen, Stangen-		säen →	→	ernten				
(siehe Seite 189)			säen →	→	ernten			
Blumenkohl (Sommer) *(siehe Seite 192)*	säen ∩ →	umsetzen →	→	ernten →	ernten →	ernten		
Blumenkohl (Herbst) *(siehe Seite 192)*			säen →	umsetzen →	→	ernten		
Brokkoli	säen ∩ →	umsetzen →	→	ernten				
(siehe Seite 191)		säen →	→	ernten				
			säen →	→	ernten			
Erbsen	säen ∩ →	→	→	ernten				
(siehe Seite 189)		säen →	→	→	ernten			
			säen →	→	ernten →	ernten		
				säen →	→	ernten		
Gartenkürbisse	säen ∩ →	umsetzen →	→	→	ernten →	ernten		
(siehe Seite 201)		säen →	umsetzen →	→	ernten →	ernten		
			säen →	→	→	ernten		
Gemüsekürbisse	säen ∩ →	umsetzen →	ernten →	ernten				
(siehe Seite 201)		säen →	umsetzen →	ernten →	ernten			
			säen →	→	ernten			
Gemüsepaprika *(siehe Seite 210)*		säen ∩ →	umsetzen →	ernten →	ernten			
Grünkohl *(siehe Seite 193)*	→ ernten →	ernten/säen →	umsetzen →	→	→	ernten →	ernten →	ernten →
Kartoffeln	pflanzen (Folie) →	→	ernten →	ernten				
(siehe Seite 184)		pflanzen →	→	ernten →	ernten →	ernten		
Knoblauch	pflanzen →	→	→	ernten				
(siehe Seite 195)	→	→	ernten		pflanzen →	→	→	→
Kohl (Frühling) *(siehe Seite 190/191)*	→ ernten →	ernten →	ernten	säen →	umsetzen →	→	→	→
Kohl (Sommer)	säen →	umsetzen →	→	ernten				
(siehe Seite 190/191)		säen →	umsetzen →	→	ernten			
Kohl (Herbst)	säen →	umsetzen →	→	→	ernten			
(siehe Seite 190/191)		säen →	umsetzen →	→	→	ernten		

GEMÜSE	ZEITIGES FRÜHJAHR	SPÄTES FRÜHJAHR	FRÜH-SOMMER	SPÄT-SOMMER	FRÜH-HERBST	SPÄT-HERBST	FRÜH-WINTER	SPÄT-WINTER
Kohl (Winter) *(siehe Seite 190/191)*	→ ernten	säen →	umsetzen →	umsetzen →	→	ernten →	ernten →	→
Kohlrüben (*siehe Seite 185*)		säen →	→	→	ernten →	ernten		
Lauch (*siehe Seite 196*)	säen ∩ →	→	umsetzen →	→	ernten →	ernten →	ernten	
	→ ernten →	ernten/säen →	→	umsetzen →	→	→	→	ernten →
Möhren (*siehe Seite 182*)	säen →	→	ernten					
		säen →	→	ernten				
			säen →	→	ernten			
				säen →	→	ernten		
Pastinaken (*siehe Seite 183*)	→ ernten/säen →	→	→	→	ernten →	ernten →	ernten →	ernten →
	→ ernten	säen →	→	→	ernten →	ernten →	ernten →	ernten →
	→ ernten		säen →	→	ernten →	ernten →	ernten →	ernten →
Rettiche & Radieschen (*siehe Seite 185*)	säen →	ernten						
		säen →	ernten					
			säen →	ernten				
				säen →	ernten			
					säen →	ernten →	ernten	
Rosenkohl (*siehe Seite 190*)	säen →	umsetzen →	→	ernten →	ernten →	ernten →	ernten	
	→ ernten	säen →	umsetzen →	→	→	→	ernten →	ernten →
Rote Bete (*siehe Seite 182*)	säen →	→	ernten					
		säen →	→	ernten				
			säen →	→	ernten			
				säen →	→	ernten		
Salate, Blatt-, Kopf- (*siehe Seite 204/205*)	säen →	ernten						
		säen →	ernten					
			säen →	ernten				
				säen →	ernten			
					säen →	ernten →	ernten	
Schalotten (*siehe Seite 197*)	pflanzen →	→	→	ernten				
	→	→	→	ernten			pflanzen →	→
Spinat (*siehe Seite 205*)	säen →	→	ernten →	ernten →	ernten			
		säen →	→	ernten →	ernten →	ernten		
			säen →	→	ernten →	ernten		
	→ ernten →	ernten			säen →	→	ernten →	ernten →
Tomaten (Freiland) (*siehe Seite 211*)	säen ∩ →	umsetzen →	→	ernten →	ernten			
		säen ∩ →	umsetzen →	→	ernten →	ernten		
Zucchini (*siehe Seite 198*)	säen ∩ →	umsetzen →	ernten					
		säen ∩ →	umsetzen →	ernten				
			säen →	→	ernten			
Zuckermais (*siehe Seite 210/211*)	säen ∩ →	umsetzen →	→	ernten				
		säen ∩ →	umsetzen →	→	ernten			
			säen →	→	→	ernten		
Zwiebeln (*siehe Seite 194*)	pflanzen →	→	→	→	ernten			
		pflanzen →	→	→	ernten			
Winterzwiebeln	→	→	ernten		pflanzen →	→	→	→
Zwiebeln, Lauch- & Einlege- (*siehe Seite 197*)	säen →	ernten						
		säen →	ernten					
			säen →	ernten				
				säen →	ernten			
	→ ernten							säen →

Das Gemüsegarten-Jahr

Wer Gemüse aus dem eigenen Garten jeweils zur optimalen Zeit ernten und auf den Tisch bringen will, tut gut daran, vorausschauend zu planen – für viele Arbeiten im Garten gibt es einen idealen Zeitpunkt, und jedes Gemüse oder Obst benötigt eine Mindestanzahl an Tagen oder Wochen, um heranzureifen und für den Verzehr bereit zu sein. Für eine möglichst realistische Planung wurde dieses Kapitel in ungefähre Jahreszeiten aufgeteilt, für die jeweils die saisonal anfallenden Arbeiten, die Ernte der Saison und die passenden Rezepte aufgeführt sind. Natürlich ist etwas Flexibilität notwendig. Je nach Region beginnt das Frühjahr an einem anderen Termin, und jedes Jahr verläuft etwas anders. Ein Garten lässt sich deshalb niemals streng nach dem Kalender bearbeiten. Individuelle Aufzeichnungen über die jeweiligen Tätigkeiten im eigenen Garten und die eigenen Erntezeitpunkte können diesen Ratgeber deshalb sinnvoll ergänzen und auch für die Zukunft brauchbar machen.

Zeitiges Frühjahr

Einstimmung

Es ist eine launische Jahreszeit: Die länger werdenden Tage locken die Gemüsegärtner unwiderstehlich in den Garten, aber Kälteeinbrüche und kühle Nächte machen noch manch einen Strich durch die Rechnung. Doch der zunehmende Einfluss des Klimawandels hat den Frühlingsbeginn in manchen Gegenden mittlerweile um drei bis vier Wochen vorverlegt. Oft lohnt es sich, einige frühe Aussaaten zu riskieren – mit der nötigen Vorsicht natürlich. Beim Vorziehen unter Glas lassen sich die Bedingungen besser einschätzen: Schließlich können Verzögerungen bei der Aussaat und beim Vorziehen später zu Engpässen führen. Dies ist auch die Zeit, in der man die restlichen Wintergemüse verbrauchen sollte, bevor sie verkommen.

In der ersten Frühlingssonne wachsen die letzten Wintergemüse und Frühaussaaten rasch heran.

JETZT ERNTEN

Chicorée (vorgetrieben), Frühlings-Barbarakraut, Frühlingszwiebeln, Grünkohl, Guter Heinrich, Haferwurzel, Kohl (Frühling/Winter), Kohlrüben, Lauch, Mangold (vorgetrieben), Pastinaken, Radieschen, Rhabarber (vorgetrieben), Rosenkohl (die obersten Blätter), Sauerampfer, Schwarzwurzel, Speiserüben (Blätter), Spinat (Winter), Winterportulak

JETZT AUSSÄEN

unter Glas/Frühbeet Artischocken, Auberginen, Brokkoli, Blumenkohl (Sommer), Gemüsepaprika, Gartenbohnen, Knollensellerie, Petersilie, Tomaten (Gewächshaus/Freiland), Staudensellerie

Anzuchtbeet Kohl (Sommer), Lauch, Rosenkohl, Salat

Freiland Dicke Bohnen, Erbsen, Frühlings-Barbarakraut, Frühlingszwiebeln, Haferwurzel, Karotten, Kohlrabi, Pastinaken, Radieschen, Rauke, Rote Bete, Schwarzwurzel, Speiserüben, Spinat (Sommer), Zwiebeln

JETZT PFLANZEN

unter Glas/Frühbeet Salat (früh), Tomaten

Freiland Blumenkohl (Sommer), Erdbeeren, Kartoffeln (im Folientunnel), Knoblauch, Kohl (Frühling/Sommer), Minze, Radieschen, Schalotten, Spargel, Topinambur, Zwiebeln

WAS JETZT ZU TUN IST

Saatbeet vorbereiten Samen sind darauf angelegt, zu wachsen – man denke nur an die Keimfähigkeit eines Unkrautsamens, der, ohne die geeigneten Bedingungen abzuwarten, bereits keimt. Den Impuls zum Keimen erhält er im Wesentlichen durch die geeignete Temperatur, Feuchtigkeit und Luft. Die Temperatur wird von der Bodentemperatur bestimmt, die wiederum von der Jahreszeit, aber auch von möglichen Bemühungen des Gärtners, die Bedingungen zu verbessern, abhängt. Um eine ausreichende Feuchtigkeit und Luftzirkulation zu gewährleisten, kann man eine entsprechende Anzuchtfläche vorbereiten, die die richtigen Bedingungen für eine schnelle, gleichmäßige Keimung bietet.

Vor der Aussaat im Freiland wie auch im Frühbeet wird zumindest die oberste Erdschicht (8–10 cm), in der ein Großteil des ersten Wachstums stattfindet, gelockert und sämtliche Unkräuter, große Steine und harte Erdklumpen werden entfernt.

Sämlinge werden mit Marmeladengläsern vor Kälte geschützt.

Der Boden sollte bei dieser Arbeit feucht sein, aber nicht an den Gartengeräten hängen bleiben – besonders bei Lehmböden –, sodass die Oberfläche durch das Bearbeiten mit dem Rechen krümelig wird. Will man später große Samen wie Erbsen oder Dicke Bohnen aussäen, muss man nicht alle Steine und Erdklumpen heraussieben. Kleinen Samen benötigen dagegen einen feinen Boden, damit der Bodenkontakt rund um jedes Samenkorn möglich ist. Dazu füllt man die Rille, in die man das Saatgut sät, mit etwas Pflanzerde auf oder deckt das Saatgut nach der Aussaat mit etwas Erde ab.

Wenn nicht sofort gesät werden kann, deckt man das vorbereitete Beet mit durchsichtiger Folie ab, sodass die oberste Schicht (8 mm) nach starkem Regen nicht verkrustet. Nun lässt man das Beet am besten drei bis vier Wochen ruhen. In dieser Zeit keimen die meisten Unkräuter und können bequem gejätet werden, sodass ein sauberes Beet für die Aussaat bereit ist.

Vorziehen Das Keimen der Samen ist von der Temperatur zumeist stärker abhängig als das Heranwachsen der Pflanzen. Bei der Aussaat unter Glas zum Beispiel kann die Temperatur nach dem Erscheinen der Sämlinge zumeist wieder reduziert werden. Im Freiland keimen die meisten Samen am besten bei Temperaturen von 5–7 °C, empfindliche Pflanzen benötigen mindestens 10 °C, was zumeist erst im späten Frühjahr oder – in kälteren Regionen – erst im Frühsommer erreicht wird. In einem kalten Frühjahr kann es vier bis sechs Wochen dauern, bis die Sämlinge erscheinen, es sei denn, die Temperatur wird künstlich erhöht oder man sät drinnen aus. Es gibt mehrere Möglichkeiten:

- Säen Sie bei gutem Wetter, wenn die Sonne den Boden erwärmt hat, und decken Sie den Boden mit zwei bis drei Schichten wärmespeicherndem Vlies ab, das über den heranwachsenden Sämlingen liegen bleiben kann.
- Decken Sie den Boden zwei bis drei Wochen vor der Aussaat mit schwarzer oder durchsichtiger Folie ab und breiten Sie diese nach der Aussaat weitere zwei bis drei Tage darüber aus. Überprüfen Sie täglich, ob bereits Sämlinge erschienen sind.
- Decken Sie den Boden vor und nach der Aussaat mit einem Folientunnel ab, der über den heranwachsenden Pflanzen stehen bleibt. So kann man die Reifezeit etwas vorverlegen.
- Decken Sie die in Abständen stehenden Sämlinge mit umgedrehten Marmeladengläsern ab, die den Boden erwärmen.
- Gemüsesorten, die später gut umgepflanzt werden können, sät man unter Glas in Töpfen oder Multitöpfen aus. Beim Auspflanzen setzt man sie in durchsichtigen Plastikmulch, der den Boden wärmt.
- Wenn es nicht bereits sehr spät ist, sollte man einige Wochen mit dem Säen warten: Späte Aussaaten wachsen oft rascher heran und holen frühe Aussaaten ein.

Kartoffeln als Pionierpflanzen

Wer eine vernachlässigte Fläche wieder nutzen will, kann Kartoffeln als Pionierpflanzen setzen: Sie liefern einen gewissen Ertrag (selbst wenn sie erst Mitte des Sommers gesetzt werden), helfen, den Boden aufzubrechen, und die zurückbleibenden Wurzeln bereichern den ausgelaugten Boden schließlich mit organischem Material.

- Gras und Unkraut so kurz wie möglich zurückschneiden.
- Die Fläche mit übereinanderliegenden Schichten Pappe oder dicken Stapeln Zeitungspapier abdecken.
- Ausgiebig wässern.
- Auf dem Boden eine Schicht Stallmist, Komposterde oder Stroh ausbreiten.
- Die Fläche mit einer Lage schwarzem Faservlies abdecken, das etwa alle 40 cm mit jeweils 8 cm langen Schlitzen versehen wurde.
- Die Saatknollen durch die Schlitze einsetzen *(siehe unten links)*.
- Ernten, indem das Vlies entfernt wird. Die Kartoffeln befinden sich unmittelbar an der Oberfläche *(siehe unten)*.
- Nach der Ernte Pflanzenreste in den Boden einarbeiten. Sie verbessern die Bodenstruktur.

S.174 *siehe* Kartoffelrezepte
S.184 *siehe* Nutzpflanzen: Kartoffeln

Kartoffeln pflanzen Kartoffeln kann man auf vielerlei Weisen ziehen – auf dem Kompost treiben manchmal selbst die ruhenden Augen aus Kartoffelschalen aus. Erträge liefern sie auf jeden Fall, wer jedoch reichlich ernten will, muss ihnen hinreichend Platz zum Wachsen bieten und die Saatkartoffeln zum Vorkeimen sorgfältig auswählen und behandeln.

Die Ernte hängt sowohl von der Dichte der Triebe ab – jede Knolle entwickelt mehrere – als auch vom Pflanzabstand. Jedes gekeimte Auge entwickelt einen Trieb, der sich wie eine individuelle Pflanze verhält und am Ende der Saison eine bestimmte Menge an Knollen hervorbringt. Zu viele Triebe an rasch wachsenden frühen Sorten können dazu führen, dass zu viele Kartoffeln wachsen, die dann zu dicht aneinander und zu nahe an der Oberfläche liegen, wo sie grün werden. Sorten für die Haupternte brauchen eine längere Wachstumsphase. Deshalb setzt man die Knollen entsprechend weiter auseinander. Je mehr Triebe sie haben, desto größer ist der Ertrag.

Eine ideale Saatkartoffel hat Triebe von 2–2,5 cm Länge – frühe Sorten haben zwei bis drei Triebe (die Übrigen werden entfernt oder das Keimen sorgfältig kontrolliert). Kartoffeln für die Haupt-

Experten-tipp

Das Ende eines Folientunnels immer verschließen. So wird eine möglichst große Wärme erzeugt und kalte Zugluft vermieden.

Erntezeit verlängern
Salat

Obwohl Pflücksalate wie 'Oakleaf' und 'Lollo Rossa Solsun' die längste Erntezeit bieten, sind wiederholte Aussaaten für die Salaternte wichtig. Wie häufig ausgesät wird, ist vom Wachstum der Pflanzen abhängig.

Stellen Sie einen Plastiktopf mit 10 cm Durchmesser am Rand eines Beets in die Erde. Füllen Sie ihn mit Anzuchterde und säen Sie die erste Portion Samen dünn und gleichmäßig aus. Das Saatgut leicht mit Erde bedecken.

Wenn die Sämlinge groß genug sind und ohne Beschädigung umgepflanzt werden können, setzen Sie sie ins Beet. Im Topf sät man dann gleich die nächste Portion Samen der gleichen Sorte aus. Wer die Saison etwas verlängern will, kann die letzten Sämlinge ins Gewächshaus oder Frühbeet umpflanzen.

ernte sollten so viele Triebe wie möglich haben. Der empfohlene Pflanzabstand beträgt bei Frühkartoffeln 30–38 cm, der Reihenabstand 38–50 cm. Besonders frühe Sorten wie 'Annabelle' oder 'Adretta' werden noch dichter gepflanzt. Kartoffeln für die Haupternte setzt man in einem Abstand von 25–40 cm in Reihen mit 75 cm Abstand. Sehr kleine Knollen werden hierbei so dicht wie möglich, große im maximalen Abstand gesetzt. Pro Quadratmeter sollen etwa 30 bis 40 Triebe erscheinen.

Bei leichten Böden kann man sich Zeit und Mühe sparen, indem man erst zur Pflanzzeit umgräbt oder den Boden nur mit der Grabgabel bearbeitet: Frühe Knollen werden etwa 10 cm tief gesetzt und ohne Anhäufeln gezogen. Frühkartoffeln können ab jetzt unter Folie gepflanzt werden, ohne Schutz setzt man sie besser im Spätfrühling. Spätere Sorten setzt man grundsätzlich erst im späten Frühjahr.

Experten-tipp **Kartoffeln aus Knollen, die vom letzten Jahr in der Erde geblieben sind, stehen möglicherweise der geplanten Nutzung der Fläche im Folgejahr im Weg. Mit der Grabgabel lassen sich die jungen Pflanzen behutsam ausgraben und mit sämtlichen Knollen an einen anderen Platz umsetzen.**

Gut verteilte Ernte Niemand, auch nicht der größte Experte, erzielt permamente Erträge ohne gelegentliche Lücken oder Überschüsse. Dafür sorgt schon der Einfluss des Wetters mit seiner Unberechenbarkeit. So kann ein Temperaturanstieg um 10 °C die Wachstumsgeschwindigkeit verdoppeln, während Trockenheit, starker Wind oder außergewöhnlich hohe Temperaturen die Erträge mindern können. Mit verschiedenen Verfahren kann man jedoch Engpässe vermeiden. Allerdings ist einem Ernteüberschuss leichter zu begegnen, weil man die Gemüse lagern, mit Freunden teilen oder zur Not teilweise kompostieren kann.

Man unterscheidet zwischen Gemüsesorten, die sich eine Weile halten wie Möhren und Pastinaken, und anderen, die nur eine begrenzte Haltbarkeit haben wie Salat, Erbsen oder Spinat. Diese kurzlebigen Sorten sät man wiederholt aus, sodass man mehrfach ernten kann: Früh im Jahr, wenn das Wachstum noch langsamer ist, sät man etwa alle drei bis vier Wochen, im Hochsommer dann alle zwei Wochen. Die Pflanzen werden jung geerntet und die Fläche wird wieder frei gemacht, sobald die nächsten Aussaaten nachwachsen.

Aufeinanderfolgende Aussaaten nimmt man zumeist mit der gleichen schnellen oder frühen Sorte vor. Man kann aber auch gleichzeitig frühe und späte Sorten sowie solche für die Hochsaison säen und dann je nach Reife nacheinander ernten. Mit der frühen Sorte erzielt man noch eine letzte Ernte des Jahres, wenn sie zur Reifezeit der Hochsaisonsorte nochmals gesät wird.

Es lohnt sich auch, mit den jeweiligen Standortbedingungen zu experimentieren. Gleichzeitige Aussaaten an einem warmen sonnigen und an einem kühleren schattigen Ort reifen oft in einem Abstand von ein bis zwei Wochen heran. Bei der Aussaat in Reihen können einige unter einem Folientunnel früher heranreifen, während die anderen zur normalen Zeit geerntet werden. Das Setzen in engerem Abstand kann das Heranreifen verkürzen, die einzelnen Pflanzen bleiben dann jedoch kleiner.

Auch die Anbaumethoden kann man variieren. Das Abknipsen der Spitzen von Erbsen oder Stangenbohnen fördert den Wuchs von Seitentrieben, die später blühen als der Haupttrieb. Auch das versetzte Auspflanzen aus dem Frühbeet *(siehe Seite 66–67)* hat versetzte Reifezeiten zur Folge. Das Abknipsen der Spitzen bei Dicken Bohnen, sobald sie in voller Blüte sind, beschleunigt das Heranreifen und regt zu stärkerer Verzweigung an.

Zwiebeln rechtzeitig setzen

Wer Zwiebeln nicht sehr früh säen und die Sämlinge umsetzen will, pflanzt sie als Steckzwiebeln. Diese sind schon einige Wochen gewachsen, weniger krankheitsanfällig und gedeihen besser auf kargen Böden.

Gepflanzt wird, sobald die Bodenbedingungen dies zulassen, Winterzwiebel-Sorten schon im Spätwinter: Die endgültige Zahl der Blätter entscheidet hierbei über die Größe der Zwiebel (aus jedem Blatt wächst eine Zwiebelschale). Nach dem Hochsommer bildet sich kein weiteres Laub. Hitzebehandelte Steckzwiebeln, die auch zumeist nicht schießen, werden erst im Spätfrühling in wärmeren Boden gesetzt.

Am besten setzt man mittelgroße Steckzwiebeln. Größere schießen leichter, während kleinere nur kleine Zwiebeln bilden. Beim Pflanzen bedeckt man die Spitze knapp mit Erde, um Vögel abzuhalten. Zwiebeln werden mit einem breiten Handspaten gesetzt und nicht in den Boden gedrückt, damit der Wurzelbereich unbeschädigt bleibt.

Einen Versuch wert ...

Große tiefe Pflanzgefäße lassen sich für mehrere Ernten verwenden: Im Herbst zur Hälfte eingraben und mit einer bunten Palette von Zwiebelgewächsen als Schnittblumen für den Frühling bestücken. Im Frühjahr dann zwischen das einziehende Laub Pflücksalat säen oder einpflanzen, oder auch eine rasch wachsende Möhrensorte säen, die in dieser Höhe vor den niedrig fliegenden Möhrenfliegen geschützt sind.

Noch nicht zu spät ...

Wer es versäumt hat, im Herbst neue Erdbeeren zu pflanzen, kann versuchen, dies jetzt noch nachzuholen. Achten Sie jedoch darauf, dass die Pflanzen kräftig sind und gut ausgeprägte Wurzeln besitzen. Die Blüten knipst man in dieser Saison besser ab, sodass sich die Pflanzen für das kommende Jahr gut entwickeln. Natürlich kann man einige Pflanzen doch fruchten lassen, maximale Erträge erhält man dann aber erst im darauffolgenden Jahr. Jetzt geteilte und umgesetzte Walderdbeeren wachsen zu neuen, kräftigeren Pflanzen heran.

Zeit übrig?

Die letzten Pastinaken und Lauchstangen müssen jetzt den Platz für Neupflanzungen räumen. Heben Sie sie behutsam mit der Grabgabel heraus und setzen Sie sie an einem freien Platz in gleicher Tiefe bündelweise ein. Dort kann man sie noch einige Wochen lagern.

Topinambur Je nachdem, wie er gezogen wird, wächst Topinambur entweder zu einem tief verwurzelten, bis zu 3 m hohen Windschutz heran oder er liefert eine überreiche Ernte großer knackiger, nahrhafter Knollen. Die besten Erträge erzielen Sie, wenn Sie die Knollen jetzt alle ausgraben und die glattesten von ihnen mit etwa der Größe eines Hühnereis in einem Abstand von 45–60 cm in frische nährstoffreiche Erde umsetzen. Lagern Sie die Übrigen kühl und dunkel und reichen Sie sie gebraten, wie Chips frittiert oder in einer Suppe. Sie schmecken süßlich, sind zart im Geschmack. Allerdings verursachen sie Blähungen, wenn sie nicht mit Bohnenkraut zubereitet werden. Topinambur ist außerdem sehr interessant, weil seine Knollen das Kohlenhydrat Inulin enthalten, eine für Diabetiker geeignete Zuckerart. Große Erträge und glatte ovale Knollen liefert die Sorte 'Gute Gelbe'. Die Sorte 'Gigant' hat kürzere Stiele und blüht bereits vom Frühsommer an. *(Siehe Seite 208.)*

Rhabarber Wenn Rhabarber etwas vorgetrieben wird *(siehe Seite 133)*, können die ersten zarten Stangen jetzt bereits als erstes frisches Obst des Jahres geerntet werden. Sehen Sie alle paar Tage unter Töpfen und Kästen nach, ziehen Sie die Stangen mit einer seitlichen Drehung sauber ab und lassen Sie der Pflanze immer einige der kleinsten Stangen, damit sie erhalten bleibt. Treiben Sie die Pflanzen weiter an, bis die Blätter reif sind, decken Sie sie ab und lassen Sie sie das restliche Jahr über ungestört wachsen. Wählen Sie im darauffolgenden Jahr andere Pflanzen zum Vortreiben.

Anders als Freilandrhabarber sind diese vorgezogenen Stangen mild, süß und sehr zart und benötigen nur eine äußerst geringe Garzeit. Verwenden Sie sie für besondere Desserts. Etwas Süßdolde

Rosenkohl

Zeit für die Ernte der letzten Rosenkohlsorten: Sie sind jetzt besonders voll im Aroma, aber kurz vor der Blüte: Aus jedem festen Röschen entsteht dann ein lockerer Miniaturkohl und ein Blütentrieb. Kleinerer Rosenkohl schmeckt besonders gut blanchiert und pfannengerührt in heißem Öl. Reichen Sie dazu knusprigen Bacon. Die obersten Blätter ergeben selbst ein köstliches Gemüse und erinnern an besonders aromatisches Frühlingsblattgemüse. Man schneidet sie ab, wenn man die gesamte Pflanze – mit den Wurzeln – aus der Erde zieht. Die Stiele sind eher verholzt und lassen sich als Ganzes nur schlecht kompostieren. Klopfen Sie sie zunächst mit einem Hammer weich und schneiden Sie die Stiele dann mit der Astschere klein *(siehe Seite 190)*.

Topinamburblüten

Topinamburernte

oder ein Teelöffel Johannisbeergelee, hinzugefügt beim Kochen, neutralisiert die Säure; bei Rhabarberkuchen und mit Streuseln überbackenem Rhabarber gibt man großzügig Rosinen dazu. Auch die Kombination mit Pfannkuchen sorgt für eine ausgewogene Balance zwischen süß und sauer. Überschüssige Stangen können eingefroren werden. Die in jedem Sinn robusteren Freilandstangen verwendet man für Wein oder zum Einkochen, etwa für Rhabarber-Ingwer-Eingemachtes. *(Siehe Seite 209.)*

Kohl- und Speiserüben Einige weitere Gemüse, deren Vegetationszeit allmählich zu Ende geht, bringen vor der Blüte neue Blätter hervor. Kohl- und Speiserüben sind Zweijährige, und Wurzeln, die im Winter im Boden belassen wurden, tragen jetzt zahlreiche junge Blätter, die man in dieser sonst noch eher kargen Jahreszeit als Blattstielgemüse ernten kann – in Süditalien serviert man solche Gemüse traditionell zu Pasta, etwa Cavatelli oder Orechiette. Man kann die Blätter einfach wachsen lassen und sie mitsamt der alten Wurzel ernten. Oder sie werden gebleicht, wodurch zartere Blätter entstehen. Hierfür häufelt man die Wurzeln in einer Reihe oder in Hügeln 15 cm hoch an. Wenn die Blätter oben sichtbar werden, entfernt man die Erde und deckt die gebleichten Spitzen ab. Auch die Aussaat von Rübstiel im Spätsommer liefert eine blattreiche Ernte. *(Siehe Seite 185.)*

Sämlinge und Jungpflanzen schützen

Die ersten Aussaaten des Jahres sind immer mit einem gewissen Risiko verbunden – in kaltem Boden keimen manche Samen einfach nicht oder die jungen Sämlinge fallen einem plötzlichen Kälteeinbruch zum Opfer. Einige Vorkehrungen kann man jedoch treffen, um ein gleichmäßiges Wachstum zu fördern. Abgedeckt und geschützt vor den Wetterumschwüngen dieser unbeständigen Jahreszeit, gedeihen Sämlinge besser. Wird die Abdeckung über den jungen Pflanzen später nicht entfernt, werden sie auch zwei bis drei Wochen früher reif.

- Wählen Sie einen Standort für das Aussaatbeet, der vor kaltem Wind und früher Morgensonne geschützt ist. Vermeiden Sie Frostsenken.
- Decken Sie das Aussaatbeet zwei bis drei Wochen mit schwarzem Mulchpapier oder durchsichtiger oder schwarzer Folie ab, sodass sich der Boden erwärmt.
- Die Sämlinge decken Sie mit Hauben oder durchsichtigen Folientunneln ab, auch zwei bis drei Lagen Vlies eignen sich gut.
- Halten Sie einige Zeitungen als Notabdeckung für Samen und Sämlinge bei Frostgefahr bereit.
- Wählen Sie eine frühe Sorte eines Gemüses oder eine, die als winterfest empfohlen wird.
- Legen Sie einige Samen für eine neue Aussaat für den Fall beiseite, dass die erste Aussaat nicht gelingt.

Speiserübe 'Primera'

Kohlrübe 'Brora'

Einen Versuch wert
Winterportulak

Der winterharte Einjährige, auch bekannt als Winterpostelein, kann ganzjährig geerntet werden, wenn man ihn zweimal aussät: im Spätfrühling für die Sommerernte und im Spätsommer für die ergiebigere Ernte im Winter. Abgedeckt unter Folie oder Vlies liefert er im Spätwinter eine üppige Ernte fleischiger, saftiger Blätter und Stiele als Ergänzung zu Salaten. Lassen Sie einige Pflanzen stehen. Sie säen sich selbst aus, und Sie können Gruppen von Sämlingen in frische Erde umsetzen.

Verwechseln Sie Winterportulak nicht mit Sommerportulak, einer bedingt winterharten Pflanze mit ausgewählten grünen oder goldfarbenen Zuchtsorten. Die Blätter und jungen Triebe sind knackig und pfeffrig, für sich allein vielleicht zu kräftig im Geschmack, aber beliebt in Salaten, Mixed Pickles, Suppen und dem libanesischen Fatousch. Winterportulak wird vom späten Frühling bis Spätsommer ausgesät und jeweils zwei Monate später geerntet.

JETZT AUF DEN TISCH

Da die Winter im Zuge des Klimawandels spürbar wärmer werden, lässt sich nur schwer mit Sicherheit sagen, ob milde Tage nur eine kurze trügerische Winterpause oder das triumphierende Zeichen des Frühlingsbeginns sind. Aber der Winter kann nicht ewig dauern, und auch die eingelagerte Winterernte hält nicht ewig. Sowohl in der Küche als auch im Garten spürt man jetzt allmählich den herannahenden Frühling. Wurzelgemüse vom vergangenen Herbst wie Kohlrüben und Pastinaken – Gemüse mit herrlichem Geschmack – werden in den letzten herzhaften Eintöpfen und Aufläufen verwertet. Kohlgemüse, etwa Wirsing und Rosenkohl, sowie Lauch werden geerntet, bevor die ersten Blattgemüse erscheinen, ebenso die delikaten Blattspitzen von Speiserüben. Und kurz darauf folgen auch schon die ersten vorgetriebenen roten Rhabarberstangen, die in traditionellen Kuchen und Crumbles – also mit Streuseln überbacken – den Frühling begrüßen.

REZEPTE

FRÜHLINGSZWIEBELSUPPE

Für 6 Personen

Für diese frische Suppe werden die ersten Frühlingsgemüse und die letzten Schalotten, Knoblauchzehen und Lauchstangen des Vorjahrs sowie einige frische Kräuter, die man den Winter über in Töpfen hält, verwertet.

45 g Butter

2 Stangen Lauch, einschließlich des grünen Teils, der Länge nach halbiert und in Ringe geschnitten

2 große Frühlingszwiebeln, einschließlich des grünen Teils, geschält und in Ringe geschnitten

4 große Schalotten, geschält und gewürfelt

1 knackiger grüner Apfel, geschält und gewürfelt

3 Knoblauchzehen, klein gehackt

Salz und Pfeffer nach Belieben

1 TL Mehl

1 TL Weinessig

1 TL frischer Thymian und Salbei, klein gehackt und vermischt

1,3 l heiße Gemüsebrühe

- Die Butter in einem großen Topf bei mittlerer Hitze auslassen. Den Lauch, die Frühlingszwiebeln, Schalottenwürfel, den Apfel und den Knoblauch darin anbraten. Salzen und pfeffern. Bei geringer Hitze 30 Minuten schmoren, bis alle Zutaten sehr weich sind, ohne dass die Mischung Farbe annimmt.
- Die fertig gegarten Gemüse mit Mehl bestäuben, gut umrühren. Essig und die Kräuter hinzufügen. 75 Gramm der Zwiebelmischung in einem Schälchen beiseitestellen.
- Die Brühe angießen und zum Kochen bringen. Hitze reduzieren und 30 Minuten köcheln lassen.
- Die Masse in der Küchenmaschine oder portionsweise mit einem Mixer pürieren. In einen neuen Topf geben und bei Bedarf nachsalzen und pfeffern. Die Suppe erneut erhitzen, bis sie siedend heiß ist.
- Sofort servieren und mit der beiseitegestellten Zwiebelmischung dekorieren.

FRITTIERTER BROKKOLI MIT MINZESAUCE

Für 4–6 Personen als Vorspeise

Dieses einfache Gericht lässt Brokkoli zum Hochgenuss werden: Die Sauce aus Zitrone, Minze und Knoblauch wirkt wahre Wunder. Außer zu Brokkoli passt sie sehr gut zu Blumenkohl oder Zucchini. Als Vorspeise oder Beilage.

1 Brokkoli, in Röschen zerteilt

Sonnenblumenöl oder anderes pflanzliches Öl zum Frittieren

Salz

Sauce

1 große Knoblauchzehe, fein gehackt

30 g frische Minzeblättchen

Saft von 1 Zitrone

150 ml natives Olivenöl extra

Salz und frisch gemahlener Pfeffer nach Belieben

- Zunächst die Sauce zubereiten. Knoblauch, Minze und Zitronensaft in einem Mixer vermischen, bei laufendem Gerät das Olivenöl einträufeln lassen. Salzen und pfeffern; beiseitestellen.
- Den Brokkoli dünsten, bis er fast gar ist, aber noch etwas Biss hat. Auf ein Küchenhandtuch oder Küchenkrepp geben und abtropfen lassen.
- In einem tiefen Kochtopf das Öl zum Frittieren auf 180 °C erhitzen. Ob das Öl die richtige Temperatur erreicht hat, lässt sich mit einem Stückchen Brot überprüfen: In das heiße Öl geben – beginnt das Öl um das Brot zu zischen, ist die Temperatur richtig.
- Das Gemüse portionsweise 1–2 Minuten frittieren, bis es knusprig ist. Herausheben und auf Küchenkrepp abtropfen lassen. Mit Salz abschmecken und die Sauce darübergeben.

BROKKOLI UND BLUMENKOHL MIT KNOBLAUCH

Für 6 Personen

Nur wenigen Menschen sind Blumenkohl und Brokkoli gleichgültig – entweder man mag sie oder man mag sie nicht. So wie in diesem Rezept zubereitet, schmecken sie aber den meisten. Das Karamellisieren der Gemüse in einer heißen Pfanne betont ihren köstlichen Geschmack. Beide Gemüse sind besonders nährstoffreich.

1 großer Blumenkohl ohne Strunk

2 große Brokkoli mit Stiel

2 EL Sonnenblumenöl oder mildes Olivenöl

Salz und frisch gemahlener Pfeffer nach Belieben

2–3 Knoblauchzehen, in feine Scheiben geschnitten

1 EL natives Olivenöl extra

- Eine große gusseiserne Pfanne bei mittlerer Hitze erwärmen. Unterdessen Blumenkohl und Brokkoli der Länge nach in Scheiben (2,5 cm dick) schneiden. Auf beiden Seiten mit Sonnenblumenöl bestreichen, salzen und pfeffern. Die Scheiben in die heiße Pfanne geben, mit einem Pfannenwender leicht andrücken und braten, bis sie Farbe annehmen. Die Gemüsescheiben wenden, von der anderen Seite goldbraun braten und langsam garen. Auf einer vorgewärmten Platte beiseitestellen.
- Das restliche Sonnenblumenöl (etwa 2 Teelöffel) in die heiße Pfanne geben, die Knoblauchscheiben hinzufügen und unter beständigem Rühren goldbraun braten. Auf einen Teller mit Küchenkrepp geben, salzen und pfeffern.
- Den Knoblauch über die Blumenkohl- und Brokkolischeiben verteilen, mit Olivenöl beträufeln und servieren.

SPINAT-TORTELETTS

Für 8 Personen

Die kleinen Torteletts eignen sich gut als frische Vorspeise oder als leichtes Mittagsgericht. Dazu gibt es einen gemischten Salat aus den letzten Wintersalaten.

225 g Mürbeteig
450 g junge Spinatblätter, gewaschen
225 g Hüttenkäse oder Ricotta
1 Ei und 2 Eigelb
100 ml Crème fraîche
15 g Parmesan, frisch gerieben
1 Zwiebel, fein gewürfelt
2 EL Olivenöl
Salz und frisch gemahlener Pfeffer nach Belieben

- Den Backofen auf 200 °C vorheizen. Den Teig ausrollen und 8 Tortelettförmchen von 9 cm Durchmesser damit auskleiden. Den Teigboden mit einer Gabel einstechen und die Förmchen für 30 Minuten kalt stellen.
- Die Förmchen 30 Minuten blindbacken, bis der Teig leicht Farbe annimmt. Aus dem Ofen nehmen und die Temperatur auf 190 °C reduzieren.
- Den Spinat in möglichst wenig Wasser dünsten, bis er zusammenfällt. Abgießen, sofort unter fließendem kaltem Wasser abschrecken und dann möglichst gut ausdrücken.
- Den Hüttenkäse oder Ricotta zusammen mit dem Spinat, dem Ei und den Eigelben sowie der Crème fraîche in einen Mixer geben. Alles mixen, bis der Spinat fein gehackt ist. Die Mischung in eine Schüssel geben und den Parmesan hinzufügen.
- Die Zwiebel in Öl anbraten, bis sie glasig wird. Mit der Spinatmischung verrühren, mit Salz und Pfeffer abschmecken und die Mischung in die Förmchen füllen. Diese im Ofen weitere 20 Minuten backen, bis die Füllung leicht Farbe annimmt und etwas stockt. Heiß oder warm servieren.

SPANISCHES OMELETT

Für 3 Personen

Dies ist eine köstliche Variante eines klassischen Kartoffelomeletts mit Zwiebeln und Spinat, das warm oder kalt als Tapas oder als Mittag- oder Abendessen mit einem Salat gereicht werden kann. Zu den weiteren Zutaten, die in Spanien gern zum Omelett gegeben werden, zählen Schinken oder Chorizo, Käse, Champignons und Artischocken – also eigentlich fast alles.

etwa 250 ml Olivenöl
2 Zwiebeln, in feine Ringe geschnitten
500 g Kartoffeln, geschält und in feine Scheiben geschnitten
800 g junger Spinat
4 Eier
Salz und frisch gemahlener Pfeffer nach Belieben

- Die Hälfte des Öls in einer ofenfesten Pfanne erhitzen und die Zwiebeln darin unter gelegentlichem Rühren anbraten, bis sie eine goldene Farbe annehmen. Die Zwiebeln auf etwas Küchenkrepp abtropfen lassen. Die Kartoffeln in der Pfanne anbraten, bis sie auch goldgelb sind, und ebenfalls auf Küchenkrepp abtropfen lassen.
- Den Spinat in möglichst wenig Wasser dünsten, bis er zusammenfällt. Abgießen, sofort unter fließendem kaltem Wasser abschrecken, dann möglichst gut ausdrücken und fein hacken.
- Die Eier mit Salz und Pfeffer verquirlen. Kartoffeln, Zwiebeln und Spinat hinzugeben und alles gut vermischen.
- Den Grill auf höchste Stufe einschalten. So viel Öl in die Pfanne geben, dass der Boden mit einer dünnen Schicht bedeckt ist. Wenn das Öl heiß ist, die Eiermischung hineingeben. Die Pfanne sanft rütteln, damit nichts anhaftet. Kurz vor Ende der Garzeit die Pfanne in den Backofen stellen, bis das Omelett gar und goldgelb ist.

WARMER LAUCHSALAT MIT JAKOBSMUSCHELN

Für 6 Personen

Durch das Ausdünnen der Reihen gibt es jetzt frische junge Lauchstangen. Auch für vorgetriebenen Radicchio ist es jetzt die richtige Zeit.

2 EL Zitronensaft
6 EL natives Olivenöl extra
Salz und frisch gemahlener Pfeffer nach Belieben
350 g junger Lauch, gewaschen
3 kleine Köpfe Radicchio, gewaschen
6 große Jakobsmuscheln mit Corail, gesäubert
Chinesische Chilisauce

- Den Zitronensaft, 3 Esslöffel Olivenöl, Salz und Pfeffer zu einer Vinaigrette verrühren.
- Den Lauch in einen Topf mit kochendem Wasser geben und al dente kochen. Abgießen und unter fließendem kaltem Wasser abkühlen. Trocken tupfen und beiseitestellen.
- Eine Grillpfanne mit geripptem Boden vorwärmen. Den Radicchio der Länge nach halbieren. Jede Jakobsmuschel waagerecht in zwei Scheiben teilen, den Corail nicht abtrennen. Lauch, Radicchio und Jakobsmuscheln würzen und mit dem restlichen Olivenöl bestreichen.
- Die Lauchstangen von allen Seiten leicht anbraten und beiseitestellen. Den Radicchio braten, bis er leicht zusammenfällt. Zu den Lauchstangen geben und mit der Vinaigrette anrichten.
- Die Jakobsmuscheln in die heiße Pfanne geben. Sobald die erste Seite das Grillmuster der Pfanne leicht angenommen hat, wenden. Je nach Dicke benötigen sie zum Garen 1–2 Minuten pro Seite.
- Die Lauchstangen und den Radicchio auf vorgewärmten Tellern anrichten. Die Jakobsmuscheln dazugeben. Am Rand mit etwas Chilisauce beträufeln und servieren.

Extra Tipp
Rhabarber

Rhabarber ist nicht nur ein köstliches Obst *(siehe Seite 209)*, er bietet auch eine willkommene Abwechslung im zeitigen Frühjahr, wenn sonst noch nicht viel wächst. Vorgetriebener Rhabarber ist eine leckere Zutat für Pudding und Konfitüren. Er harmoniert besonders gut mit Ingwer und Orangen. Wer es schlicht mag, kann ihn einfach braten. Und er ergibt eine raffinierte Sauce, die hervorragend zu fettem Fisch passt.

GEBACKENE MAKRELE MIT RHABARBERSAUCE

Für 8 Personen

Mit Rhabarber lässt sich eine klassische saure Sauce für Makrelen oder Heringe zubereiten. Ersatzweise eignen sich auch Stachelbeeren.

8 Makrelen, ausgenommen und filetiert
8 Lorbeerblätter
1 Handvoll schwarze Pfefferkörner
Salz
6 EL Apfelwein
15 g Butter

Für die Sauce

450 g Rhabarber, geschält und klein geschnitten
120 ml Apfelwein
einige Spritzer Zitronensaft
4 EL brauner Zucker
1/2 TL Muskatnuss oder Muskatblüte, gemahlen

- Den Backofen auf 190 °C vorheizen.
- Auf die Makrelenfilets je 1 Lorbeerblatt, einige Pfefferkörner und 1 Prise Salz geben. Zusammenrollen und in eine feuerfeste Form legen. Den Apfelwein angießen und mit Butterflöckchen belegen. Mit Folie abgedeckt 30 Minuten im Ofen garen.
- Inzwischen die Saucenzutaten in einen Topf geben. Köcheln lassen, bis sie weich sind. Die Sauce heiß zu den Makrelen servieren.

RHABARBERFINGER

Für 6 Personen

In diesem Rezept werden ganze Rhabarberstangen verwendet und mit süßem Teig umhüllt. Die »Finger« können im Ganzen serviert oder aufgeschnitten und als Nachspeise mit Crème double gereicht werden.

175 g Mehl
1 Prise Salz
85 g kalte Butter, gewürfelt
30 g extrafeiner Zucker
1 Ei, getrennt
kaltes Wasser zum Vermischen
6 Stangen junger Rhabarber, geschält und in 30 cm lange Stücke geschnitten
Puderzucker zum Bestäuben
Eiweiß für die Glasur

- Den Backofen auf 190 °C vorheizen.
- Salz und Mehl in eine Schüssel sieben. Die Butter hinzufügen und mit den Fingerspitzen einarbeiten, bis ein feinkrümeliger Teig entsteht. Den Zucker unterrühren. Das Eigelb und so viel kaltes Wasser einarbeiten, bis ein fester Teig entsteht. Diesen auf einer leicht bemehlten Arbeitsfläche sanft kneten und dann in Frischhaltefolie gewickelt 1 Stunde an einem kühlen Ort ruhen lassen.
- Den Teig dünn zu einem 45 x 33 cm großen Rechteck ausrollen und in 6 gleiche Streifen von 33 cm Länge schneiden. Auf jeden Streifen eine Rhabarberstange legen und mit etwas Puderzucker bestreuen.
- Den Teigrand mit etwas Eiweiß bestreichen, den Rhabarber einwickeln und die Ränder mit der flachen Seite eines Messers andrücken. Mit den übrigen Rhabarberstangen ebenso verfahren und alles auf ein Backblech geben. Mit weiterem Eiweiß bestreichen und in 25 Minuten goldgelb backen.
- Bei Bedarf die Stangen in 3 Teile schneiden, mit Puderzucker bestreuen und warm oder kalt servieren.

DAMPFGEGARTER RHABARBERPUDDING

Für 8 Personen

Ein sehr gesunder und ungemein wärmender Pudding, der durch die Mischung von Weißmehl und Vollkornmehl auch erstaunlich leicht ist. Und: Die Orange passt wunderbar dazu!

115 g Butter (Zimmertemperatur)
115 g brauner Zucker, möglichst feinkörnig
2 Eier, verquirlt
60 g Mehl
60 g Vollkornmehl
1 TL Backpulver
60 g frische Semmelbrösel
175 g Rhabarber, geschält und fein geschnitten
geriebene Schale von 1 Orange

- Butter und Zucker zu einer leichten cremigen Masse verrühren, dann die Eier einzeln einarbeiten. Mehl und Backpulver mit den Semmelbröseln unterziehen, zum Schluss den Rhabarber und die Orangenschale behutsam untermischen.
- Die Masse in eine gefettete Puddingform (900 ml) geben. Mit Backpapier oder Folie abdecken und unter den Rand falten und einschlagen – es klebt nicht an dem Pudding, wenn er aufgeht. In den obersten Einsatz eines Dampfgarers stellen und 1 Stunde dampfgaren.
- Auf einen vorgewärmten Servierteller stürzen und heiß servieren.

RHABARBER-CRUMBLE

Für 4 Personen

Ein Crumble der etwas anderen Art, bei dem die Früchte von einer köstlichen sirupartigen, knusprigen Mischung umgeben sind, die perfekt zur Säure des Rhabarbers passt.

900 g Rhabarber, geschält und in Stücke geschnitten
75 g Zucker
140 g Butter
4 TL Golden Syrup
225 g Haferflocken
1/2 TL Salz
1 TL Ingwer, gemahlen
Puderzucker zum Bestäuben

- Den Backofen auf 190 °C vorheizen. Eine Pieform (20 cm Durchmesser) einfetten.
- Den Rhabarber mit 40 g Zucker und etwas Wasser in einem zugedeckten Topf sanft garen, bis er weich ist.
- Den restlichen Zucker mit der Butter und dem Sirup erwärmen, bis er sich aufgelöst hat. Haferflocken, Salz und den gemahlenen Ingwer unterrühren.
- Mit drei Vierteln der Haferflockenmischung Boden und Seiten der Form bis fast ganz oben auskleiden. Den Rhabarber in die Mitte gießen, mit der restlichen Haferflockenmischung abdecken und leicht andrücken.
- Die Masse in 30–35 Minuten knusprig und goldgelb backen. Mit Puderzucker bestreuen und mit Custard oder Vanillepudding servieren.

GEBRATENER RHABARBER

Für 4 Personen

Rhabarber lässt sich wunderbar braten. So treten seine Aromen erst richtig hervor und die Intensität des Geschmacks ist erstaunlich. Etwas später im Jahr kann man auch Erdbeeren und Rhabarber zusammen braten: Ihre Aromen harmonieren wunderbar und Sie werden erstaunt sein, wie lecker gegarte Erdbeeren schmecken.

750 g Rhabarber, geschält und in 15 cm lange Stücke geschnitten
1 Orange
45 g extrafeiner Zucker
4 EL Wasser

- Den Backofen auf 200 °C vorheizen.
- Die Orange schälen und in grobe Stücke schneiden. Die Schale in feine Streifen schneiden.
- Den Rhabarber zusammen mit den Orangen, Orangenschalen, Zucker und Wasser in eine flache Auflaufform geben. 40 Minuten braten oder bis der Rhabarber gar ist.
- Heiß servieren. Dazu passen Custard, Vanillepudding oder auch Sahne.

RHABARBER-KÄSEKUCHEN MIT INGWER

Für 8 Personen

Dies ist eine Art improvisierter Käsekuchen. Ingwer passt übrigens perfekt zu Rhabarber.

60 g Butter
250 g Ingwerkekse, zerstoßen
250 g Mascarpone
300 ml Crème double, leicht geschlagen
75 g Puderzucker
500 Rhabarber, gekocht

- Die Butter in einem Topf zerlassen, die zerstoßenen Kekse hinzugeben, gut vermischen und beiseitestellen.
- Die geschlagene Sahne und den Zucker unter den Mascarpone heben.
- Abwechselnd Keksmischung, Mascarponemasse und Rhabarber in 8 kleine Gläser oder Dessertschalen schichten.
- Mindestens 1 Stunde kühlen.

RHABARBER-INGWER-EINGEMACHTES

Ergibt 3 Gläser

Ein weiteres Rezept, das Rhabarber und Ingwer verbindet, diesmal als klassisches Eingemachtes.

1 kg Rhabarber, geschält und in kleine Stücke geschnitten
1 kg Zucker
30 g frischer Ingwer, klein geschnitten
115 g kandierter Ingwer

- Rhabarber und Zucker in einer Schüssel schichten. Über Nacht ruhen lassen.
- In einen Topf geben und den Ingwer in einem Musselinsäckchen dazugeben. Zum Kochen bringen und 15 Minuten auf großer Flamme kochen.
- Den kandierten Ingwer in kleine Stücke schneiden und mit in den Topf geben. Weiterkochen, bis die Mischung fest wird.
- Das Ingwersäckchen entfernen, die Mischung in heiße Gläser geben und verschließen *(siehe Seite 80)*.

Einstimmung

Dies ist die entscheidende Jahreszeit im Garten: Alles beginnt zu wachsen, viele Blüten öffnen sich und es gibt sogar schon erste Früchte. Kurz: Es ist eine Zeit, die Freude macht. Wer jetzt mit Schwung an die Arbeit geht, schafft eine gute Grundlage für das übrige Jahr, auch wenn unbeständiges Wetter den Tatendrang jederzeit noch bremsen kann. Seien Sie wachsam, denn im Spätfrühling ist nichts unmöglich: Frost, Hitze und heftiger Regen. Werden die Tage länger und wärmer, öffnet sich der Boden und kann mehr Regen aufnehmen. Viele Pflanzen können oder müssen jetzt gesät oder gesetzt werden. Die Jungpflanzen brauchen dann für ein bis zwei Wochen intensive Betreuung. Die tägliche Präsenz des Gärtners ist also unerlässlich.

Ob die Obsternte reich ausfällt, hängt davon ab, ob zur Blütezeit günstiges Wetter herrscht und die bestäubenden Insekten aktiv sind.

JETZT ERNTEN

Dicke Bohnen, Frühlings-Barbarakraut, Frühlingszwiebeln, Guter Heinrich, Grünkohl, Meerkohl, Möhren, Lauch, Petersilie, Radieschen, Rhabarber, Salat, Spargel, Speiserübe (mit Blättern), Spinat (Winter), Winterkohl, Wirsing

JETZT AUSSÄEN

Gewächshaus/Frühbeet Auberginen, grüne Bohnen, Melonen, Salatgurken (Freiland), Stangenbohnen, Tomaten (Freiland), Zucchini und andere Kürbisgewächse, Zuckermais

Anzuchtbeet Blumenkohl (Herbst/Winter), Brokkoli, Grünkohl, Kohl (Winter), Lauch, Rosenkohl

Freiland Grüne Bohnen, Brokkoli, Chicorée (vorgetrieben), Dicke Bohnen, Endivien, Erbsen, Fenchel, Frühlings-Barbarakraut, Frühlingszwiebeln, Kohl (Sommer/Herbst), Kohlrabi, Kohlrüben, Kräuter (Einjährige), Mangold, Möhren, Pastinaken, Petersilie, Radieschen, Rauke, Rote Bete, Salat, Schwarzwurzel, Speiserüben, Spinat (Sommer), Stangenbohnen

JETZT PFLANZEN

Gewächshaus/Frühbeet Auberginen, grüne Bohnen, Gemüsepaprika, Kürbisse, Melonen, Salatgurken

Freiland Artischocken (erst Ende Mai), Blumenkohl (Sommer), Kohl (Sommer), Karden, Kartoffeln, Spargel, Zwiebeln

Freiland mit Schutz Grüne Bohnen, Gemüsepaprika, Knollensellerie, Stangenbohnen, Staudensellerie, Tomaten, Zuckermais

Aussaat im Freiland In Gebieten, in denen relativ regelmäßig Spätfröste auftreten, legt man die Zeit der Aussaat so, dass die Sämlinge knapp nach dem voraussichtlichen Termin des letzten Frosts erscheinen. Wenngleich Spätfrost für relativ frostharte Gemüse nicht kritisch ist, kann er für frostempfindliche Gemüse wie grüne Bohnen und Zucchini doch das Ende bedeuten. Nach zwei bis drei Wochen erscheinen die ersten Sämlinge über dem Boden. Wenn sie im Gewächshaus herangezogen werden, benötigen sie weitere drei bis vier Wochen, bis sie abgehärtet sind und ausgepflanzt werden können. Auf jeden Fall ist es ratsam, Folientunnel, Vlies oder alte Zeitungen griffbereit zu haben.

Um den ganzen Winter hindurch ernten zu können, müssen Sie jetzt weitsichtig planen. In der Zeit der ersten Spargelernte werden verschiedene Kohlsorten gesät, Wirsing und Rosenkohl für das Weihnachtsessen, etwas Brokkoli für Spätsommer und Frühherbst und viel Grünkohl, Lauch und Pastinaken für die mageren Zeiten im nächsten Frühling.

Nach Möglichkeit sät man sie alle in einem Anzuchtbeet, dünnt sie später auf 5–8 cm Abstand aus und pflanzt den Überschuss in weitere Reihen. Ersatzweise kann man auch im Gewächshaus aussäen und dann in Pikierplatten oder in ein Frühbeet pikieren. Dies erfordert aber deutlich mehr Arbeit, damit keine weichen, hoch aufgeschossenen Sämlinge heranwachsen. Umgesetzt werden sie im regulären Abstand nach vier bis sechs Wochen, wenn sie nach den Keimblättern zwei bis drei echte Blätter ausgetrieben haben *(siehe Seite 66–67)*. Dazwischen sät man Zwischenkulturen aus.

Verschiedene Arten der Aussaat

Entsprechend den Bedürfnissen der verschiedenen Pflanzen sät man auf unterschiedliche Art und Weise aus:

Aussaat in schmalen Rillen Die einzelne gerade Saatrille verwendet man zum Beispiel für Salat. Die Sämlinge werden ausgedünnt und die ausgedünnten Pflänzchen umgepflanzt oder kompostiert. Die so entstandene Reihe ist leicht zu jäten und zu ernten.

Aussaat in breiten Rillen Um bei Gemüsen wie Erbsen, die eine Stütze brauchen, oder Möhren, die man ausgedünnt und dann in großen Mengen erntet, Platz zu sparen, sät man sie in mehrere Rillen oder verteilt die Samen in einem flachen Graben, der mit dem Spaten gezogen wird. Hier dauert das Jäten etwas länger.

Einzelaussaat Gemüse mit größeren Samen oder solche, die viel Platz erfordern, sät man oft in einem bestimmten Abstand, beispielsweise mit je zwei bis drei Samen oder einer Portion von kleineren Samen an jeder Stelle. So spart man Saatgut und muss nicht viel ausdünnen. Die Sämlinge werden nur vereinzelt, die Stärksten

Aussaat in schmalen Rillen

Aussaat in breiten Rillen

Einzelaussaat

bleiben erhalten. Gleichzeitig kann man rascher wachsende Gemüse an den freien Stellen in derselben Rille säen.

Breitwürfige Aussaat Diese Art der Aussaat ist nur schwer gleichmäßig auszuführen, aber dies ist eine einfache Methode für Gemüse wie Pflücksalat, ein ganzes Frühbeet mit Möhren oder einen Streifen mit Gründüngerpflanzen. Man sät die Samen breitwürfig wie für eine Rasenfläche und harkt sie sanft in den Boden oder deckt sie mit gesiebter feiner Erde ab. Ideal eignet sich dafür alte Pflanzerde. Die Sämlinge werden nur ausgedünnt, wenn sie sehr eng stehen. Jäten ist hier außerordentlich schwierig.

Breitwürfige Aussaat

Wenn die Saat nicht aufgehen will

Im Gewächshaus unter nahezu idealen Bedingungen keimen bei verschiedenen Gemüsen beeindruckend viele Samen. Doch bei der Aussaat im Freiland sind die Samen härteren Bedingungen ausgesetzt und eine Keimrate von 50 Prozent ist realistisch. Zu den möglichen Gründen für schlechtes Keimen zählen:

Trockener Boden Damit der Boden nicht austrocknet, bewässert man die Rillen und lässt das Wasser vor der Aussaat in den Boden dringen.

Luftmangel Nach starkem Regen verkrustet der Boden oft, sodass die Samen von der Luft abgeschlossen werden. Decken Sie die Samen nach der Aussaat mit Pflanzerde ab und wässern Sie behutsam mit einer Brause, sodass die oberste Bodenschicht feucht bleibt.

Zu fetter Boden Sämlinge erst düngen, wenn sie kräftig wachsen.

Zu tief Liegt der Samen zu tief im Boden, erschöpfen sich die Sämlinge, bevor sie das Licht erreichen.

Ungleiche Tiefe Liegen einige Samen zu tief, während andere in der Nähe der Oberfläche vertrocknen, geht die Saat ungleich auf.

Zu kalt Kälteempfindliche Pflanzen erst aussäen, wenn sich der Boden erwärmt hat, oder Folientunnel verwenden.

Zu warm Bei sehr warmem Wetter bleiben einige Samen in der Keimruhe, insbesondere Salat. In diesem Fall am späten Nachmittag aussäen und die Samen ein bis zwei Tage mit feuchtem Papier abdecken.

Pflanzen abhärten

Bei der Berechnung der Aussaatzeit im Gewächshaus für frostempfindliche Gemüse wie Tomaten, Zucchini oder grüne Bohnen sollte man eine, besser zwei Wochen für das Abhärten der Jungpflanzen einkalkulieren. Ein plötzlicher Temperaturwechsel bekommt keiner Pflanze, besonders jenen nicht, die im warmen Gewächshaus vorgezogen wurden.

Meist härtet man Pflanzen ab, indem man sie in einen Frühbeetkasten umsetzt. Der Deckel wird dann nach und nach weiter geöffnet, sodass die jungen Pflanzen nach und nach mehr frische Luft bekommen oder an milden Tagen über längere Zeit ganz im Freien stehen. Man sollte aber nicht davon ausgehen, dass sie dadurch gegen Kälte resistent werden.

Um den Pflanzen den Übergang von einer geschützten Umgebung ins Freie zu erleichtern, erwärmt man den Boden, indem man ihn mit einer Plastikfolie abdeckt. Anschließend pflanzt man die Pflänzchen unter Folientunneln aus. Alternativ hält man für den Fall eines plötzlichen Frosts Abdeckungen bereit. Bedenken Sie, dass schon ein kühler Wind frostempfindliche Blätter ausdörren oder zerreißen kann. Auch dagegen sollte man Abdeckungen oder Schutz bereit haben. Am Rand mit Steinen beschwerte Zeitungen bringen oft schon den gewünschten Erfolg.

Aus dem Gewächshaus auspflanzen

In dieser Jahreszeit ist das Gewächshaus übervoll: Samen, Sämlinge und überwinterte Exoten belegen den Platz, und viele Zöglinge warten darauf, an ihren endgültigen Standort ausgepflanzt zu werden. Wird der Platz zu eng, schafft ein Frühbeet Abhilfe. Auch Provisorien wie mit Plastik abgedeckte Kisten oder ein Rechteck aus Strohballen mit einer alten Windschutzscheibe als Abdeckung leisten gute Dienste. So wird das Gewächshaus nach und nach leerer und die Pflanzen werden ganz allmählich abgehärtet, bevor sie endgültig im Freiland ausgepflanzt werden. Eventuell kann auch eine Stellage aus dem Gewächshaus draußen an einem geschützten sonnigen Standort aufgestellt werden. So können die Jungpflanzen bei mildem Wetter im Freien stehen und an kühlen Tagen mit Vlies oder Plastik geschützt werden.

Diese Maßnahmen schaffen Platz für Tomaten, Salatgurken, Melonen, Gemüsepaprika, Auberginen und andere Wärme liebende Pflanzen, die permanent unter Glas gezogen werden. Entscheiden Sie, wie die Pflanzen gesetzt werden sollen: Passen sie am besten in große Kübel mit Pflanzerde, in Substratsäcke oder direkt in die Erde eines Beets im Gewächshaus? Letzteres bietet mehr Spielraum beim Wässern und genug Platz für die Wurzeln.

Stangenbohnen acht Wochen vor den letzten Frösten unter einem niedrigen, klaren Folientunnel aussäen. Erscheinen die Sämlinge, Stöcke durch die Folie stecken und zu Wigwams zusammenbinden. Wenn die Blätter die Folie erreichen, wird sie aufgeschlitzt und die Bohnen können weiter nach oben wachsen.

Expertentipp

Tomaten im Gewächshaus

Die anpassungsfähigen Pflanzen lassen sich mit verschiedenen Methoden leicht ziehen.

- In zwei aufeinanderliegenden Substratsäcken: Schneiden Sie ein Loch in die Unterseite des obersten Substratsacks, das auf die Öffnung im untersten Sack passt, sodass die Wurzeln sich frei in der zusätzlichen Erde entwickeln können.
- Binden Sie Tomaten an Schnüren an, die man oben am Dach des Gewächshauses und unter dem Ballen befestigt. Die Schnur um die Tomatenpflanze winden, damit sie sich daran festhalten kann.
- Ziehen Sie eine hohe Sorte als Spalier und setzen Sie ihr zu Füßen eine buschige Sorte. Wird sie zur gleichen Zeit gesät und gepflanzt, sollte die buschige Sorte etwas eher tragen.
- Entfernen Sie die ersten Seitentriebe der Spaliertomate, wenn sie etwa 10 cm lang sind, und lassen Sie sie in Wasser oder Pflanzerde bewurzeln. So erhält man einige zusätzliche Pflanzen.
- Die untersten Seitentriebe sich entwickeln lassen und die Tomate als Fächer oder Spalier ziehen. So erhält man auf der Pflanzfläche mehr Ertrag.
- Ziehen Sie ein Spalier nur in eine Höhe von ein bis zwei Fruchtansätzen, um das Heranreifen zu beschleunigen. Außerdem kann man man einen Seitentrieb stehen lassen und diesen als weiteren senkrechten Trieb ziehen.
- Spezielle Pflanzgefäße für Tomaten bieten den Wurzeln mehr Tiefe und erleichtern das Bewässern. Schneiden Sie einfach Löcher in die Substratsäcke, setzen Sie das bodenlose Pflanzgefäß hinein und bepflanzen Sie es. Die Pflanzen wie gewohnt anbinden *(siehe links)*.

Einen Versuch wert ...

Zum Ausdünnen und einfach zur Zierde kann man Stecklinge von Rosmarin, Myrte, Lorbeer, Heiligenkraut, Lavendel, Duftpelargonien oder Zitronenverbene ziehen. In einem 15-cm-Topf wachsen sie mit einer Stütze heran und können später nach Belieben beschnitten werden: klassisch, als Wuschelkopf, konisch, als Spirale oder als Kugel.

Noch nicht zu spät ...

Schwarze Johannisbeeren auf verdickte Knospen kontrollieren. Von der Johannisbeergallmilbe befallene Knospen sind aufgebläht und ungeöffnet, während gesunde Knospen jetzt junge Blätter tragen. Befallene Triebe abschneiden, verbrennen. Pflanzen im Spätfrühling ein- bis zweimal mit Pflanzenschutzmittel besprühen, da die Gallmilbe zu anderen Plätzen wandert.

Zeit übrig?

Die Erdbeerernte zwei bis drei Wochen vorverlegen, indem man einige Pflanzen mit Hauben oder einem niedrigen Folientunnel abdeckt. An warmen Tagen öffnen, sodass bestäubende Insekten Zugang finden. Marmeladengläser bereithalten und Fruchttriebe hineinlegen, damit sie früher reifen und Schnecken und Vögel abgehalten werden *(siehe links)*.

Die ständigen Bewohner des Gewächshauses bringt man nach ihren Vorlieben unter. Kletterpflanzen wie Rankkürbisse und meterhohe Bohnen bieten zu ihren Füßen wachsenden Salatpflanzen und Kräutern Halbschatten. Sie lassen am Boden auch Platz für buschig wachsende Sorten der gleichen Gemüseart. Kälteempfindliche Pflanzen, die Feuchtigkeit mögen, wie Salatgurken, sollten wegen der Zugluft möglichst weit entfernt von Türen wachsen, während die robusteren Tomaten als Windschutz fungieren. Achten Sie jedoch immer auf eine gute Luftzirkulation, sie verhindert zum Beispiel Schimmelbildung an Gemüsepaprika. Melonen müssen nicht unbedingt hochgezogen werden, sie können genauso gut auf einer Strohdecke als Bodendecker wachsen, vielleicht unter einer Rebe oder unter Spalierobst. So wird der Platz optimal genutzt und das Wässern auf das Nötigste beschränkt. Vergessen Sie nicht, Bewässerung und Belüftung an die Ansprüche der dauerhaften Gewächshauspflanzen anzupassen. Sie brauchen meist mehr Wärme und Feuchtigkeit als die Pflanzen, deren Platz sie eingenommen haben.

Obst und Fruchtbarkeit

Obwohl die meisten Früchte ohne viel Mühe gute und sogar sehr gute Erträge liefern, können Ernteausfälle vorkommen: Sie sind enttäuschend und hinterlassen ein ganzes Jahr lang eine Lücke im Vorratsschrank. Eine Missernte ist häufig die Folge von kaltem oder windigem Wetter während der Blütezeit, und daran lässt sich einfach nicht viel ändern. Andere Ursachen lassen sich jedoch beheben.

Ungeeignete Sorten Eine Sorte kann für einen bestimmten Standort einfach ungeeignet sein. An Orten mit kurzen Sommern etwa haben spät reifende Früchte keine Chance. Ebenso können früh blühende Sorten an Orten, die für Spätfröste bekannt sind, regelmäßig Schaden nehmen. Im Zuge des Klimawandels werden dagegen Stachelbeeren und Johannisbeeren, die kalte Winter brauchen, in milderen Gegenden nach und nach geringere Erträge liefern.

Krankheiten Viele Beerensträucher werden irgendwann von Viren befallen. In der Folge sind die Erträge geringer, ohne dass die Pflanze weitere Symptome zeigt. Die meisten solcher Sorten müssen nach einigen Jahren durch frische gesunde Pflanzen ersetzt werden. Selbst langlebige Gehölze wie Schwarze Johannisbeeren sollte man nach sieben bis acht Jahren durch neue Pflanzen ersetzen. Verwenden Sie nur dann Stecklinge von alten Pflanzen, wenn Sie sicher sind, dass diese gesund sind.

Unfruchtbarkeit Bei einigen Obstarten müssen die Blüten mit Pollen einer zweiten Sorte bestäubt werden. Selbst dem Namen nach selbstbestäubende Sorten wie die Kirsche 'Sunburst' oder die Birne 'Conference' liefern bessere Erträge mithilfe eines Partners, der zur gleichen Zeit blüht. Dies erklärt, warum ein einzeln stehender Baum oft nur geringe Erträge liefert.

Expertentipp

Dieser Trick funktioniert: Um fruchtbaren Pollen einer zweiten Sorte zu bekommen, hängt man blühende Zweige einer passenden Sorte in mit Wasser gefüllten Gläsern an die Zweige des Obstbaums. Die Bienen erledigen die übrige Arbeit.

Spargel Der Beginn der kurzen Spargelzeit ist ein Höhepunkt im Kalender eines jeden Feinschmeckers. In vielen Gegenden Englands wird er sogar mit Festen, Galadiners und Versteigerungen des ersten Spargels gefeiert. Spargel ist eine langlebige Staude, die 30 Jahre und länger Erträge liefert. Deshalb sollte man ihn in gut vorbereiteten Boden pflanzen. Nach dem Ende des Stechens um Johanni (24. Juni) erhält er eine 10 cm dicke Kompostschicht und wird von Unkraut und minderwertigen Sämlingen aus den weiblichen roten Beeren frei gehalten. Besonderes Augenmerk sollte man auf den zerstörerischen gelb-schwarzen Spargelkäfer richten: Kommen Sie ihm zuvor, indem Sie jede Stange stechen und Käfer und Larven mit Schmierseifenlösung oder Spruzit behandeln. Nach Johanni wird nicht mehr gestochen und das Spargelkraut kann hochwachsen *(siehe Seite 206)*.

Das erste Bund junger Möhren Wer sehr rasch wachsende Sorten wie 'Almaro' oder 'Frühbund' im Frühjahr aussät, kann nach nur acht Wochen schon die ersten saftigen jungen Möhren ernten. Obwohl sie dünner sind als die Sorten der Haupterntezeit, werden sie weiter auseinander gesetzt – etwa mit 10 cm Abstand –, damit sie schnell und zahlreich wachsen. Man kann es kaum erwarten, sie zu ernten, und sie roh oder leicht gedünstet zu verspeisen – sie sind zu süß und zart, um sie in einem Gericht mit mehreren Zutaten oder in einem herzhaften Eintopf untergehen zu lassen. Nach dem Herausziehen der Möhren wird der Boden angetreten oder gewässert, denn die weibliche Möhrenfliege treibt von nun an bis zur Mitte des Sommers ihr Unwesen und der Duft frisch gestörten Wurzelwerks würde sie anlocken. *(Siehe auch Seiten 182–183)*.

Junge Möhren ernten.

Einen Versuch wert
Guter Heinrich

Dieses alte und leicht zu ziehende Gemüse wurde von den Römern in England eingeführt und ist mit dem ebenfalls essbaren Weißen Gänsefuß sowie mit Spinat, Roter Bete und dem Getreide Quinoa verwandt. Guter Heinrich ist eine robuste und ertragreiche Staude, die im Frühjahr mehrfache Erträge zarter Blätter liefert. Man behandelt sie wie Spinat. Noch früher kann man junge Triebe – als Ersatz für Spargel – ernten, wenn man sie unter Töpfen treibt. Die Samen sät man im Frühjahr aus und setzt die Pflänzchen im Abstand von 40 cm in reichhaltigen Boden an einen halbschattigen Standort. Die Blüten werden entfernt, bevor sie Samen ansetzen, damit die sich stark ausbreitende Pflanze nicht den gesamten Garten erobert.

Die rote Stachelbeere 'Whinham's Industry' ist eine aromatische und üppig tragende Sorte für schattige Standorte mit schwerem Boden.

Der Salat 'Lollo Rosso' bildet kein Herz aus und kann mehrere Wochen als Pflücksalat geerntet werden.

Kohl als Blattgemüse Diese Frühlingsgemüse sind intensiv und belebend im Geschmack – ihre Qualität kann man tatsächlich schmecken. Für maximale Erträge wird eine Köpfe bildende Sorte wie 'Durham Early' in Abständen von 10–15 cm gepflanzt, jede zweite Pflanze wird als frühes Blattgemüse geerntet, die übrigen dürfen heranwachsen – wenn man sie schneidet, kann man einen Stumpf von 2,5–5 cm stehen lassen, der weitere lockere Triebe mit Blättern hervorbringt. In kleineren Gärten eignet sich 'Pixie' (Abstand 15 cm), dauerhafte Erträge liefert die monatliche Aussaat von 'Duncan', vom Spätwinter (unter Glas) bis zum frühen Herbst, wobei ein Teil der letzten Aussaat für das zeitige Frühjahr zurückgelegt wird. In der Küche wird es als Hauptgemüse serviert – in einer Minzesauce serviert ist es eine köstliche herzhafte Beilage zu Lammbraten –, oder es wird klein geschnitten und kurz in der Pfanne gedünstet. *(Siehe auch Seiten 190–191.)*

Stachelbeeren Das Schneiden und Erziehen von Stachelbeersträuchern zu einem Strauch mit einem lockeren Gerüst erleichtert die Ernte. Die Vorzüge dieser Maßnahme erkennt man schnell, wenn man üppig tragende Sträucher ausdünnt, damit im Sommer größere Beeren heranreifen. Dabei entfernt man jede zweite Frucht und dünnt Fruchttrauben bis auf eine einzige Beere aus. Die ausgedünnten unreifen Beeren eignen sich gut zum Einfrieren und für Saft, aber auch für Tartes, Crumbles und anderes Gebäck. Will man die Beeren frisch essen oder Konfitüre oder Wein zubereiten, nimmt man besser voll ausgereifte Beeren. Die meisten Sorten, einschließlich der gängigen 'Invicta' und der roten 'Rote Triumph', schmecken im Stadium des Ausdünnens sehr ähnlich, während sich später viele verführerische Geschmacksnuancen entwickeln, wenn verschiedene bewährte Sorten wie etwa 'Hönings Früheste' in der Sonne heranreifen. *(Siehe auch Seite 215.)*

Salate Zwei Arten Salat könnten jetzt zum Pflücken bereit sein: Sorten, die kein Herz ausbilden und Pflücksalate wie 'Lollo Rosso' und 'Salad Bowl', die etwa sechs Wochen zuvor in einem Frühbeet oder einem Substratsack im Gewächshaus ausgesät wurden, wie auch Römische Salatsorten wie 'Little Gem' und 'Tintin', die im Spätsommer und Frühherbst ausgesät wurden. Im Freiland wachsende Wintersorten sind weniger anfällig für Pilzkrankheiten als kälteverträgliche Sorten in einem Gewächshaus oder einem Folientunnel. Salate, die jetzt heranreifen, müssen bei warmer Witterung rasch geerntet werden, Kopfsalatherzen können Sie in einer Salat-Joghurtsuppe verarbeiten. Die besten Erträge erzielt man, indem man alljährlich frische Salatsamen aussät. Die Reste der letzten Saison können zusammen mit Chicorée, Endivien, Kresse, Spinat und fernöstlichem Blattgemüse zu einer hauseigenen Mischung ausgesät werden. Wenn sie 10–15 cm hoch sind, werden sie als kleiner Pflücksalat geerntet. *(Siehe auch Seiten 204–205.)*

JETZT AUF DEN TISCH

Es ist eine Jahreszeit voller Freuden: überall frisches Grün, die Gemüsebeete voll neuen Lebens und eine Speisekarte, die von Tag zu Tag reichhaltiger wird. Jetzt ist die Zeit vorbei, in der das Angebot an frischem Gemüse und Salaten spärlich war: Mit etwas vorausschauender Planung im Garten wird es nicht mehr an gutem Essen fehlen. Je früher Sie sich um die Pflanzen gekümmert haben, umso mehr zahlt sich dies jetzt in Form steigender Gemüseerträge aus. Wie die Tage wird auch die Liste der zur Verfügung stehenden Gartenprodukte täglich länger, von schlichten Dicken Bohnen und Speiserüben über noblen Spargel bis zu köstlichen Gerichten aus im Frühbeet gezogenen Erdbeeren. Dies ist die Zeit der frischen Salate, süßen jungen Möhren, frühen milden Radieschen und diverser Arten knackiger frischer Blätter, die unaufhaltsam heranreifen. *(Siehe Jetzt ernten, Seite 50.)*

REZEPTE

ZWIEBELSUPPE

Für 4 Personen

Diese einfache Suppe entführt Sie auf der Stelle nach Frankreich. Sie wirkt belebend, und außerdem können Sie mit diesem Rezept die letzten Zwiebelvorräte verwerten. Verwenden Sie unbedingt eine hochwertige Brühe.

50 g Butter
8 Zwiebeln, geschält und in feine Ringe geschnitten
1,8 l Rinder-, Geflügel- oder Gemüsebrühe
4 große Scheiben Baguette
60 g Greyerzer oder Emmentaler, gerieben
Salz und frisch gemahlener Pfeffer nach Belieben
1 Schuss trockener Sherry (nach Belieben)

- Die Butter in einem großen Topf zerlassen, die Zwiebeln hinzufügen und 30 Minuten im geschlossenen Topf schmoren. Gelegentlich umrühren. Den Grill auf höchster Stufe vorheizen.
- Wenn die Zwiebeln glasig sind, die Brühe angießen und im geschlossenen Topf weitere 15 Minuten köcheln.
- Das Brot auf einem Backblech unter dem Grill toasten. Mit Käse bestreuen und erneut unter den Grill schieben, bis der Käse schmilzt und Blasen bildet.
- Falls gewünscht, den Sherry in die Suppe geben, kurz umrühren und die Suppe in Suppenschalen verteilen. Jede Schale mit einem Toast dekorieren und sofort servieren.

GEFÜLLTE ZWIEBELN

Für 4 Personen

Das einfache, leichte Gericht aus zwei verschiedenen Zwiebelsorten wird mit frischem grünem Gemüse als Beilage serviert.

2 EL Olivenöl
1 Zwiebel, geschält und fein gewürfelt
2 Knoblauchzehen, geschält und zerdrückt
450 g mageres Steak, gehackt
1 Möhre, geputzt und fein geschnitten
1 Selleriestange, fein geschnitten
300 ml Weißwein
4 große rote Zwiebeln, ungeschält
4 große weiße Zwiebeln, ungeschält
2 EL Parmesan, frisch gerieben
1 Ei
4 EL Milch
2 EL Crème double
Salz und frisch gemahlener Pfeffer
1 EL frische Petersilie, gehackt

- 1 Esslöffel Olivenöl in der Pfanne erhitzen und die gewürfelte Zwiebel und den Knoblauch darin 2–3 Minuten anbraten, ohne dass sie Farbe annehmen. Hackfleisch, Möhre und Sellerie hinzufügen, den Wein angießen und alles $1\frac{1}{2}$ Stunden sanft köcheln.
- Unterdessen Wasser in einem großen Topf zum Kochen bringen und die Zwiebeln in der Schale 10 Minuten darin garen. Aus dem Topf nehmen, abkühlen lassen und die lockeren äußeren Schalen entfernen. Die Spitzen abschneiden und die Zwiebeln bis auf einen äußeren Rand von etwa 1 cm mit einem Löffel aushöhlen.
- Den Backofen auf 190 °C vorheizen.
- Die Fleisch-Gemüse-Masse mit Parmesan, Ei, Milch, Crème double, der Hälfte der Petersilie und dem restlichen Olivenöl vermischen. Mit Salz und Pfeffer abschmecken. Die Zwiebeln mit der Masse füllen, in eine feuerfeste Form setzen und 20 Minuten im Ofen garen, bis die Füllung knusprig und braun ist. Mit der restlichen Petersilie garnieren und heiß oder warm servieren.

ZWIEBELKONFITÜRE

Ergibt 2 Gläser

Die in Frankreich sehr beliebte Zwiebelkonfitüre muss man sich als Mischung aus Konfitüre und Chutney vorstellen. Sie enthält jedoch nicht genug Zucker und Essig, um sich länger als einige Monate im Kühlschrank zu halten. Zwiebelkonfitüre ist ein hervorragender Begleiter für herzhafte Terrinen aus Kaninchen oder Ente und passt auch gut zu Brot und Käse.

15 g Butter
6 EL Olivenöl
6 Zwiebeln, geschält und in feine Ringe geschnitten
1 EL ganze schwarze Pfefferkörner
1 Lorbeerblatt
2 TL Zucker
$\frac{1}{2}$ TL Salz
1 TL Pfeffer, frisch gemahlen
2 EL Rotweinessig
1 EL Sherry

- Butter und Olivenöl in einer Pfanne erhitzen und die Zwiebeln, Pfefferkörner und das Lorbeerblatt hinzugeben. Mit Zucker, Salz und Pfeffer würzen und bei mittlerer Hitze 45 Minuten schmoren.
- Essig und Sherry angießen und weitere 15 Minuten köcheln. Abkühlen lassen, in 2 Gläser füllen, verschließen und kühl stellen.

GEBRATENER SPARGEL

Für 4 Personen

Obwohl Spargel zumeist für seinen frischen, reinen Geschmack kultiviert und lediglich gedünstet und mit einer einfachen Sauce serviert wird, hat man doch manchmal Lust auf ein ungewöhnliches Rezept, besonders in Zeiten überreicher Ernte. Wer keine Anchovis mag oder sich vegetarisch ernährt, kann die Filets weglassen, obwohl man sie nicht herausschmeckt: Sie werden als Geschmacksverstärker verwendet, verleihen dem Gericht aber kein Fischaroma.

3 EL Olivenöl sowie etwas Öl zum Beträufeln

4 EL Zitronensaft, frisch gepresst

4 Anchovisfilets, klein geschnitten

450 g dünne Spargelstangen, geschält, 1 cm vom Ende der Stangen abschneiden

2 EL Kapern

Parmesan, frisch gerieben

Salz und frisch gemahlener Pfeffer nach Belieben

- Den Backofen auf 220 °C vorheizen.
- Das Olivenöl in eine mittelgroße Schüssel geben, Zitronensaft und die Anchovisfilets dazugeben und alles gut mischen. Die Spargelstangen in eine flache feuerfeste Form legen. Die Kapern und die Ölmischung darübergeben und alle Stangen damit überziehen.
- In den Ofen stellen und 8 Minuten braten, die Stangen anschließend mit einem Löffel wenden und weitere 4 Minuten braten.
- Mit einem Löffel die Spargelstangen mit dem entstandenen Saft begießen, mit Parmesan bestreuen, etwas Olivenöl darüberträufeln. Mit Salz und Pfeffer abschmecken und heiß servieren.

SPARGEL-FRITTATA

Für 4 Personen

Eine Frittata ist eine Kreuzung zwischen einer Tortilla und einem Omelett. Sie wird wie eine Tortilla zum Schluss unter dem Grill gegart.

2 EL natives Olivenöl extra

115 g Zwiebel, in Ringe geschnitten

1 große Knoblauchzehe, geschält und in Scheiben geschnitten

350 g Spargel, in 2,5 cm lange Stücke geschnitten

6 Eier

1 TL abgeriebene Schale von einer unbehandelten Zitrone

1 TL frischer Oregano, fein gehackt

1/2 TL frischer Rosmarin, fein gehackt

Salz und frisch gemahlener Pfeffer nach Belieben

30 g Butter

200 g Mozzarella, in feine Scheiben geschnitten

- Das Öl in einer großen schweren Pfanne erhitzen und Zwiebeln und Knoblauch darin anschwitzen, bis die Zwiebeln goldbraun sind. Den Grill vorheizen.
- Inzwischen den Spargel in siedendem Wasser garen, bis er weich ist. Abgießen und unter kaltem Wasser abschrecken.
- Die Eier verquirlen. Spargelstücke, Zitronenschale, Zwiebelmischung und Kräuter hinzufügen und mit Salz und Pfeffer würzen.
- Die Butter in der Pfanne zerlassen, die Eiermischung hineingeben und gleichmäßig verteilen. Bei mittlerer Hitze garen, bis die Frittata stockt und unten eine goldbraune Farbe angenommen hat.
- Die Käsescheiben darüber verteilen und in den Ofen unter den heißen Grill stellen, bis der Käse eine goldene Farbe hat. In Dreiecke schneiden und sogleich servieren.

SPARGEL-RISOTTO

Für 4 Personen

Dies ist eine typisch italienische Art der Spargelzubereitung. Tipps gibt es dazu gleich zwei: Der gegarte Reis sollte cremig sein, aber trotzdem noch etwas Biss haben und die Spargelspitzen gibt man erst gegen Schluss dazu, damit das Aroma gut erhalten bleibt.

1 Zwiebel, fein gewürfelt

2 Knoblauchzehen, fein gehackt

30 g Butter

4 EL Olivenöl

350 g Arborio- oder anderer Risottoreis

450 g Spargel, in 2,5 cm lange Stücke geschnitten; die Spitzen beiseitestellen

1 Glas Weißwein

600 ml heiße Gemüse- oder Geflügelbrühe

Salz und frisch gemahlener Pfeffer nach Belieben

60 g Parmesan, frisch gerieben, sowie etwas Parmesan zum Bestreuen

- Zwiebel und Knoblauch in Butter und Öl anschwitzen, bis sie weich sind. Den Reis hinzugeben und rühren, sodass er die Butter-Öl-Mischung gut annimmt. Die Spargelstücke dazugeben und weiterrühren. Den Wein angießen und köcheln, bis alle Flüssigkeit aufgenommen ist.
- Unter fortwährendem Rühren die Brühe mit einer Schöpfkelle angießen. Dabei warten, bis die jeweilige Menge aufgenommen wurde, bevor man die nächste Portion zugibt. Die Garzeit beträgt insgesamt etwa 20 Minuten. Kurz vor Ende der Garzeit mit Salz und Pfeffer abschmecken.
- Während der Risotto gart, die Spargelspitzen so dünsten, dass sie noch etwas Biss haben.
- Am Ende der Garzeit den Käse unterrühren und die Spargelspitzen dazugeben.
- Mit dem übrigen Käse bestreuen.

SUPPE VON DICKEN BOHNEN

Für 4 Personen

Die cremige Suppe eignet sich hervorragend zum Verwerten größerer Dicker Bohnen, deren Hülsen mitunter etwas zäh sind. Die Suppe wird nach dem Pürieren durch ein Sieb gestrichen, so bleibt der Geschmack vollständig erhalten, die Fasern sind jedoch entfernt.

115 g Zwiebel, klein gewürfelt
2 Knoblauchzehen, gehackt
60 g Butter
350 g Dicke Bohnen, enthülst
3 saubere Bohnenhülsen
900 ml Wasser oder Gemüsebrühe
2 EL Petersilie, gehackt
Salz und frisch gemahlener Pfeffer nach Belieben
6 EL Crème double
4 EL Croûtons

- Zwiebeln und Knoblauch sanft in einer Pfanne in Butter anschwitzen, bis sie nach etwa 3 Minuten weich sind, aber noch keine Farbe angenommen haben.
- Die Dicken Bohnen und die Hülsen dazugeben, ebenso das Wasser oder die Brühe und die Petersilie. Aufkochen und 15 Minuten köcheln, bis die Bohnen weich sind.
- Die Hülsen herausnehmen und wegwerfen. Die Suppe im Mixer pürieren, dann durch ein Sieb in einen sauberen Topf streichen.
- Mit Salz und Pfeffer abschmecken, wieder etwas erhitzen und die Crème double einrühren. Mit den Croûtons bestreuen und servieren.

DICKE-BOHNEN-DIP

Für 4 Personen

Der türkische Dip wird als Vorspeise gereicht und gelingt am besten mit kleineren, nicht zu mehligen Dicken Bohnen.

100 ml natives Olivenöl extra sowie etwas Öl zum Beträufeln
1 TL Kreuzkümmel, gemahlen
1/4 TL scharfes Chilipulver
300 g Dicke Bohnen, enthülst
1 dicke Knoblauchzehe, gehackt
200 ml Wasser
Blätter von 2 Stängeln frischem Oregano
Salz und frisch gemahlener Pfeffer nach Belieben
Saft von 1 Zitrone
6 Scheiben Brot, geröstet und halbiert

- 2 Teelöffel Öl in einer Pfanne erhitzen und Kreuzkümmel und Chilipulver darin 1 Minute rösten. Bohnen, Knoblauch und Wasser hinzufügen und 10 Minuten köcheln.
- Mit einem Schaumlöffel die Bohnen herausheben und in einen Mixer geben, die Kochflüssigkeit beiseitestellen. Die Bohnen mit dem Oregano im Mixer grob zerkleinern. Bei laufendem Mixer nach und nach das restliche Olivenöl zugeben. Die Masse mit 90–120 ml der Kochflüssigkeit verdünnen, bis sie die Konsistenz eines Dips hat.
- Mit Salz und Pfeffer sowie etwas Zitronensaft abschmecken. Mit dem übrigen Olivenöl beträufeln und mit Toast oder Pitabrot servieren.

DICKE-BOHNEN-LIMETTEN-KORIANDER-DIP

Für 6–8 Personen

Ein weiterer Dip mit verschiedenen Gewürzen und Kräutern. Wie der vorige ist er leicht zuzubereiten. Das Probieren lohnt sich bei beiden.

500 g Dicke Bohnen, enthülst
Saft und abgeriebene Schale von 2 Limetten
2 TL Meersalz
frisch gemahlener Pfeffer nach Belieben
2 TL Koriander, frisch gemahlen
100 ml Olivenöl
1 Handvoll frisches Basilikum, gehackt
1 Handvoll frische Petersilie, gehackt
2 Frühlingszwiebeln, klein geschnitten
natives Olivenöl extra, zum Beträufeln
2 TL Schwarzkümmel
2 Handvoll frische Petersilie, frisches Basilikum und Frühlingszwiebeln, gehackt und vermischt

- Die Bohnen 10 Minuten in kochendem Wasser garen. Abgießen, dabei das Kochwasser auffangen und beiseitestellen.
- Die Bohnen und die restlichen Zutaten in der Küchenmaschine zu einer glatten Masse verarbeiten. Mit Bohnensud strecken, bis die richtige Konsistenz für einen Dip erreicht ist.
- Probieren und eventuell nachwürzen.
- Mit Olivenöl beträufeln und mit dem Schwarzkümmel und der Kräuter-Zwiebel-Mischung garnieren. Mit Toast oder Pitabrot servieren.

KARTOFFELSPALTEN MIT GREMOLATA

Für 8 Personen

Dies ist eine großartige Verwendung für Petersilie, insbesondere für glattblättrige. Die einfach gebackenen Kartoffelspalten, in einer Mischung aus Petersilie, Zitrone und Knoblauch gewendet, verleihen dem Sonntagsbraten eine völlig andere Note oder sind ein interessanter Beitrag für ein Büfett. Die Petersilienmischung passt auch hervorragend als Garnitur zu Fisch oder Fleisch. Im Kühlschrank hält sich die Gremolata einige Tage und lässt sich auch einfrieren.

4 große Kartoffeln, ungeschält in 1 cm dicke Spalten geschnitten

2 EL Olivenöl

Salz

1 Handvoll glattblättrige Petersilie mit Stielen, sehr fein gehackt

Schale von 2 Zitronen, sehr fein geschnitten

3 Knoblauchzehen, sehr fein gehackt

1 TL schwarze Pfefferkörner, sehr fein zerstoßen

- Den Backofen auf 180 °C vorheizen.
- Die Kartoffelspalten auf einem Backblech verteilen, mit Öl begießen und etwas salzen. Wenden, sodass sie das Öl und das Salz von allen Seiten annehmen. Im Ofen 1 Stunde garen, bis sie gar und knusprig sind.
- Inzwischen die Gremolata bereiten. Alle restlichen Zutaten und 1/4 Teelöffel Salz gut vermischen. Wahlweise kann man auch alle Zutaten unzerkleinert in einer Küchenmaschine hacken. So wird die Mischung feiner.
- Kartoffeln aus dem Ofen nehmen und mit der Gremolata vermischen. Sofort servieren.

PETERSILIENFISCH MIT WEIN

Für 4 Personen

Ein herrliches Fischgericht, bei dem man Unmengen von frischer Petersilie verwerten kann. Petersilie überwintert hervorragend und es empfiehlt sich, immer eine Reihe frische Petersilie im Garten zu haben, da sie viel Vitamin C enthält und eine gute Ergänzung zu den eingelagerten Gemüsen bildet, die jetzt aufgebraucht werden. Der Fisch wird mit Zwiebeln, Lauch, Kartoffeln und Petersilie geschichtet, der Wein darübergegossen. So zaubern Sie ein schnelles Mittagsgericht.

5 EL Olivenöl

1 Zwiebel, klein gewürfelt

1 Stange Lauch, nur der weiße Teil, klein geschnitten

3 Knoblauchzehen, fein gehackt

4 EL frische Petersilie, gehackt

5 große Kartoffeln, geschält und in dünne Scheiben geschnitten

Salz und frisch gemahlener Pfeffer nach Belieben

100 ml Wasser

1 kg Filet oder Steak vom Seehecht, Kabeljau oder einem anderen Fisch mit festem weißem Fleisch, in große Stücke geschnitten

etwas Weizenmehl zum Bemehlen

150 ml trockener Weißwein

- Das Olivenöl in einer hohen Pfanne erhitzen. Zwiebel und Lauch darin anbraten, bis sie goldbraun sind.
- Knoblauch, Petersilie, Kartoffelscheiben sowie Salz und Pfeffer hinzugeben. Das Wasser angießen und köcheln lassen, bis die Kartoffeln fast gar sind. Je nach Dicke der Kartoffelstücke dauert das etwa 20 Minuten.
- Die Fischstücke mit Mehl bestäuben und mit in den Topf geben. Den Schmortopf etwas rütteln, damit nichts anhaftet.
- Den Weißwein über den Fisch gießen und auf kleiner Flamme etwa 10 Minuten köcheln, bis der Fisch gar ist. Sofort servieren.

STACHELBEERTRAUM

Für 4 Personen

Dieses Dessert kann man im späten Frühjahr mit unreifen Stachelbeeren bereiten, die ausgedünnt wurden. Und natürlich im Sommer, wenn die Früchte reif sind – Geschmack und Farbe des Desserts werden sich deutlich unterscheiden.

675 g Stachelbeeren

85–115 g extrafeiner Zucker

60 g Butter

85 g Semmelbrösel

2 Eier, leicht verquirlt

- Den Backofen auf 180 °C vorheizen.
- Die Stachelbeeren in einem Topf mit dem Zucker und wenig Wasser kochen, bis sie weich sind. Vom Feuer nehmen, die Butter unter die heißen Früchte mischen und abkühlen lassen.
- Semmelbrösel und Eier hinzugeben und alles gut vermischen. In eine Pieform oder eine Backform geben und 35–40 Minuten backen. Heiß oder kalt ein Hochgenuss!

Frühsommer

Einstimmung

Wenn der längste Tag des Jahres näher rückt, ändert sich plötzlich das Verhalten der Pflanzen. Auf die erst länger, dann kürzer werdenden Tage reagieren sie auf unterschiedliche Weise – einige, wie Zwiebeln, beenden das Austreiben der Blätter und speichern stattdessen Nährstoffe in der Zwiebel als Vorrat für die Winterruhe und das Wachstum im nächsten Jahr. Mittsommer läutet auch die Zeit der Fülle ein, und zahlreiche frühe Gemüse sind jetzt reif. Genießen Sie dies mit einem festlichen Gericht von jedem dieser jungen Gemüse, gefolgt von einem Obstsalat aus frischen Früchten, gesüßt mit Holunderblüten oder Süßdolde und garniert mit Borretsch- und Ringelblumenblüten. Sie alle können jetzt gepflückt werden.

Wenn es im Garten rundgeht, erleichtern pflegeleichte Beete und breite Wege im Gemüsegarten spürbar die Arbeit.

JETZT ERNTEN

Beeren, Blumenkohl (Sommer), Dicke Bohnen, Erbsen, Erdbeeren, Frühlings-Barbarakraut, Frühlingszwiebeln, Himbeeren, Kartoffeln, Kirschen, Kohl (Frühling/Sommer), Kohlrabi, Mairüben, Mangold, Möhren, Radieschen, Rhabarber, Salate, Spargel, Spinat (Sommer), Stachelbeeren, Zwiebeln

JETZT AUSSÄEN

Anzuchtbeet mehrjährige Kräuter, Winterkohlsorten

Freiland fernöstliche Blattgemüse, grüne Bohnen, Chicorée, Endivien, Erbsen, Fenchel, Frühlings-Barbarakraut, Frühlingszwiebeln, Grünkohl, Kohlrabi, Kohlrüben, Kräuter (einjährige), Kürbisse, Mangold, Möhren, Petersilie, Radieschen, Rote Bete, Salate, Speiserüben, Stangenbohnen, Winterrettich, Zuckermais

JETZT PFLANZEN

Gewächshaus/Frühbeet Melonen, Sellerie (selbstbleichend), Süßkartoffel, Tomaten

Freiland Artischocken, Brokkoli, Gemüsepaprika, Knollensellerie, Kohl (Herbst/Winter), Kürbisse, Lauch, Melonen, Rosenkohl, Salat, Salatgurken, Staudensellerie, Tomaten, Zuckermais

101

WAS JETZT ZU TUN IST

Einige Gedanken zum Wässern Auch in Mitteleuropa haben sich die Niederschläge in den letzten 20 Jahren verändert und sind unvorhersehbarer geworden, und man kann von weiteren Überraschungen im Zuge des Klimawandels ausgehen. Es ist daher sinnvoll, die gewohnte Art des Wässerns zu überdenken und das Auffangen von Regenwasser und Einsparen von Wasser zur festen Gewohnheit zu machen. Vieles ist jedoch auch abhängig von den örtlichen Gegebenheiten. So wird es in einigen Regionen vermutlich mehr Regen geben, in anderen weniger, und auch die Verteilung des Regens über die Jahreszeiten kann sich ändern.

Zuallererst müssen wir versuchen, die Speicherkapazität des Bodens zu verbessern, sodass er die Niederschläge gut aufnehmen und so lange wie möglich speichern kann. Kann man das Bewässern nicht vermeiden, sollte man das Wasser dorthin leiten, wo es am wirksamsten genutzt werden kann. Es gibt mehrere Maßnahmen, Wasser sinnvoll zu nutzen und zu sparen.

Einen Regenwasserteich anlegen
Jeder Teich, selbst eine Wanne, die im Boden eingelassen wurde, ist ein Gewinn für einen Gemüsegarten, da er Frösche und andere Tiere anzieht, die die Zahl der Schädlinge reduzieren. Ein Regenteich verbindet diesen Vorzug mit der Fähigkeit, Regenwasser zu speichern. Das Wasser wird zunächst in einer Regentonne aufgefangen, der Überschuss in Tonnen geleitet und überschüssiges Wasser schließlich in den Regenwasserteich geführt, der mithilfe eines Fertigbeckens oder als Folienteich angelegt wurde. Die Hälfte des Ufers bepflanzt man mit heimischen Sumpfpflanzen, die Insekten anlocken. Eine Seite bleibt frei und wird so tief ausgehoben, dass man dort bequem eine Gießkanne füllen kann.

- Arbeiten Sie reichlich organisches Material in den Boden ein oder verteilen Sie es als Mulchschicht. Es speichert das Wasser und sorgt dafür, dass es den Boden besser durchdringt.
- Sorgen Sie für tiefgründigen Boden: Mit Hochbeeten oder zusätzlicher Erde können Sie dem Boden mehr Tiefe verleihen.
- Schwere Böden sollten Sie in Abständen von mehreren Jahren tief umgraben, sodass mehr Wasser in tiefere Schichten dringt.
- Beschränken Sie die Bodenbearbeitung auf ein Minimum. So bleibt die Feuchtigkeit im Boden besser erhalten. Auch Mulch, Gründünger oder Bodendecker schützen vor Verdunstung.
- Hauptkulturzeit sollte dann sein, wenn der Feuchtigkeitsgehalt des Bodens hoch, aber die Oberfläche trocken ist.
- Decken Sie vorbereitete Beete bei heißem Wetter mit Folie und Blattgemüse mit Vlies ab, um die Verdunstung zu verringern.
- Setzen Sie Pflanzen in Mulchschichten aus feuchten Zeitungen, Pappe oder Vlies um.
- Prüfen Sie den Wasserbedarf einzelner Gemüse: Manche benötigen dauerhaft feuchten Boden, andere nur in kritischen Wachstumsphasen.
- Bringen Sie Regenrinnen an Schuppen, Gewächshaus und Zäunen an, die das Regenwasser zu Regentonnen führen.

Experten-tipp

Im Sommer lässt sich die Bodenbearbeitung reduzieren, indem man so viel Gemüse wie möglich an Ort und Stelle aussät und dann ausdünnt, anstatt Setzlinge zu vereinzeln und zu verpflanzen.

Umpflanztechniken Gemüse wie Lauch oder Kohl, die im Winter und Frühjahr erntereif sind, müssen umgepflanzt werden, wenn sie in Saatschalen oder einem Anzuchtbeet gezogen wurden. Das Umsetzen an den endgültigen Standort um Mittsommer bedeutet, dass sie möglichst kräftig wachsen, bevor das Tageslicht und die Wärme wieder abnehmen. Wenngleich das Umsetzen wurzelnackter Pflanzen das Wurzelwerk beschädigt, kann durch frühzeitiges Umpflanzen doch ein rasches Anwachsen gefördert werden: So gehen fünf bis sechs Wochen alte Kohlsämlinge schneller an als acht bis zwölf Wochen alte Pflanzen.

Erleichtern Sie den umgesetzten Pflanzen das Anwachsen, indem Sie ihnen möglichst optimale Bedingungen bieten: Untersuchungen zeigen, dass Wurzeln mittels Pflanzenhormonen Signale an die Triebe senden, die deren Entwicklung verzögern oder gar unterdrücken, um ein Gleichgewicht im Wachstum zu bewirken. Einige Wochen vor dem Umpflanzen lockert man den Boden einen Spaten tief: Verwenden Sie beim Pflanzen lieber eine Grabgabel oder Handschaufel als ein Pflanzholz. Letzteres verfestigt möglicherweise die Seiten der Pflanzlöcher. Unkraut und Reste der letzten Ernte entfernt man von den ausgewählten Flächen und arbeitet etwas organischen Dünger mit der Gabel oder dem Rechen ein. Bei Trockenheit wässert man den Boden zunächst – das erleichtert das Umpflanzen in den Boden. Die Pflanzen werden im entsprechenden Abstand an ihren endgültigen Standort gesetzt, idealerweise an einem regnerischen Tag oder gegen Abend, um den Schock des Umpflanzens so gering wie möglich zu halten. Anschließend werden sie gründlich gewässert. Geben Sie etwas Flüssigdünger ins Gießwasser und decken Sie den Boden mit Mulch ab. An heißen trockenen Tagen wässert man die Setzlinge im Pflanzloch vor dem Einfüllen der Erde gründlich, blattreiche Setzlinge kann man zusätzlich zwei bis drei Tage tagsüber mit einem umgestülpten Blumentopf abdecken.

Expertentipp

Ein Zuviel an Sämlingen muss nicht verkommen. Lauch kann mit einem Setzholz eng zusammengesetzt werden. Hat er die Größe von Frühlingszwiebeln erreicht, kann man ihn als Gewürz für Suppen verwenden. Die meisten überschüssigen Kohlpflanzen liefern Blattgemüse, wenn man sie im Abstand von 5–8 cm oder in kleinen Gruppen setzt.

Fortlaufend Erträge sichern

Natürlich genießt man die Ernte des Tages, aber es sollen ja auch weitere folgen. Wenn von Gemüsearten, die regelmäßig nachgesät werden (etwa Salat, Radieschen, Erbsen, Spinat) die erste Saat aufgeht, sollte man schon innerhalb einer Woche die nächste Aussaat planen. Bei Sorten mit einer längeren Wachstumsphase (Kartoffeln, Stangenbohnen, Zucchini) merkt man sich vor, welches Gemüse anschließend an dieser Stelle wachsen soll, und sät es beizeiten aus. So sind die neuen Pflanzen bereit, wenn die ersten Gemüse abgeerntet werden. Frühkartoffeln werden zum Beispiel relativ bald geerntet und können dann je nach geplanter Fruchtfolge von jungem Lauch oder Herbstkohlsorten ersetzt werden, die etwa sechs Wochen zuvor ausgesät wurden.

Um die Anbaufläche optimal zu nutzen, kann man die freien Flächen zwischen den Reihen mit rasch wachsenden kompakten Arten wie Radieschen, Speiserüben, Kohlrabi, Frühlingszwiebeln und Pflücksalat füllen: Sie erfordern wenig Platz und können zwischen den Reihen langsam wachsender Gemüsesorten ausgesät werden, solange diese noch klein sind. Junge Pflanzen wie Rosenkohl oder Brokkoli können zwischen Reihen von Pflanzen gesetzt werden, die fast abgeerntet sind.

Auch das Unterpflanzen mit Bodendeckern wie Spargelerbsen, Neuseelandspinat und kriechenden Kürbissorten ist eine Möglichkeit. Sie gedeihen unter Gemüsen, die nicht zu viel Schatten spenden wie Zuckermais oder Lauch. So bedeckter Boden muss weniger oft gehackt, gejätet und gewässert werden. Zugleich steigt der Gesamtertrag der Fläche. Ungünstige Partnerschaften wie Zwiebeln und Bohnen sollte man natürlich vermeiden *(siehe Kasten rechts)*.

Zeitweise freie Fläche nutzen, indem man Pflanzen dazwischen setzt.

Obstgehölze ausdünnen und schneiden

Ein milder Frühling führt oft dazu, das ein Baum oder Strauch zu viele Früchte ansetzt und überladen ist. Dies kann dazu führen, dass viele minderwertige Früchte entstehen. Im schlimmsten Fall brechen sogar Äste unter der Last. Um dem zu begegnen, entfernt man einen Teil der Früchte, solange sie noch klein sind. Stachelbeeren zum Beispiel muss man bei Bedarf ausdünnen. Auch Pflaumen wachsen gern in großer Zahl heran und die Äste brechen leicht: Ausgedünnt auf etwa alle 8 cm, reifen vollkommene Früchte heran. Auch Pfirsiche und Nektarinen vereinzelt man auf eine Frucht alle 15 cm, Äpfel und Birnen auf 10–15 cm, nachdem man jeweils die größte Frucht einer Gruppe und schlecht ausgebildete Früchte entfernt hat.

Dies ist auch die Zeit für den Sommerschnitt von Obstbäumen und Sträuchern, die als Spalier, Fächer und andere Formgehölze

Ungünstige Pflanzengemeinschaften

Pflanzen beeinflussen ihre unmittelbare Umgebung, und so haben sich auch einige Pflanzennachbarschaften als ungünstig erwiesen. Vermutlich geben Pflanzen Substanzen an den Boden ab, die andere stören. Als ungünstige Kombinationen bekannt sind: Rote Bete und Möhren oder Lauch; Knoblauch und Bohnen, Erbsen oder Kohl; Zwiebeln und Kohl oder Erbsen; Zuckermais und Rote Bete oder Sellerie; Tomaten neben Kürbissen; Erbsen und Speiserüben.

Anbinden und Stützen

Aufrecht wachsende Pflanzen zu stützen, ist ein wesentlicher Teil der Pflege, besonders, wenn Gemüsesorten in geringem Abstand stehen oder wenn sie bei feuchtwarmem Wetter schwache Triebe bilden. Die Rankhilfe oder Stütze sollte stets rechtzeitig installiert werden: Denn es ist mühsam, eine umgestürzte Reihe Erbsen zu retten, und man riskiert, einen Teil der Ernte zu verlieren. Gruppen mit hohen Pflanzen wie Dicke Bohnen fasst man einfach mit einer an Pflöcken befestigten Schnur ein. Pflanzen mit kletternden Trieben wie Stangenbohnen, Japanische Gurken und hohe Erbsensorten werden mit Stöcken oder Stangen gestützt, die man bereits zur Pflanzzeit anbringen sollte. Möglicherweise müssen die Pflanzen zu Beginn etwas geführt werden, bevor sie sich selbst halten können. Am besten bindet man sie mit Schnur oder Kunststoffringen an.

erzogen wurden. Er regt zu vermehrter Blütenbildung im nächsten Jahr an und hält unerwünschtes Wachstum in Zaum. Als Routinemaßnahme zur Eindämmung des Wuchses können alle neuen Seitentriebe auf fünf bis sechs Blätter zurückgenommen werden. Im Frühjahr werden sie dann weiter auf ein bis zwei Knospen zurückgeschnitten. Ab Mittsommer beginnt man mit dem Sommerschnitt an Stachelbeeren und Roten und Weißen Johannisbeeren, es folgen Pflaumen und Kirschen und drei bis vier Wochen später schließt man den Kreis mit Äpfeln und Birnen.

Kräuter ernten und schneiden Die meisten einjährigen und dauerhaften Kräuter können zwei bis drei Mal pro Jahr zum sofortigen Gebrauch kräftig zurückgeschnitten werden. Dies regt den Neuaustrieb und buschigeren Wuchs an. Kräuter zum Trocknen und Einfrieren für den Wintervorrat werden jedoch am besten kurz vor der Blüte geerntet, da sie dann ihr volles Aroma erreichen. Ein trockener Morgen ist hierfür am besten geeignet. Um diese Zeit kann man auch beginnen, Thymian und Salbei, kurz bevor sich ihre Blüten öffnen, zu ernten.

Gartenfreunde schneiden gern die obersten Triebe ihrer Kräuter büschelweise ab und hängen sie in die Küche, was einen durchaus dekorativen Wert hat, aber für eine längere Haltbarkeit der Kräuter nicht wirklich optimal ist. Die ätherischen Öle verflüchtigen sich, die Blätter werden staubig oder muffig in der Feuchtigkeit oder nehmen unerwünschte Aromen aus der Küche auf. Ein Zimmer ohne direkte Sonne oder ein anderer luftiger, schattiger Platz sind als Orte zum Trocknen besser geeignet. Oder Sie legen sie auf Küchenkrepp bei etwa 50 °C in den Backofen.

Wenn sie vollkommen trocken sind – sie sind dann leicht zu brechen, zerfallen aber nicht zu Staub –, füllt man sie behutsam in lichtgeschützte, luftdichte Behälter, verschließt diese und versieht sie mit Datum und Namen. Man verwendet die Kräuter am besten so lange, bis die nächste Ernte bereit ist, und wirft die Rest dann weg.

Zu den Kräutern, die sich gut trocknen lassen, zählen Apfel-, Pfeffer- und Ananasminze, Andorn, Bergamotte, Currykraut, Gamander, Heiligenkraut, Lorbeer, Kamille, Lavendel, Muskatellersalbei, Oregano, Rainfarn, Rosmarin, Thymian, Winterbohnenkraut und Ysop. Dill, Estragon, Fenchel, Petersilie und Schnittlauch werden am besten tiefgekühlt, so bleiben Nährwert und Farbe besser erhalten. Sie werden büschelweise in Gefrierbeuteln oder fein gehackt in Eiswürfelbehältern, die man mit Wasser auffüllt, eingefroren.

Will man die Kräuter jetzt nicht trocknen, schneidet man sie einfach zurück. Frische Kräuter schmecken fast immer am besten, einige verlieren jedoch nach der Blüte an Qualität, es sei denn, sie werden zurückgeschnitten und zum Neuaustrieb angeregt. Schnittlauch und allen Minzesorten bekommt ein Rückschnitt zur Saisonmitte gut, Zitronenmelisse ebenso. Die frischen jungen

Trocknen Sie Kräuter bei geringer Hitze (oben) oder frieren Sie sie in Eiswürfelbehältern (rechts) ein: So haben Sie stets einen Vorrat.

Blätter und Triebspitzen ergeben einen beliebten Kräutertee. Die meisten Pflanzen schneidet man auf etwa 10 cm zurück. Die neu ausgetriebenen Minzen beispielsweise kann man dann im zeitigen Herbst erneut ernten, in England werden sie dann gern zum beliebten Mintjelly verarbeitet. Danach schneidet man die Kräuter erneut zurück und gräbt einige Wurzeln aus und setzt sie in einen Topf. Sie können im Haus ein weiteres Mal austreiben.

Expertentipp

Anstatt alte getrocknete Kräuter einfach wegzuwerfen, kann man die Blätter zerstoßen, alle vermischen und über frisch ausgesäte Kräuter oder neben ausgedünnte Sämlinge verteilen. Sie halten Schädlinge ab.

Einen Versuch wert …

Gemüse sollte nach der Haupternte weitere Früchte bilden können: Dicke Bohnen schneidet man zum Beispiel am Ende der Erntezeit auf 8–10 cm zurück, um die Bildung blühender Seitentriebe anzuregen. Blühende Triebe von Gemüsearten wie Grünkohl und Brokkoli entfernt man, um den Neuaustrieb anzuregen; bei Kohlpflanzen lässt man einen Stumpf von 5 cm, in den man ein tiefes Kreuz ritzt. Er bringt dann mehrere blattreiche Köpfe hervor.

Noch nicht zu spät …

Noch kann man Mangold aussäen, den man bis in den Spätherbst ernten kann. Säen Sie ihn zwischen Dicke Bohnen, deren Erntezeit jetzt zu Ende geht. Schneiden Sie die Bohnenstängel ab. Die Wurzeln lassen Sie im Boden. Sie zersetzen sich und düngen den Mangold.

Zeit übrig?

Ältere ausdauernde Kräuter können Sie jetzt vermehren und verjüngen: Schneiden Sie Stecklinge von nicht verholzten Triebenden und bewurzeln Sie sie in einem Anzuchtkasten oder unter Plastikbeuteln *(siehe links)*. Sie können aber auch noch bis August halb ausgereifte Stecklinge von festeren Triebspitzen nehmen und im Gewächshaus oder Frühbeet heranziehen.

ERNTE DER SAISON

Einen Versuch wert
Pimientos de Padrón

Die Spanier lieben sie einfach, diese kleinen Paprikaschoten. Sie ziehen sie in rauen Mengen und servieren sie gegrillt mit Olivenöl und Salz als Tapas. Sie lassen sich leicht anbauen, müssen bei uns aber zunächst unter Glas heranwachsen. Sobald sie kräftig gedeihen und der Boden sich erwärmt hat, werden sie ausgepflanzt. Ernten Sie die Früchte, wenn sie etwa 5 cm groß und noch unreif sind. Aber Vorsicht: Die meisten sind sehr mild, aber hin und wieder ist eine dazwischen, die höllisch scharf ist und einen das Fürchten lehrt – eine spanische Variante vom russischen Roulette!

Zucchini Wenn Zucchini früh im Gewächshaus ausgesät wurden und vor Frost und Schnecken geschützt waren, kann man jetzt die ersten Früchte ernten. Behandeln Sie sie wie kostbare Schätze: Dünsten Sie sie halbiert oder geviertelt oder braten Sie sie in etwas Butter an, sodass sie noch etwas Biss haben – so kann man sie auch zu hervorragenden »Croûtons« für eine Suppe verarbeiten. Gut gedüngte und gewässerte Pflanzen bringen so reiche Erträge, dass der ständige Segen manchmal fast zur Plage wird. Zur Abwechslung können Sie dann auch die Blüten in Teig ausbacken, füllen oder an einen Risotto geben. Man kann sie auch als Kuchen verarbeiten oder als Ersatz für Äpfel einer Konfitüre beigeben. Eventuell müssen Sie dann etwas Pektin zugeben. *(Siehe auch Seite 198.)*

Zucchini 'Green Tricolour'

Artischocken Junge Pflanzen brauchen noch einige Monate, aber bei vorgezogenen Artischocken wachsen die dicken Blütenköpfe schon sehr bald heran – der Größte in der Mitte, die kleineren wie Satelliten um ihn herum. Um möglichst große Köpfe zu erzielen, wird die Pflanze auf drei bis vier der oberen Triebe reduziert. Mit 4–5 cm Durchmesser werden die kleinen Köpfe geerntet. Die oberste Artischocke belässt man noch. Sie wird geerntet, wenn sie noch weich ist und kurz vor dem Öffnen steht. Wer die abgeernteten Pflanzen mit einer Schicht Kompost oder Mist mulcht, wird vielleicht mit einer zweiten, schwächeren Ernte im frühen Herbst belohnt. *(Siehe auch Seite 208.)*

Petersilie Das Küchenkraut auf die bescheidene Rolle als Garnitur oder fein gehacktes Grün in Saucen zu reduzieren, verkennt den umfassenderen Wert seines charakteristischen Geschmacks. Man kann einen bescheidenen Topf im Spätwinter aussäen und einen weiteren Mitte des Sommers für ganzjährige magere Ernten, oder aber man zieht sie in Hülle und Fülle: Säen Sie ein breites Band in einem Gemüsebeet, dünnen Sie die Sämlinge auf 10–15 cm Abstand aus und ernten Sie ganze Hände voll für Suppen und Wein – 450 g Petersilie ergibt etwa 4,5 l leichten Tafelwein. Oder servieren Sie sie in Teig ausgebacken. Experimentieren Sie mit verschiedenen Sorten, weniger wegen des Aussehens als wegen der unterschiedlichen Aromen. Wer auf das krause Aussehen verzichten mag, findet bei den glattblättrigen Sorten aus Italien und Frankreich häufig aromatischere oder pikantere Geschmacksnoten, obwohl dies auch vom örtlichen Klima abhängt. *(Siehe auch Seite 213.)*

Glattblättrige Petersilie

Erbsen Die ersten Schoten des Jahres können schon im Frühsommer erntereif sein, wenn man sie im Frühjahr ausgesät und unter Folie gezogen hat. Die häufig verwendeten runden Sorten wie 'Feltham First', 'Allerfrüheste Mai' sind nicht die süßesten, aber ergiebig. Zuckerschoten wie 'Norli', 'Zuccola' oder 'Oregon Sugar-

Vielseitige Dicke Bohnen

Dieses Gemüse kann man vielfältig verwenden:

- Triebspitzen abknipsen, sobald die ersten Blüten erscheinen, und als grünes Gemüse kochen.
- Die ersten Hülsen pflücken, bevor die Samen sichtbar sind, und wie grüne Bohnen kochen.
- Größere Hülsen auspalen, kleinere Samen einfrieren, die anderen garen und warm oder kalt essen.
- Sehr große Samen garen – für herzhafte Suppen.
- Sehr große Samen braten, sodass die Haut aufplatzt. Gesalzen als knackigen Snack reichen.
- Reife Samen aufbewahren und als Gründünger oder als Gemüse für das nächste Jahr aussäen.

Vorsicht heiß!

Starke Sonne kann zusammen mit austrocknendem Wind und fehlendem Regen die Wasservorräte im Boden rasch verdunsten lassen. Beete werden dann innerhalb kürzester Zeit zu wahren Wüsten. Unter Glas ist die Gefahr, die von der Sonne ausgeht, noch größer. Die Pflanzen können Schaden nehmen, wenn sie nicht schattiert und gegossen werden. Noch sind die Nächte kühl, die Tage aber schon herrlich. Das Arbeiten in der Mittagssonne kann aber leichtsinnig sein. Heben Sie sich größere Anstrengungen für den frühen Morgen oder den Abend auf, und erholen Sie sich zur Mittagszeit beim Ernten von Früchten. Hut und Sonnenschutz nicht vergessen!

Erbse 'Blauwschokker'

pod' kann man mit den Schoten essen. Jung geerntet schmecken sie besonders gut. Anschließend freut man sich auf die Haupternte im Hochsommer mit den zarten, leicht gerunzelten Samen, die roh in Salaten oder leicht gegart mit Reis und Schinkenstreifen ein Genuss sind. *(Siehe auch Seite 189.)*

Kartoffeln Sobald die ersten Blüten an den Frühkartoffelpflanzen erscheinen, kann man im Boden unter einigen Pflanzen behutsam die Größe der Knollen prüfen. Mitunter sind erst ein oder zwei groß genug, aber vielleicht kann man schon genügend viele für den ersten Eintopf entnehmen. Danach wird der Boden wieder fest angedrückt, damit die anderen Knollen heranreifen können. Kartoffeln, die in voller Blüte stehen, sind meist auch bereit für die Ernte. Mit einer Gabel in sicherer Entfernung zur Mitte der Staude einstechen, sodass man nicht die besten Knollen aufspießt, und alle Triebe aus dem Boden heben. Anschließend den Boden in der näheren Umgebung nach weiteren Knollen absuchen. Im Idealfall lässt man die Knollen ein bis zwei Tage liegen, damit die Schalen trocken und fest werden. *(Siehe auch Seite 184.)*

Erdbeeren & Himbeeren Vollreif und sonnengewärmt schmecken die weichen Früchte immer am besten. Moderne Sorten werden jedoch so gezüchtet, dass sie weite Reisen und längere Supermarktaufenthalte gut überstehen – auf Kosten des Aromas. Wer die Früchte selbst zieht, kann Sorten wie die Erdbeeren 'Mieze Schindler' oder 'Königin Luise' und die Himbeeren 'Himbotop' oder 'Mailling Jewel' anbauen, die alle ein Hochgenuss sind. Schützen Sie sie vor Vögeln, überprüfen Sie die Reihen täglich und ernten Sie nach Herzenslust. Was zu viel ist, wird eingefroren, in Flaschen gefüllt, zu Konfitüre gekocht oder zu Desserts verarbeitet. *(Siehe auch Seite 217.)*

JETZT AUF DEN TISCH

Die vielleicht schönste Jahreszeit schließt den längsten Tag des Jahres mit ein und lädt die Pflanzen ein, zu voller Größe heranzuwachsen und Früchte zu tragen. Dem Gärtner bietet sie eine Zeit des Überflusses: Im Sommer wird wahrlich niemand Hunger leiden. Bohnen und Erbsen wachsen in ihren Hülsen heran, Schalotten – die exklusivsten aller Zwiebeln – wechseln beim Heranreifen allmählich die Farbe, und die ersten neuen Kartoffeln liegen in der Erde bereit – ein Schatz, der es verdient, in einer tellergroßen Portion als Hauptgericht genossen zu werden, nur in Begleitung von frischen Kräutern und zerlassener Butter. Vor allem ist es der Saisonstart der Beerenfrüchte: Erdbeeren, Himbeeren und Stachelbeeren reifen in der Sonne, und schon bald auch die leckersten Früchte schlechthin, glänzende Rote und Weiße Johannisbeeren. Genießen Sie sie frisch und konservieren Sie den Rest mit Sorgfalt, als Lichtblick für dunkle Wintertage. Auch Wildkräuter wachsen heran und verdienen es als junge Pflanzen durchaus, als Lebensmittel aus der Natur ernst genommen zu werden: Roh passen sie zu Salaten und gegart zu klassischen Gerichten der bäuerlichen Küche wie etwa zu einer Suppe aus Salat und Wildkräutern.

REZEPTE

VIER SAUCEN FÜR BLATTSALATE

Für 4 Personen

Kopfsalat ist wirklich leicht zu ziehen. Natürlich wählt man oft Pflücksalat, aber man sollte dennoch nicht vergessen, dass ein schlichter Kopfsalat – frisch geerntet – einfach unvergleichlich ist. Kopfsalat ist einen gute Vorspeise zu Räucherfleisch, kann aber genauso gut nach dem Hauptgericht serviert werden. Hier sind vier verschiedene Saucen für einen einfachen grünen Salat, der möglichst knackig sein sollte. Entfernen Sie die äußeren, etwas härteren Blätter, waschen Sie den Salat und schleudern Sie ihn. Nicht schneiden, sondern in portionsgerechte Stücke zupfen.

Sauce 1

Diese schlichte Sauce passt zu einem Salat mit Schnittlauch – er steuert ein sehr feines Zwiebelaroma bei.

4 EL natives Olivenöl extra
2 EL Weißweinessig
Salz und frisch gemahlener Pfeffer
1 EL Schnittlauch, frisch gehackt

- Öl, Essig und Salz und Pfeffer verrühren, bis sie eine Emulsion bilden. Mit dem Salat vermischen und mit Schnittlauch dekorieren.

Sauce 2

Die zweite Sauce ist für einen Salat mit Blüten der Kapuzinerkresse *(siehe Seite 98)*. Sie spenden ein pfeffriges Aroma und bilden zudem einen reizvollen Farbkontrast zum Grün der Blätter.

4 EL natives Olivenöl extra
2 EL Estragonessig
2 TL Kapern, fein gehackt
1 Prise extrafeiner Zucker
Salz und frisch gemahlener Pfeffer
12 Kapuzinerkresseblüten

- Alle Zutaten, mit Ausnahme der Blüten, verrühren, bis eine Emulsion entsteht. Über den Salat geben und gut vermischen. Mit den Blüten dekorieren und servieren.

Sauce 3

Zu dieser beliebten italienischen Sauce gehören hart gekochte Eier und weißer Balsamico. Man kann ihn durch Weißweinessig ersetzen, nicht aber durch dunklen Balsamico.

4 EL natives Olivenöl extra
2 Eier, hart gekocht und fein gehackt
1 TL Dijonsenf
2 EL weißer Balsamico
Salz und frisch gemahlener Pfeffer

- 1 Esslöffel Öl mit den hart gekochten Eiern vermischen. Übrige Zutaten dazugeben und alles gut verrühren. Mit dem Salat mischen.

Sauce 4

Diese Salatsauce nach griechischer Art enthält Zitronensaft statt Essig und passt gut zu einem Salat aus Blattsalat, Rauke, Sauerampfer und Frühlingszwiebeln.

3 EL natives Olivenöl extra
1 Prise extrafeiner Zucker
2 EL Zitronensaft
Salz und frisch gemahlener Pfeffer
1 Handvoll Rauke, in Streifen geschnitten
1 Handvoll Sauerampfer, in Streifen geschnitten
2 Frühlingszwiebeln, fein geschnitten

- Öl, Zucker, Zitronensaft und Salz und Pfeffer zu einer Emulsion verrühren.
- Salat, Rauke, Sauerampfer und Frühlingszwiebeln in einer Schüssel mischen, die Salatsauce darübergeben. Gut vermischen.

Es ist wichtig, für diese Saucen natives Olivenöl extra zu verwenden. Sparsamkeit wäre hier fehl am Platze – in eine Salatsauce gehört einfach kein billiges Öl. Wem natives Olivenöl extra zu viel Eigengeschmack hat, kann es mit Sonnenblumenöl mischen, aber das ist nicht empfehlenswert.

FRÜHLINGSROLLEN MIT SALAT

Für 8 Personen

Hier werden nicht nur die Kräuter und Salate verwendet, die Sie gezogen haben, sondern auch eine Auswahl verschiedener Sprossen *(siehe Seite 172)*, die wahre Vitaminbomben sind. Erbsensprossen passen hier gut und sind herrlich knackig. Wahlweise kann man auch Sprossen von Roter Bete verwenden; sie geben etwas Farbe und eine erdige Note.

1 EL Reisessig oder Weißweinessig
1 TL extrafeiner Zucker
1 Frühlingszwiebel, weißer und grüner Teil, in Streifen geschnitten
1 große Möhre, geputzt und gerieben
1 kleine Gurke, geschält und gerieben
225 g frische Erbsen-, Bohnen- oder Rote-Bete-Sprossen
60 g frisches Basilikum, fein gehackt
60 g frischer Koriander, fein gehackt
2 TL frische Minze, fein gehackt
16 große knackige Salatblätter

- Essig und Zucker in einer kleinen Schüssel verrühren, bis sich der Zucker aufgelöst hat.
- Alle restlichen Zutaten, mit Ausnahme der Salatblätter, in einer großen Schüssel vermischen. Die Essig-Zucker-Lösung unterrühren.
- Ein Salatblatt auf die Arbeitsfläche legen, einen Teil der Mischung in die Mitte geben, in das Salatblatt einrollen, oben und unten einschlagen und mit einem Zahnstocher zusammenhalten. Den Vorgang mit den übrigen Blättern wiederholen.
- Mit einer würzigen Salsa oder einer Erdnuss-Satay-Sauce servieren.

SUPPE VON FRISCHEN ERBSEN

Für 6 Personen

Bei einer Suppe aus frisch gepflückten Erbsen läuft einem das Wasser im Munde zusammen. Und eigentlich vermag nichts den wahren Sommerbeginn besser einzuläuten als diese leuchtend grüne Suppe.

120 ml Olivenöl
250 g Zwiebeln, fein geschnitten
3 Knoblauchzehen, fein gehackt
175 g junge Möhren, klein geschnitten
225 g Kartoffeln, klein geschnitten
115 g junger Fenchel, klein geschnitten
1,5 l Gemüse- oder Geflügelbrühe
550 g frische Erbsen, ausgepalt
2 EL glattblättrige Petersilie, klein gehackt
Salz und frisch gemahlener Pfeffer nach Belieben

- Das Öl in einem großen Topf erhitzen und die Zwiebeln und den Knoblauch darin anschwitzen, bis sie glasig sind. Möhren, Kartoffeln und Fenchel hinzugeben und 15 Minuten garen.
- In einem weiteren Topf die Brühe zum Kochen bringen. Die Hälfte der Erbsen hineingeben und 4 Minuten köcheln lassen. Die Erbsen mit einem Sieb herausnehmen und im Mixer pürieren. Die Erbsenmasse und 180 ml der Kochflüssigkeit zu dem Gemüse geben und gut vermischen.
- Weitere 15 Minuten köcheln. Die restlichen Erbsen und die Petersilie hinzugeben, abschmecken und sofort servieren.

SUPPE VON SALAT UND WILDKRÄUTERN

Für 4 Personen

Eine etwas ungewöhnliche, aber köstliche frühsommerliche Suppe, die überschüssigen Salat verwertet und durch einige ausgewählte Wildkräuter zusätzliches Aroma erhält.

1 großer Salatkopf oder entsprechend viele Salatblätter von Pflücksalat
225 g Wildkräutermischung aus jungen Nesseln, Sauerampfer und Vogelmiere
30 g Butter
225 g Zwiebeln, in Ringe geschnitten
1 Knoblauchzehe, klein gehackt
450 ml Wasser
1/2 TL Hefe-Extrakt
frisch gemahlener schwarzer Pfeffer
2 EL frische Petersilie, klein gehackt

- Wildkräutermischung und Salatblätter in kleine Stücke zupfen oder schneiden.
- Die Butter in einem Topf zerlassen und Zwiebeln und Knoblauch darin glasig werden lassen.
- Den Salat in den Topf geben, leicht andrücken und dann zugedeckt auf kleiner Flamme 10 Minuten köcheln.
- Wasser und Hefe-Extrakt hinzufügen und gut verrühren. Zum Kochen bringen, mit Pfeffer abschmecken und unter gelegentlichem Rühren etwa 30 Minuten köcheln.
- Kurz vor dem Servieren die Petersilie unterrühren.

SOMMERSALAT-SUPPE

Für 6 Personen

Eine sehr überraschende Suppe. Salat und Gurke zu kochen, klingt zwar etwas ungewohnt, aber beide behalten Biss, und die Suppe sieht frisch und einladend aus.

1 mittelgroße Kartoffel, geschält und gewürfelt
1 mittelgroße Zwiebel, in Ringe geschnitten
1 l Gemüse- oder Geflügelbrühe
340 g frische Erbsen, ausgepalt
1 Salat, klein geschnitten
300 ml Sahne
Saft von 1/2 Zitrone
Salz und frisch gemahlener weißer Pfeffer nach Belieben
1 kleine Salatgurke, geschält, die Kerne entfernt, gewürfelt

- Die Kartoffel, die Zwiebel und die Hälfte der Brühe in einem Topf zum Kochen bringen und zugedeckt 15 Minuten köcheln lassen, bis die Gemüse gar sind. Die Erbsen hinzugeben und weitere 3–4 Minuten köcheln, dann die Hälfte des Salats dazugeben.
- Im Mixer pürieren und mit der restlichen Brühe wieder in den Topf geben. Einige Minuten köcheln lassen und vom Feuer nehmen. Sahne und Zitronensaft dazugeben und mit Salz und frisch gemahlenem weißem Pfeffer abschmecken. Zum Schluss die Gurke und den übrigen Salat unterheben und gekühlt servieren.

Extra Tipp
Zucchini

Zucchini haben die Unart, alle auf einmal reif zu werden, egal wie sehr man versucht, die Erntezeit etwas zu staffeln. Außerdem können sie quasi über Nacht zu sehr großen Früchten heranwachsen – und plötzlich sind es Kürbisse. Hier sind einige Rezepte, die die Vielseitigkeit von Zucchini hervorheben, vom schlichten Salat bis zum reichhaltigen Zucchini-Schokoladenkuchen. Einige Klassiker runden die Palette an Möglichkeiten ab.

ZUCCHINI-MINZE-SALAT

Für 4 Personen

Verwenden Sie hier kleine Zucchini und einen Sparschäler, um hauchdünne Scheiben zu schneiden. Zucchini lassen sich gut roh essen: So bleiben sie fest und schmecken köstlich.

450 g Zucchini
3 EL Olivenöl
2 EL weißer Balsamico-Essig
1 Handvoll frische Pfefferminzeblätter, klein gehackt
Salz und frisch gemahlener Pfeffer

- Die Zucchini putzen, aber nicht schälen, und mit einem Sparschäler lange, hauchdünne Streifen abziehen.
- Die Streifen auf Küchenkrepp legen, um ihnen etwas Feuchtigkeit zu entziehen, und sie dann in eine flache Form legen. Öl, Essig, Minze und Gewürze dazugeben und vor dem Servieren einige Stunden im Kühlschrank durchziehen lassen.

ZUCCHINI-BÄLLCHEN

Für 6 Personen

Die Bällchen bilden ein hervorragendes Abendessen, das man heiß und knusprig zu einem Tomatensalat serviert. Als Snack mit einem frischen Joghurt-Dip ist es vor allem bei Kindern sehr beliebt.

450 g Zucchini
1 Scheibe altes Brot, etwa 2,5 cm dick
3 große mehlige Kartoffeln, gekocht
2 Zwiebeln, gerieben
1/2 TL frische Minze, fein gehackt
2 TL frische Petersilie, fein gehackt
Salz und frisch gemahlener Pfeffer nach Belieben
110 g frischer Parmesan oder Kefalotyri, gerieben
1 Ei, leicht verquirlt
Olivenöl zum Braten

- Die Zucchini über kochendem Wasser dämpfen, bis sie weich sind. Etwa 1 Stunde in einem Sieb abtropfen lassen und ausdrücken, um das Wasser herauszudrücken.
- Die Rinde vom Brot abschneiden, die Brotscheibe in etwas Wasser tauchen und ausdrücken. Mit den Kartoffeln, Zwiebeln und Kräutern pürieren, bis die Masse eine gute Konsistenz hat.
- Käse und Ei untermischen und würzen.
- Die Hände bemehlen, löffelweise kleine Portionen abstechen und sie zu kleinen Bällchen formen. In Olivenöl goldbraun braten und auf Küchenkrepp abtropfen lassen.
- Mit Marokkanischem Tomatensalat servieren *(siehe Seite 98)*.

ZUCCHINI-SOUFFLÉ

Für 6 Personen

Ein mediterranes Rezept für große Zucchini. Obwohl es als Soufflé bezeichnet wird, wird hier nicht die übliche Eier-Mehl-Grundlage verwendet. Stattdessen entsteht ein leichtes, köstliches Soufflé, das zudem einfach zuzubereiten ist. Es wird nur nicht ganz so hoch wie ein normales Soufflé. Hervorragend geeignet als Vorspeise oder leichtes Mittagsgericht mit Salat.

900 g Zucchini, geschält und in Scheiben geschnitten
110 g weiche Butter
3 Eier, getrennt
170 g Kefalotyri, Pecorino oder Parmesan, gerieben
Muskatnuss, gerieben
Salz und frisch gemahlener Pfeffer

- Die Zucchini dämpfen, bis sie weich sind. In einem Sieb zerdrücken und 1 Stunde abtropfen lassen.
- Den Backofen auf 200 °C vorheizen. 6 kleine Soufflé- oder Flanformen buttern.
- Die Zucchini in eine Schüssel geben und mit Butter, den Eigelben und 150 g geriebenem Käse mischen. Mit etwas Muskatnuss, Salz und Pfeffer abschmecken.
- In einer weiteren Schüssel die Eiweiße steif schlagen und den Eischnee unter die Zucchinimasse heben. Auf die Förmchen verteilen und jedes mit ein wenig von dem restlichen Käse bestreuen. 30 Minuten in den Ofen geben, bis die Soufflés gestockt und leicht aufgegangen sind sowie etwas Farbe angenommen haben. Heiß servieren.

GEBRATENE ZUCCHINI MIT MINZE

Für 4–6 Personen

Wenn möglich, ziehen Sie Zucchini in unterschiedlichen Farben – Grün, Gelb und Orange. Sie schmecken zwar alle gleich, sehen aber ansprechender aus. Beim Braten geht man am besten portionsweise vor, so nehmen die Gemüse schneller Farbe an.

3 EL Olivenöl
1 Knoblauchzehe, klein gehackt
1 Zwiebel, in feine Ringe geschnitten
4 mittelgroße Zucchini, in 1 cm große Würfel geschnitten
1/4 TL Chilischote, Samen entfernt, fein gehackt
1 EL Zitronensaft, frisch gepresst
Salz und frisch gemahlener Pfeffer
7 g frische Minzeblätter, in feine Streifen geschnitten

- Die Hälfte des Olivenöls in einer großen Pfanne bei mittlerer Hitze erhitzen. Zwiebel und Knoblauch etwa 2 Minuten darin anschwitzen, bis sie glasig sind, aber noch etwas Biss haben.
- Die Temperatur etwas erhöhen und das restliche Olivenöl zusammen mit den Zucchini und dem Chili hineingeben. Unter gelegentlichem Rühren braten, bis die Zucchini und die Zwiebel weich und goldbraun sind.
- Vom Feuer nehmen, den Zitronensaft unterrühren und mit Salz und Pfeffer abschmecken. Auf eine vorgewärmte Platte geben, mit Minze bestreuen und servieren.

ZUCCHINI-AUFLAUF

Für 6–8 Personen

Wenn die Zucchini allmählich zu groß werden, lassen sie sich gut raspeln und zu einem Auflauf verarbeiten, wie es in Griechenland gemacht wird. Besonders schmackhaft werden sie, wenn man einen Teil der entstandenen Flüssigkeit abgießt. Der Zucchini-Auflauf ist ein ideales leichtes Mittagsgericht oder eine Beilage zu Steaks oder Koteletts. Die enthaltenen Brotkrumen machen weitere Kohlenhydrate überflüssig.

900 g Zucchini, grob geraspelt
1 Knoblauchzehe, klein gehackt
2 kleine Zwiebeln, klein gewürfelt
115 g Butter
115 g Semmelbrösel
225 g frische Petersilie, klein gehackt
3 Eier, leicht verquirlt
Salz und frisch gemahlener Pfeffer nach Belieben
110 g Parmesan, frisch gerieben

- Den Backofen auf 180 °C vorheizen. Eine viereckige Auflaufform (20 cm Durchmesser, 1,5 l Volumen) buttern und beiseitestellen.
- Die Zucchini in ein Sieb geben und abtropfen lassen.
- Inzwischen Knoblauch und Zwiebeln in Butter anschwitzen, bis sie weich sind.
- Die geraspelten, abgetropften Zucchini, Semmelbrösel, Petersilie und Eier zu den Zwiebeln geben. Alles gut vermischen und mit Salz und Pfeffer abschmecken.
- Die Masse in die gebutterte Form geben und mit Parmesan bestreuen. Etwa 45 Minuten backen, bis die Oberfläche braun und knusprig ist. Sofort servieren.

ZUCCHINI-SCHOKOLADEN-KUCHEN

Für eine viereckige Backform (25 cm)

Die Zucchini lassen den Kuchen sehr feucht werden, ohne dass er wie ein Gemüse schmeckt. Lassen Sie sich nicht von der Menge an Zutaten erschrecken, sie ergeben einen herrlich saftigen Schokoladenkuchen, der warm oder kalt, mit Pudding, Sahne oder Eis serviert werden kann. Wer wird da schon Kalorien zählen …

125 g weiche Butter
115 g brauner Zucker
2 kleine Eier
310 g Weizenmehl
1 TL reiner Vanilleextrakt
110 ml Naturjoghurt
2 TL Backpulver
1/2 TL 5-Gewürze-Mischung (ersatzweise Garam Masala oder Muskatnuss, Zimt und Piment)
30 g Kakaopulver
1 TL Zimt
1/2 TL Salz
340 g Zucchini, geraspelt
225 g Zartbitterschokolade, in kleine Stücke gebrochen

- Den Backofen auf 170 °C vorheizen. Eine viereckige Backform (25 cm) einfetten und mit zwei Bögen Backpapier über Kreuz auslegen.
- Butter und Zucker zu einer cremigen Masse verrühren. Die Eier einzeln mit je 1 Löffel Mehl hinzufügen, sodass der Teig nicht gerinnt. Vanilleextrakt und Joghurt hinzugeben und gut vermischen.
- Das übrige Mehl mit den restlichen trockenen Zutaten sieben und zusammen mit den geraspelten Zucchini hineingeben. Den Teig in die Backform füllen und mit Schokolade bestreuen.
- 45 Minuten backen, bis die Mitte des Kuchens fest ist und bei der Garprobe kein Teig mehr am Stäbchen haftet.

ARTISCHOCKEN IN OLIVENÖL

Für 4 Personen

Ein leichtes Mittagsgericht oder eine Vorspeise für 6 Personen. Reichen Sie die Artischocken kalt, aber nicht direkt aus dem Kühlschrank.

12 Artischocken

6 Zitronen, halbiert, zum Vorbereiten der Artischocken

12 Schalotten, geschält

600 ml Wasser

300 ml Olivenöl

Salz und frisch gemahlener Pfeffer nach Belieben

12 kleine neue Kartoffeln, geschält

12 junge Möhren, geschrappt

2 TL frischer Dill, klein gehackt

2 TL Maisstärke

- Die Artischocken vorbereiten (wie beim Repzept »Artischocken mit Dicken Bohnen«, *(siehe rechts)*.
- Die Schalotten in einem großen Topf mit dem Wasser zum Kochen bringen. Olivenöl dazugeben, salzen und pfeffern. Die Kartoffeln dazugeben, dann die Möhren und zum Schluss die Artischocken, mit dem Kopf nach unten. Bei Bedarf noch Wasser nachfüllen, sodass die Artischocken knapp bedeckt sind.
- Einen Kreis aus Pergamentpapier, der dem Durchmesser des Topfs entspricht, ausschneiden. Eine Öffnung in die Mitte schneiden, damit der Dampf entweichen kann, und vor dem Auflegen des Deckels über die Artischocken legen. So behalten sie ihre Farbe. 10 Minuten köcheln.
- Den Dill dazugeben. Wieder abdecken und etwa 1 Stunde kochen, bis die Artischocken gar sind. Die Artischocken behutsam mit einem Schaumlöffel oder einer Zange herausheben und mit Schalotten, Kartoffeln und Möhren auf einer Platte anrichten.
- Maisstärke mit etwas Wasser vermischen und in den Topf geben. Etwa 5 Minuten kochen, regelmäßig rühren. Die Sauce über die Artischocken geben. Vor dem Servieren etwas abkühlen lassen.

SOMMERLICHES GEMÜSE-RAGOUT

Für 4 Personen

Für dieses Rezept benötigt man nur die Artischockenherzen. Die Blätter kann man aber getrennt zu einem Dip reichen. Verwenden Sie für dieses Rezept die ersten Salatgurken und Kopfsalate der Saison. Von nun an gibt es sie den ganzen Sommer hindurch.

4 Artischocken

1 EL Zitronensaft

3 EL Olivenöl

2 junge Knoblauchzehen, klein gehackt

1 Bund Frühlingszwiebeln, geputzt und in Röllchen geschnitten

225 g junge Dicke Bohnen, enthülst

4 EL Wasser

40 g Butter

2 kleine Salatgurken, geschält, Samen entfernt und in Scheiben geschnitten

3 kleine Salatherzen, geviertelt

Salz und frisch gemahlener Pfeffer nach Belieben

1 TL frisches Bohnenkraut, fein gehackt

1 EL frischer Kerbel, fein gehackt

- Die Artischocken zusammen mit dem Zitronensaft in einen Topf mit kochendem Salzwasser geben. Etwa 40 Minuten kochen, bis die Blätter sich mühelos ablösen lassen. Abgießen und abkühlen lassen. Von den kalten Artischocken die Blätter entfernen. Das Heu mit einem Löffel abtrennen und die Artischockenherzen vierteln.
- Das Öl in einer Edelstahlpfanne erhitzen. Knoblauch und Zwiebeln darin 2–3 Minuten glasig anbraten. Bohnen, Wasser und Butter hinzufügen und alles zugedeckt 5 Minuten köcheln lassen.
- Die Gurken, den Salat und die Artischockenherzen untermischen. Leicht würzen. Die Temperatur etwas erhöhen, abdecken und in 3–4 Minuten gar kochen. Die Kräuter unterrühren, abschmecken und servieren.

ARTISCHOCKEN MIT DICKEN BOHNEN

Für 4 Personen

Für dieses Gericht verwendet man kleinere Artischockensorten. Sie besitzen einen feineren Geschmack und haben weniger Heu als größere Sorten. Das Gericht schmeckt genauso gut, wenn die Dicken Bohnen durch Erbsen aus dem Garten ersetzt werden. Fügen Sie in diesem Fall 1 Teelöffel Zucker hinzu.

12 kleine Artischocken

6 Zitronen, halbiert

700 g Dicke Bohnen, enthülst

1 großes Bund Frühlingszwiebeln, klein geschnitten

2–3 EL frischer Dill, klein gehackt

1 TL frische Minze, klein gehackt

225 ml Olivenöl

Salz und frisch gemahlener Pfeffer nach Belieben

1 EL Zitronensaft

- Die harten äußeren Blätter der Artischocken entfernen und die Spitzen der inneren Blätter abschneiden. Einen Stiel von 2,5 cm belassen, den Rest mit einem scharfen Messer entfernen. Jede vorbereitete Artischocke sofort rundum mit einer halbierten Zitrone einreiben und anschließend mit der ausgedrückten Zitrone in eine Schüssel mit Salzwasser legen. So verfärben sich die Artischocken nicht.
- Bohnen, Zwiebeln und Kräuter mit dem Olivenöl in einen großen flachen Topf geben. Etwa 10 Minuten sanft schmoren. Die Artischocken mit dem Kopf nach unten daraufsetzen, salzen und pfeffern und den Zitronensaft angießen. Knapp mit Wasser bedecken. Einen Kreis aus Pergamentpapier, der dem Durchmesser des Topfs entspricht, ausschneiden, über die Artischocken legen und leicht mit einem Deckel andrücken, sodass die Stiele nicht beschädigt werden. 1 Stunde auf kleiner Flamme köcheln. Vom Feuer nehmen und vor dem Servieren mindestens 30 Minuten abkühlen lassen.

Extra-Tipp
Sommerfrüchte

Es lohnt sich, Obstgehölze mit Netzen oder Maschendraht zu schützen. So können Sie die herrlichsten Himbeeren, Stachelbeeren, Rote und Weiße Johannisbeeren und Erdbeeren ziehen. Das geschieht am besten in einem großen – auch oben – eingezäunten Gehege, denn den Vögeln schmeckt das schöne Obst genauso gut wie uns. Zu Beginn des Sommers kann man dann schwelgen. Genießen Sie die Früchte schlicht mit Sahne oder bereiten Sie Sorbet und Eis, Konfitüre und Gelee, Mousse und Crumble. Ist die Zeit gekommen, wenn Sie genug Obst gegessen haben und der Überschuss eingefroren und eingemacht ist, wird das Gehege geöffnet und die Vögel dürfen hinein. Schließlich haben sich die kleinen Helfer eine kleine Belohnung verdient, denn sie haben das ganze Jahr über zahlreiche Schädlinge vertilgt.

Konfitüren und Eingemachtes
Dos and Don'ts

- Vor dem Konfitüre-Kochen die Gläser auswaschen und bei niedriger Temperatur im Backofen sterilisieren. Die Gläser heiß aufstellen, bis sie befüllt werden. In gut sterilisierten Gläsern hält sich Konfitüre mindestens 1 Jahr.
- Immer hochwertige Früchte verwenden. Für Konfitüre und Eingemachtes sind Früchte von minderer Qualität nicht geeignet.
- Zur Überprüfung, ob die Konfitüre bereits geliert, einen Teelöffel Konfitüre auf einen kalten Teller geben und 30 Sekunden abwarten. Wenn die Konfitüre beim Anschieben mit dem Finger Falten bildet, kann sie in Gläser gefüllt werden. Wenn nicht, dann weiterkochen und alle 3–4 Minuten einen weiteren Test machen.
- Nach dem Abfüllen und Verschließen warten, bis die Gläser komplett abgekühlt sind, und sie dann erst mit einem Schild versehen.

SCHWARZE JOHANNISBEER-KONFITÜRE

Ergibt etwa 6 Gläser

Für diese Konfitüre können Schwarze oder Rote Johannisbeeren verarbeitet werden. Sie besitzen viel Pektin und gelieren somit leicht und ohne langes Kochen (werden sie zu lange gekocht, verliert sich das frische Beerenaroma). Die Konsistenz sollte eher weich sein, was sich beim Abkühlen einstellt. Die Konfitüre kann bereits einen Tag nach dem Kochen gegessen werden und hält sich bei entsprechender Lagerung über 1 Jahr *(siehe unten links)*.

2 kg Rote oder Schwarze Johannisbeeren

1 l Wasser

2,25 kg Zucker, in einer Schüssel im Ofen bei niedriger Temperatur angewärmt

- Das Obst in einen Kochtopf geben und das kalte Wasser angießen. Zum Kochen bringen und auf kleiner Flamme köcheln, bis die Früchte gerade weich sind, aber ihre Form noch erkennbar ist.
- Den angewärmten Zucker hinzugeben. Wenn er sich auflöst, die Flamme etwas erhöhen, einmal umrühren und die Konfitüre etwa 10 Minuten sprudelnd kochen lassen.
- Geliertest machen *(siehe links)*.
- Die Konfitüre in heiße, trocken sterilisierte Gläser füllen und luftdicht verschließen. Erst nach dem vollständigen Abkühlen beschriften.

ERDBEER-ROSENBLÜTENBLÄTTER-KONFITÜRE

Ergibt etwa 4 Gläser

Der Frühsommer schenkt uns zwei köstliche Dinge: Erdbeeren und Rosen. Und wie könnte man sie besser verwerten als zusammen in einer köstlichen Konfitüre? *(Siehe auch Seite 98.)*

6 ungespritzte, duftende rote oder rosa Rosen

1,25 kg kleine Erdbeeren

800 g Gelierzucker, in einer Schüssel im Ofen bei niedriger Temperatur angewärmt

500 ml Wasser

Saft von 1 Zitrone

2 EL Rosenwasser (nach Belieben)

- Die Blütenblätter von den Rosen zupfen und in kaltem Wasser waschen. Trocknen lassen. Den bitteren weißen Teil von jedem Blütenblatt ausschneiden und wegwerfen. Die Blütenblätter beiseitestellen.
- Die Erdbeeren entstielen und mit dem Zucker in einem Kochtopf erwärmen. Den Zucker sich allmählich auflösen lassen, dabei regelmäßig umrühren, sodass er sich nicht am Topfboden festsetzt.
- Wenn der Zucker vollständig aufgelöst ist, das Wasser hinzufügen, die Temperatur erhöhen und die Konfitüre zum Kochen bringen. Den Schaum, der sich an der Oberfläche bildet, mit einem großen Löffel abschöpfen. Bei mittlerer Hitze etwa 20 Minuten sprudelnd kochen lassen, dabei gelegentlich rühren, bis die Masse beginnt, dick zu werden.
- Geliertest machen *(siehe links)*.
- Sobald die Konfitüre geliert, den Zitronensaft, das Rosenwasser (nach Belieben) und die Blütenblätter hinzufügen und weitere 2–3 Minuten kochen lassen. Vom Feuer nehmen und 2 Minuten ruhen lassen. So wird verhindert, dass die Konfitüre nach dem Abfüllen bis zum Deckel hochsteigt.
- Die Konfitüre in heiße, trocken sterilisierte Gläser füllen und luftdicht verschließen. Erst nach dem Abkühlen beschriften.

ERDBEER-MOUSSE

Für 6 Personen

Dies ist eine der einfachsten und besten Arten, sehr reife, weiche Früchte zu servieren: in einer Mousse aus zerstoßenen gesüßten Erdbeeren und geschlagener Sahne mit nach Mandeln schmeckendem Amaretti-Gebäck und Amaretto-Likör. Natürlich kann man für das Rezept auch andere Früchte verwenden – Himbeeren sind ideal, aber man kann es auch mit Pfirsichen oder Johannisbeeren versuchen, ebenso mit gegarten Stachelbeeren und Rhabarber.

225 ml Schlagsahne
400 g Erdbeeren, entstielt und in Scheiben geschnitten
3 Erdbeeren, halbiert, zum Dekorieren
115 g extrafeiner Zucker
55 ml Amaretto (nach Belieben)
6 Amaretti, zerstoßen

- Die Sahne steif schlagen und kühl stellen.
- In einem Topf bei geringer Hitze die Erdbeeren mit dem Zucker vermischen, bis sich der Zucker auflöst und die Früchte leicht zerstoßen sind. Vom Feuer nehmen und den Amaretto unterrühren (nach Belieben). Auf Zimmertemperatur abkühlen lassen, dann die geschlagene Sahne unterheben.
- In gekühlten Glasschalen servieren. Mit den zerstoßenen Amaretti bestreuen und mit je einer halben Erdbeere dekorieren.

HIMBEER-SORBET

Für 6 Personen

Aus Himbeeren lässt sich ein köstliches Sorbet bereiten. Das Rezept eignet sich aber auch für andere weiche Früchte wie Erdbeeren oder Johannisbeeren. Der Zuckersirup reicht für mehrere Sorbets.

500 g extrafeiner Zucker
500 ml Wasser
500 g Himbeeren

- Den Sirup bereiten: Zucker und Wasser zusammen auf kleiner Flamme erhitzen, bis sich der Zucker auflöst. 4 Minuten köcheln, dann abkühlen lassen. In einem Glas mit Schraubverschluss lässt sich der Sirup bis zu 4 Tage aufbewahren.
- Die Himbeeren durch ein feines Sieb streichen oder kurz im Mixer pürieren. Die pürierten Früchte mit 185 ml Zuckersirup vermischen. In einer Eismaschine anfrieren lassen. Ersatzweise kann die Masse auch auf einem flachen Teller angefroren werden. Während die Masse fest wird, mischt man sie ein bis zwei Mal mit einer Gabel oder einem elektrischen Mixer auf.
- Das Sorbet 30 Minuten vor dem Servieren aus dem Tiefkühlfach nehmen, damit es etwas weich wird.

ROTE JOHANNISBEEREN, SAUER EINGEMACHT

Ergibt 2 Gläser

Reichen Sie statt Konfitüre von Roten Johannisbeeren auch mal Pickles. Ihre Säure passt hervorragend zu Pâté und Lamm.

300 g Rote Johannisbeeren
350 ml Rotweinessig
1 EL extrafeiner Zucker
1 Pimentkorn
2 Nelken

- Mit einer Gabel über einer Schüssel die Johannisbeeren von den Stängeln lösen.
- In einem kleinen Topf den Essig mit dem Zucker, dem Pimentkorn und den Nelken zum Kochen bringen. 5 Minuten köcheln, vom Feuer nehmen und abkühlen lassen.
- Die Johannisbeeren in die sterilisierten Gläser füllen und den abgekühlten gewürzten Essig darübergießen. Versiegeln und vor dem Servieren etwa 4 Wochen an einem kühlen, dunklen Ort lagern.

RELISH VON ROTEN JOHANNISBEEREN

Für 4 Personen

Diese Alternative zu Johannisbeergelee ist schnell zubereitet und hält sich 1–2 Wochen im Kühlschrank.

175 g Rote Johannisbeeren
2 EL extrafeiner Zucker
2 TL Balsamico (nach Möglichkeit weißer)
abgeriebene Schale und Saft von 1 Limette
1 EL frische Petersilie, fein gehackt

- Die Johannisbeeren von den Stängeln lösen, 3–4 Stängel mit Beeren zum Dekorieren beiseitelegen. Zucker, Essig, Limettenschale (auch davon etwas zum Garnieren beiseitelegen) und Limettensaft zu den Johannisbeeren geben. Leicht mit einer Gabel zerdrücken, dann die Petersilie hineinrühren. Vor dem Servieren mit Limettenschale und einigen Johannisbeerstängeln dekorieren.

KIRSCH-BEIGNETS

Für 4 Personen

Die Kirschenzeit ist so kurz, dass man meinen könnte, es sei Sünde, sie zu kochen, aber diese heißen kleinen Krapfen werden Sie schon beim ersten Bissen verführen. Und seien Sie gewarnt: Man wird süchtig!

2 Eier
60 g Weizenmehl
1 EL Puderzucker
1 Prise Salz
1 EL dunkler Rum
115 g Butter
110 ml Pflanzenöl
450 g frische Kirschen mit Stiel
zusätzlicher Puderzucker zum Bestreuen

- Eier, Mehl, Puderzucker, Salz und Rum in einer großen Schüssel glatt rühren. Beiseitestellen und 1 Stunde ruhen lassen.
- Butter und Öl in einer Pfanne erhitzen.
- Die Kirschen am Stiel festhalten, in den Teig tauchen und dann aufrecht in der Butter-Öl-Mischung ausbacken. Auf mittlere Hitze reduzieren und die Beignets von allen Seiten goldbraun und knusprig backen. Gewendet werden sie vorsichtig mithilfe der Stiele.
- Die Beignets anschließend auf Küchenkrepp abtropfen lassen und mit Puderzucker bestreuen.
- Die Beignets in einer Schale stapeln und mit noch etwas Puderzucker bestreuen. Sofort servieren.

HIMBEERTRAUM

Für 6 Personen

Ein Lob auf die beliebten Früchte des Frühsommers: Warm verstärkt sich das Aroma der Himbeeren noch.

450 g reife Himbeeren
225 ml Crème double oder Schlagsahne
2 Eier
1 EL Weizenmehl
1 EL extrafeiner Zucker

- Den Backofen auf 180 °C vorheizen.
- Die Himbeeren in einer Backform verteilen und 10 Minuten im Ofen anwärmen oder bis der Saft austritt.
- Inzwischen alle weiteren Zutaten in eine Schüssel geben und gut verrühren.
- Die Himbeeren mit der Mischung bedecken, zurück in den Ofen geben und 20 Minuten backen, bis die Oberseite etwas Farbe angenommen hat. Warm servieren.

CRUMBLE MIT FRÜCHTEN UND NÜSSEN

Für 6–8 Personen

Nüsse in einem klassischen Crumble-Teig bilden einen köstlichen knusprigen Gegensatz zur süßen Obstfüllung. Wenn kein Mixer zur Hand ist, können Sie auch gemahlene Haselnüsse oder Mandeln verwenden. Geben Sie sie zusammen mit dem Zucker zum Teig, nach dem Mischen von Butter und Mehl.

200 g Kirschen, entsteint
400 g Erdbeeren, entstielt und halbiert
250 g Himbeeren
250 g Blaubeeren
115 g extrafeiner Zucker

Crumble-Belag

175 g Weizenmehl
60 g ganze Haselnüsse oder Mandeln
115 g sehr kalte Butter, in Würfeln
60 g extrafeiner Zucker

- Den Backofen auf 200 °C vorheizen.
- Alle Früchte mit dem Zucker vermischen und in eine Backform (1,5 l) oder in 8 kleine Formen geben.
- Mehl und Nüsse in den Mixer geben, kurz aufmixen und so die Nüsse grob zerkleinern. Die Butter hinzufügen und gründlich mit einem Kochlöffel verrühren, bis die Masse an feine Brotkrumen erinnert. Den Zucker einarbeiten. Gleichmäßig über die Früchte geben und leicht andrücken.
- 25 Minuten backen. Nach etwa 10 Minuten, sobald die Früchte beginnen, Blasen zu werfen, die Temperatur auf 190 °C reduzieren und weiterbacken, bis die Oberseite des Crumbles eine goldgelbe Farbe angenommen hat (einzelne Backformen benötigen weniger Zeit). Heiß oder warm mit Sahne servieren.

Spätsommer

Einstimmung

Der Spätsommer ist eine Zeit des Übergangs. Noch ist es Sommer, und hohe Luftfeuchtigkeit und schwüle Tage machen Pflanzen und Gärtnern gleichermaßen zu schaffen, aber das heranreifende Obst an den Bäumen und die satten Farben der ersten Herbstblumen sind eindeutige Zeichen des bevorstehenden Wechsels. Jetzt wird nur noch wenig gesät, der Schwerpunkt liegt nun eindeutig auf dem Ernten und Lagern. Sorgen Sie dafür, dass der Garten auch während Ihres Urlaubs betreut ist – vielleicht muss regelmäßig gewässert und manches geerntet werden. Überprüfen Sie die Pflanzen möglichst oft auf Krankheiten und Schädlinge. Letztere sind jetzt noch einmal sehr präsent, besonders in trockenen oder heißen Zeiten.

Eine dichte Spätsommerbepflanzung schützt den Boden gegen Wasserverdunstung und verhindert, dass Unkräuter aufkommen.

JETZT ERNTEN

Äpfel, Artischocken, Auberginen, Blaubeeren, Blumenkohl (Sommer), grüne Bohnen, Brokkoli, Brombeeren, Dicke Bohnen, Endivien, Erdbeeren, Frühlingszwiebeln, Himbeeren, Johannisbeeren (schwarz, rot, weiß), Kartoffeln, Kirschen, Kohlrabi, Knoblauch, Kohl (Sommer), Kürbisse, Lauch, Mangold, Melonen, Möhren, Pflaumen, Radieschen, Rote Bete, Salat, Salatgurken, Schalotten, Sellerie, Speiserüben, Stachelbeeren, Stangenbohnen, Spinat (Sommer), Tomaten, Zuckermais, Zwiebeln

JETZT AUSSÄEN

Anzuchtbeet Grünkohl, Spitzkohl (Frühling, Rotkohl), Winterwirsing

Freiland chinesische Blattgemüse, Chicorée, Endivien, Feldsalat, Fenchel, Frühlings-Barbarakraut, Kohlrabi, Mangold, Möhren, Rettiche (Sommer/Winter), Salat, Speiserüben, Spinat, Winterportulak, Winterzwiebeln

JETZT PFLANZEN

Gewächshaus/Frühbeet Herbstsalate

Freiland Blumenkohl (Winter/Frühling), Brokkoli, Erdbeeren, Grünkohl, Kohl (Winter/Frühling), Lauch

WAS JETZT ZU TUN IST

Lagerobst ernten Der Obstanbau bringt Unabänderliches mit sich: Ein kalter Frühling kann eine spärliche oder gänzlich ausfallende Ernte nach sich ziehen, während eine ideale Blütezeit häufig zu Überschuss führt. Der Mangel lässt sich nicht beheben, aber ein Zuviel heißt, dass man Wege finden muss, die reichhaltige Ernte zu verarbeiten.

Lagerfähiges Obst wird einfach in Kisten oder Schalen gelagert, entweder in einem kühlen, luftigen Raum bei höchstens 7 °C oder in einem Regal in einem kühlen, trockenen Schuppen. Hochsommeräpfel, Birnen (und Quitten) halten sich zwei bis drei Monate, spätere Sorten bis zu acht Monate. Sie halten sich auch in durchsichtigen Plastiktüten, von denen die unteren Ecken abgeschnitten wurden. Man befüllt sie jeweils mit bis zu zwei Kilogramm.

Fast jedes Obst lässt sich gut einfrieren, nur Erdbeeren und Birnen büßen etwas an Qualität ein. Frieren Sie Obst direkt nach der Ernte ein, oder bereiten Sie es zu und frieren Sie es dann ein. Das Saften und Abfüllen in Flaschen ist ein traditionelles Verfahren. Und es macht immer noch Spaß zu sehen, wie sich die Regale mit Flaschen füllen – bei dem Verfahren wird das Obst jedoch gekocht und ändert etwas seinen Geschmack.

Reife Äpfel behutsam anheben: Lassen sie sich leicht pflücken?

Flüssiges Gold

Im Westen ist Urin mit seinem hohen Stickstoffgehalt und Nährstoffen wie Kalium und Phosphat ein verschwendeter Rohstoff. Testergebnissen zufolge produzieren europäische Erwachsene genug Urin, um mit einem darauf basierenden Dünger mindestens die Hälfte ihrer Nahrungsmittel zu ziehen. In Versuchen der NASA wurden Tomaten und Bohnen mit Erfolg in einer Lösung von 0,5 % Urin und Wasser gezogen.

Wer Urin sammeln will, bewahrt ihn in einem verschlossenen Behälter auf, um Nährstoffverlust in Form von ausdünstendem Ammoniak zu vermeiden. Er wird aber nur als Dünger für Obst und Blattgemüse, die gekocht werden, eingesetzt sowie für Kompostpflanzen wie Beinwell. Man verwendet ihn im Mischungsverhältnis 1 Teil Urin auf 3 Teile Wasser – oder unverdünnt als Kompostbeschleuniger.

Pflege von Erdbeeren Am Ende der Erdbeerzeit können die Erdbeerbeete inspiziert und neue angelegt werden.

Die Pflanzen werden in der Regel drei Jahre genutzt, danach nimmt ihre Qualität ab. Wer will, kann sie noch eine Saison lang abernten: Vier Jahre alte Pflanzen liefern zahlreiche kleine Erdbeeren, die köstliche Konfitüre ergeben. Üblicherweise werden die Pflanzen aber nach drei Jahren herausgenommen und eine neue Reihe oder ein neues Beet mit frisch gekauften Pflanzen bepflanzt oder mit Ablegern der eigenen Erdbeeren, falls diese vollkommen gesund und kräftig sind.

Junge Pflanzen schneidet man nach der Ernte zurück: Entfernen Sie alle Blätter und Ableger – es sei denn, sie werden benötigt – und auch die Mulchschichten wie Stroh oder mehrfach verwendbare Matten. Der Pflanzenschnitt wird kompostiert, die Matten gesäubert. Zur Kräftigung für die nächste Saison erhalten die Jungpflanzen einen ausgewogenen Dünger. Mehrfach tragende Sorten schneidet man nicht zurück, weil sie noch im selben Jahr Früchte tragen.

Wer Erdbeeren aus eigenen Ablegern zieht, wählt jeweils die kräftigste Pflanze, zumeist die, die am nächsten an der Elternpflanze wächst. Hat man zu viele Ableger, kompostiert man die übrigen einfach. Wer jedoch noch mehr Pflanzen braucht, kann sogar unbewurzelte Spitzen Wurzeln treiben lassen, indem man sie abschneidet und im Gewächshaus oder im Frühbeet in Töpfe oder Pflanzschalen mit Erde drückt.

Einige übrige große Ableger können jetzt eingetopft oder in einem Frühbeet eingeschlagen und später eingetopft werden. Wenn sie im Spätherbst ins Gewächshaus kommen, kann man sie für eine frühe Ernte vorziehen. Nach der Ernte im zeitigen Frühjahr werden sie ausgepflanzt und bilden eine neue Reihe mit kräftigen Pflanzen im darauffolgenden Jahr.

Nutzen der Gründüngung Wenn in dieser Jahreszeit nach und nach sämtliche Pflanzen abgeerntet sind, hat es sich bewährt, den frei gewordenen Boden mit Gründüngung zu bepflanzen (obwohl auch noch hinreichend Zeit bleibt, einige Gemüse zu säen, *siehe Seite 90*). Diese Praxis haben die Gärtner von den Landwirten übernommen, die den Boden aufbrechen, bewirtschaften und dann ruhen lassen und gleichzeitig die Oberfläche durch eine Bepflanzung schützen, die schließlich untergegraben wird und so die Struktur des Bodens durch die Anreicherung mit organischem Material verbessert.

Dies ist bis heute der wirkliche Wert eines Gründüngers. Im Vergleich zu pflanzlichem und tierischem Dünger oder Gartenkompost liefert er dem Boden relativ kleine Nährstoffmengen. Sein größter Vorzug ist, dass er den Böden einen Winterschutz bietet; sie lägen sonst brach und wären extremem Wetter und Nährstoffverlust ausgesetzt. Wenn Sie zwischen jetzt und Spätherbst eine Fläche

Tun Sie ihr Bestes und behandeln Sie Ihre Äpfel als Individuen: Packen Sie jede perfekte Frucht einzeln in Zeitungspapier ein, um ihre Qualität und ihre Schönheit zu bewahren.

Wässern während des Urlaubs

Wer in dieser Jahreszeit ein bis zwei Wochen wegfährt und niemand findet, der das Gießen übernimmt, kann mit einigen Maßnahmen den Wasserverlust verringern und empfindliche Pflanzen feucht genug halten.

- Alle Pflanzen kurz vor der Abfahrt ein letztes Mal gießen, danach Mulch aufbringen, lockern oder ergänzen.
- Blattgemüse mit einer einfachen Schicht Vlies abdecken: Es bietet leichten Schatten und Windschutz.
- Die Früchte ernten und einfrieren oder verschenken – auch die etwas unreifen – damit sie in einer trockenen Woche nicht verkommen.
- Das Gewächshaus schattieren und alle Lüftungsöffnungen öffnen. Sämlinge und junge Pflanzen aus dem Gewächshaus an einen kühlen, schattigen, geschützten Ort bringen.
- Pflanzkübeln wasserspeicherndes Gelgranulat beigeben und kräftig gießen. Pflanzkübel schattig und geschützt aufstellen.
- Unter Glas für automatische Bewässerung sorgen, entweder mit einzelnen Wasserbehältern *(siehe links)* oder mit einem Tröpfchenbewässerungssystem, das an einen großen gefüllten Tank angeschlossen ist.
- Gewächshauspflanzen in flachen Schalen auf Kapillarmatten stellen, die mit einem Wasserreservoir verbunden sind.
- Neben Kübelpflanzen einen Eimer Wasser stellen und beide mit einem Seil oder anderem Docht verbinden, der je nach Bedarf Wasser hinüberleitet.

haben, die vor dem nächsten Jahr keine Ernte mehr tragen wird, dann säen Sie breitwürfig eine Gründüngung – etwa Senf, Phacelia oder Klee – ein und graben Sie sie im zeitigen Frühjahr unter, etwa drei bis vier Wochen, bevor der Boden genutzt werden soll. Als Alternative kann der Gründünger auch so kurz wie möglich geschnitten und die Fläche kräftig mit Kompost gedüngt werden. Dann pflanzt man durch die oberste Lage hindurch.

Halbzeit Nehmen Sie sich einen Augenblick Zeit, auf das vergangene Halbjahr zurückzublicken. Falls dies Ihr erstes Gartenjahr ist, sind Sie vermutlich erstaunt, wie viel Sie bereits geerntet haben, und bei guter Planung sollte auch noch einiges folgen. Spazieren Sie durch die Gärten Ihrer Nachbarn, hier finden Sie neue Inspiration und Bestätigung sowie jede Menge Ideen – etwa was man mit zu viel Obst macht oder wie Material wiederverwertet werden kann – und natürlich können Sie die Pflanzen vergleichen: Sind Ihre Pflanzen vielleicht blass – ein Zeichen für Nährstoffmangel –, oder sind sie weniger weit entwickelt? Fragen Sie nach, wann die anderen Pflanzen gesät wurden und welche Sorte es ist. Ändern Sie vielleicht auch Ihre ursprünglichen Pläne: Kaufen Sie zum Beispiel zusätzliche Samen oder junge Pflanzen, um eine weitere Gemüseart zu ziehen. Säen Sie nach, wenn ein Teil der Saat nicht aufgegangen ist, und denken Sie vielleicht sogar über eine bessere Aufteilung der Beete nach. Geben Sie vor allem nicht auf: Ein schlechter Sommer mit trockenem oder feuchtkaltem Wetter mag einige Gemüse verdorben oder Erträge gemindert haben, aber noch dauert die Vegetationszeit mehrere Wochen lang. Und das nächste Jahr bietet unendlich viele neue Möglichkeiten.

Letzte Aussaaten Wenn Ihr Garten nicht in einer sehr kühlen Region mit einer kurzen Vegetationszeit liegt, bietet der Spätsommer noch Zeit für einige Aussaaten.

- Salate, Rauke und Pflücksalat, erneute Aussaat im zeitigen Herbst
- Fernöstliche Gemüse wie Pak Choi, Choi Sum, kompakter Chinakohl und chinesischer Brokkoli
- Erste frühe niedrige Erbsen, Ernte zur Herbstmitte
- Rasch wachsende grüne niedrige Bohnen, Ernte ab Herbstanfang
- Sommerradieschen, Ernte nach sechs Wochen, und (chinesische) Wintersorten ab Herbstanfang
- Kohlrabi, Speiserüben und frühe Möhren, Ernte den ganzen Herbst hindurch
- Fenchel, Ernte ab Herbstmitte

In guten Jahren tragen Kletterbohnen spät, die Triebspitzen knipst man ab, um die Pflanzen zu verstärkter Blütenbildung anzuregen.

Salat, Radieschen, Pak Choi und Rote Bete sind im Spätsommer perfekte Lückenfüller auf bereits frei gewordenen Flächen.

Einen Versuch wert …

Eine große Scharlachfuchsie wie 'Lady Boothby', die an einem Ende des Gewächshauses gezogen und am Dach entlanggeführt wird, bietet im Sommer Schatten und zahlreiche Blüten. Die köstlichen Beeren kann man ernten und in Rotweinessig einlegen oder in Weinbrand und Puderzucker mariniert für Käsekuchen, Eis oder Soufflé-Omeletts verwenden. Natürlich kann man sie auch zu Wein, Konfitüre oder Fuchsienbeeren-Dumplings verarbeiten.

Noch nicht zu spät …

Mit einer Aussaat von grünen Bohnen, etwa Sorten wie 'Delinel' oder 'Tendergreen', 5–8 Pflanzen in einem Topf von 25 cm, lässt sich die Erntezeit bis spät in den Herbst verlängern. Sie können zunächst im Freien stehen und werden bei Temperaturen deutlich unter 10 °C ins Gewächshaus gebracht.

Zeit übrig?

Säen Sie Rotkohl und ersten frühen Rosenkohl wie 'Diablo' in einem Saatbeet, decken Sie es im Winter mit einem Folientunnel ab *(siehe links)* und verpflanzen Sie die Setzlinge im zeitigen Frühjahr. Sie werden etwa einen Monat vor denen reif sein, die im zeitigen Frühjahr gesät wurden.

Einen Versuch wert
Späte Aussaaten

In den nächsten Wochen wird es noch genügend Wärme und Tageslicht geben, sodass verschiedene Gemüse noch im Herbst heranreifen können, insbesondere, wenn der Zeitpunkt der Ernte durch Folientunnel oder einen anderen isolierenden Schutz hinausgezögert wird. Das Aussäen oder Umsetzen in ein Beet im Gewächshaus, ins Frühbeet oder in einen wiederverwendeten Pflanzsack, der später ins Gewächshaus gelegt wird, kann die Ernte noch weiter verlängern.

Zu den Gemüsen, die noch gesät werden können, zählen verschiedene Blatt- und Pflücksalate, fernöstliche Blattgemüse, niedrige Erbsen ('Ambassador'), kleine Rote Bete ('Detroit', 'Golden Detroit'), Kohlrabi, schnell wachsende niedrige Bohnen ('Maxi', 'Aiguillon') sowie Frühlingszwiebeln.

ERNTE DER SAISON

Äpfel Haben Sie ein Auge auf die ersten frühen Äpfel wie 'Piros', 'Epicure' oder 'Weißer Klarapfel', die in günstigen Lagen und Jahren bereits drei bis vier Wochen nach dem längsten Tag reif sein können. Vögel vergreifen sich gern schon mal an besonders roten Stellen, auch Wespen folgen ihrem Beispiel. In manchen Jahren fällt das Obst auch ungewöhnlich früh zu Boden. Prüfen Sie regelmäßig, ob die Äpfel reif sind, indem Sie sie einfach in die Hand nehmen *(siehe Abbildung, Seite 88)* und ausprobieren, ob sie sich leicht lösen lassen (ohne sie zu drehen). Essen Sie die Äpfel unmittelbar vom Baum, da sich die frühen Sorten selten länger als zwei bis drei Wochen halten, oder verwenden Sie sie für Waldorfsalat, backen Sie sie in Teig aus oder machen Sie Apfeltartes mit Zimt. Wer in dieser Jahreszeit bereits richtige Kochäpfel mag, kann 'Early Victoria' ('Emneth Early') ziehen, der rasch heranreift und herabfällt: Einfrieren, trocknen oder saften ist hier die Devise. Eine Alternative ist der etwas spätere 'Grenadier'. *(Siehe auch Seite 214.)*

Melonen Es gibt verschiedene Möglichkeiten, festzustellen, ob Melonen reif sind. Der beste Hinweis ist ihr berauschender süßer Duft. Am Stielansatz sollten leichte Risse sichtbar sein und auf Druck sollte eine reife Melone hier leicht nachgeben. Trennen Sie sie mit etwas Stiel ab und bewahren Sie sie, wenn nötig, an einem kühlen luftigen Ort auf oder – wenn sie noch nicht ganz reif ist – auf einem warmen Fensterbrett. Verfälschen Sie das Aroma nicht mit Zugaben wie Ingwer oder Portwein: Melonen wollen für sich genossen und bewundert werden – wie Trophäen. Bei leichtem Überschuss an reifen Melonen lassen sich einige zu Sorbets oder Eis verarbeiten. Junge kleine Früchte, die am Ende der Saison übrig bleiben, können wie Essiggurken eingemacht oder auch kandiert werden. *(Siehe auch Seite 200.)*

Neuseelandspinat Normaler Sommerspinat neigt dazu, in der Sommersonne zu schießen, und muss für eine lange Erntezeit regelmäßig neu ausgesät werden. Als Alternative, die Trockenheit und Hitze gut verträgt, bietet sich Neuseelandspinat an. Er wird auch Pflückspinat genannt und bildet eine kriechende Matte üppiger hängender Blätter von bis zu 1,2 Meter Länge. Weichen Sie die Samen über Nacht ein und säen Sie sie im späten Frühling im Abstand von 90 cm aus (in kalten Regionen in Töpfen). Die Triebspitzen knipst man ab, wenn sie 15 cm hoch sind. Im Sommer und Herbst können die Stiele vollständig geerntet werden. In der Küche werden dann die Blätter und Triebspitzen abgetrennt: Aus ihnen entstehen die unglaublich grünen Spinatköfte. Die Pflanzen werden zwar schließlich vom Frost dahingerafft, aber im nächsten Jahr erscheinen mit etwas Glück oft selbst ausgesäte Sämlinge. *(Siehe auch Seite 205.)*

Rispe reifer Roter Johannisbeerer.

Verschiedene Stangenbohnen.

Rote und Weiße Johannisbeeren Heranreifende Rote Johannisbeeren werden mit Netzen vor gierigen Vögeln geschützt. Weiße Johannisbeeren haben eine weniger große Anziehungskraft und werden seltener geplündert. Sie werden, wenn sie vollreif und durchscheinend sind, in ganzen Rispen gepflückt, aber es besteht kein Grund zur Eile: Die meisten Sorten können einige Wochen hängen bleiben, ohne zu verkommen. Für Rote Johannisbeeren gibt es viele Verwendungen: Himbeerkonfitüre und -gelee verleihen sie etwas Säure und Pektin, sie lassen sich zu einem Sommerpudding oder einem fruchtigen Roséwein verarbeiten und sind natürlich auch für den sofortigen Verzehr – nur kurz durch Eiweiß und Puderzucker gezogen – eine Köstlichkeit. Die weniger sauren Weißen Johannisbeeren können ähnlich verzehrt oder zu klassischen kleinen Tartes verarbeitet werden. *(Siehe auch Seite 217.)*

Zum Verzehr bereit: reife Zuckermaiskolben.

Stangenbohnen Von den meisten Gemüsegärtnern werden sie sehnsüchtig erwartet. Denn mit dem ersten Teller zarter Stangenbohnen herrscht die Gewissheit: Es ist Hochsommer. Pflücken Sie sie früh, bevor sie hart werden, bis die letzten zu Beginn oder Mitte des Herbstes die Erntezeit beschließen. Zur Abwechslung können Sie sie auch auf indische Art zubereiten, mit Senf gegart oder als Hauptbestandteil eines vegetarischen *biryani*. Junge Stangenbohnen kann man im Ganzen garen und mit einer Vinaigrette servieren. Wenn die anfängliche Begeisterung sich etwas gelegt hat, mag der fortwährende Nachschub allmählich langweilig werden – ein guter Augenblick, die Bohnen für den Winter zu konservieren. Früher wurden aufgeschnittene Bohnen in irdenen Töpfen zwischen Lagen zerstoßener Salzblöcke geschichtet. Das macht man heute nur noch selten – normales Kochsalz eignet sich nicht, da es Zusätze, die die Rieselfähigkeit verbessern, enthält und schon bald zu Salzlake wird. Der Ernteüberschuss lässt sich aber gut einfrieren oder trocknen. Reife Bohnen aus älteren Hülsen kann man für Wintereintöpfe und Samen trocknen. *(Siehe auch Seite 189.)*

Schalotten Diese Zwiebeln sind reif, wenn sich die Blattspitzen allmählich gelb färben. Man hebt jede Gruppe mit der Gabel aus dem Boden und lässt sie auf der Erde liegen – bei Nässe unter Glas legen –, wo sie sich verfärben und auf natürliche Weise auseinanderfallen. Mittelgroße Zwiebeln von der Größe eines 10-Cent-Stücks von gesunden Pflanzen – nicht solche mit gelben, von Viren befallenen Blättern – werden für nächstes Jahr beiseitegelegt, der Rest wird verzehrt. Vollständig trockene Zwiebeln bewahrt man in flachen Schalen in einem kühlen, frostfreien Keller auf und verbraucht sie bis zum Ende des Winters. Schalotten sind ein Gemüse für Kenner: Sanftes Dünsten erhält ihren feinen individuellen Geschmack, während sie bitter schmecken, wenn sie beim Anbraten Farbe angenommen haben. *(Siehe auch Seite 197.)*

Zuckermais Die in einigen Samenkatalogen angegebene Reifezeit kann mitunter etwas irreführend sein, da sie auf Nordamerika zutrifft, wo Zuckermais 50–60 Tage schneller reift als in Großbritannien. In Mitteleuropa empfiehlt sich die Aussaat früher Sorten wie 'Golden Beauty'. Sehr süße Sorten sind 'Tasty Gold' und 'Sweet Nugget'. Sobald die Haarbüschel zu schrumpfen beginnen, sollte man die Kolben genau beobachten. Wenn sie wie versengtes Haar aussehen, kann ein Kolben vorsichtig etwas geschält werden. Die Körner mit dem Daumennagel eindrücken: Tritt ein dünner weißer Saft aus, zeigt dies an, dass der Kolben in zwei bis drei Tagen erntereif ist, weißer milchiger Saft deutet auf den richtigen Zeitpunkt für die Ernte hin. Dann heißt es: schneiden und sich beeilen, denn nach 20 Minuten wird der Zucker bereits zu Stärke. Einfach in kochendem Wasser garen und mit Butter und Meersalz genießen. *(Siehe auch Seiten 210–211.)*

JETZT AUF DEN TISCH

Obwohl die Tage noch lang und schön sind, kündigt sich hier und da schon der Herbst an – mit einem einzelnen kühlen Abend oder durch den Morgentau. Der Gärtner sieht, wie die Früchte immer mehr reifen, und denkt bereits an das Ernten und Einlagern. Vor nicht allzu vielen Jahren war die Zeit des Einmachens mit Einweckgläsern voller Kirschen und Pflaumen sowie Blocksalzlaiben für die Steinkrüge mit Stangenbohnen verbunden. Die Methoden mögen sich geändert haben, aber die Lust an der Vorratshaltung ist geblieben und wird durch den Ernteüberschuss im Spätsommer immer wieder geweckt. Damit einher geht der urzeitliche Drang des Menschen, Überschüssiges für schlechte Zeiten beiseitezulegen. Und so kehrt man schließlich mit Bergen von Zuckermais, Stangenbohnen und Brombeeren für die Tiefkühltruhe aus dem Garten nach Hause zurück. *(Siehe Jetzt ernten, Seite 86.)*

REZEPTE

GURKENSUPPE MIT WÜRZIGEM KARTOFFELKUCHEN

Für 4 Personen

Eine erfrischende kalte Suppe nach Thai-Art. Sie ist mild und hat das feine Anisaroma des Thai-Basilikums. Die Kartoffelkuchen erinnern an Latkes – frittierte Kartoffelpuffer aus der jüdischen Küche –, sind aber würziger. Wer es nicht so scharf mag, verwendet weniger Chili.

1 große Salatgurke, geschält und gerieben

1 großes Bund Thai-Basilikum (Horapa), fein geschnitten

500 ml Naturjoghurt

300 ml Crème double

Salz und frisch gemahlener Pfeffer

Kartoffelkuchen

1 kg festkochende neue Kartoffeln, geschält und gerieben

1 große Schalotte, in feine Ringe geschnitten

1 mittelgroße rote Chilischote, Kerne entfernt, in feine Streifen geschnitten

1 Handvoll frische Minzeblätter, fein geschnitten

Ingwerwurzel (etwa 2,5 cm), geschält, in sehr feine Stifte geschnitten

1 EL Weizenmehl

1½ TL Meersalz

2 EL Pflanzenöl

- Die Zutaten für die Suppe in eine große Schüssel geben und gut vermischen. Mit Salz und Pfeffer würzen. Mindestens 1 Stunde kalt stellen, damit sich die Aromen entfalten.
- In einer weiteren Schüssel die Zutaten für die Kartoffelkuchen mit Ausnahme des Öls mit den Händen vermischen. 8 flache Kuchen formen. Sie dürfen nicht zu dick sein, weil sie sonst nicht gar werden.
- Das Öl in der Pfanne erhitzen. Die Kuchen hineingeben und während des Garens mit einem Pfannenwender andrücken. Wenden, wenn sie unten goldbraun sind. Auf jeder Seite etwa 5 Minuten backen.
- Die Suppe in Suppenschalen servieren, die Kartoffelkuchen auf dem Unterteller dekorieren.

GAZPACHO VERDE MIT ZITRONEN-CROÛTONS

Für 6 Personen

Die schlichte, kalt servierte Suppe basiert auf der klassischen Gazpacho, enthält jedoch keine Tomaten, sondern Spinat und ist daher sattgrün.

1 weiße Zwiebel, grob gewürfelt

3 Knoblauchzehen, klein gehackt

6 EL natives Olivenöl extra und etwas Öl zum Beträufeln

900 ml Wasser

175 g junger Spinat

einige Eiswürfel

Salz und frisch gemahlener Pfeffer nach Belieben

100 g Weißbrot, ohne Kruste, in 3 EL Rotweinessig getränkt

2 Stangen Sellerie, fein geschnitten

1 grüne Gemüsepaprika, fein gewürfelt

⅓ Salatgurke, fein gewürfelt

2 Frühlingszwiebeln, weißer und grüner Abschnitt, in Röllchen geschnitten

3 EL frische Minze, fein gehackt

2 EL frische glattblättrige Petersilie, fein gehackt

3 Scheiben Graubrot

abgeriebene Schale von 1 Zitrone

- Die Zwiebel und die Hälfte des Knoblauchs in einem Topf mit 2 Esslöffeln Öl anbraten. Das Wasser angießen und zum Kochen bringen. Vom Feuer nehmen, den Spinat hineingeben und rühren, bis er zusammenfällt. In einen Mixer umfüllen und mit wenigen Eiswürfeln glatt mixen. Würzen und im Kühlschrank abkühlen lassen.
- Das in Essig getränkte Brot zur abgekühlten Suppe geben. Den restlichen Knoblauch, Gemüse, Kräuter und Chili einrühren. Das restliche Öl hinzugeben, bei Bedarf nachwürzen. In den Kühlschrank stellen.
- Den Backofen auf 180 °C vorheizen. Die Brotscheiben in kleine Würfel schneiden, mit Zitronenschale bestreuen und mit etwas Öl beträufeln. In 10–12 Minuten leicht Farbe annehmen lassen. Die gekühlte Suppe mit den warmen Croûtons servieren.

GRÜNE SUPPE

Für 5 Personen

Eine reizvolle grüne kalt servierte Suppe, aber etwas dickflüssiger und grüner als die Gazpacho.

1 grüne Gemüsepaprika

2 Salatgurken, geschält, Kerne entfernt und gewürfelt

2 Stangen Sellerie, gewürfelt

4 Frühlingszwiebeln, weißer und grüner Abschnitt, in Röllchen geschnitten

60 g frischer Koriander, grob gehackt

1 Avocado

4 Limetten

475 ml fettarme Milch

1 TL grobes Salz

½ TL schwarzer Pfeffer, frisch gemahlen

1 TL Cumin, gemahlen

- Den Backofen auf die höchste Grillstufe schalten. Die Gemüsepaprika im Ganzen auf ein Backblech legen und grillen, bis sie Blasen wirft und von allen Seiten dunkel geworden ist. In eine Plastiktüte geben (der Dampf, der sich entwickelt, macht die Haut weich), 5 Minuten abkühlen lassen, dann die Haut abziehen, die Samen entfernen und die Paprika in kleine Stücke schneiden.
- Je 2 Esslöffel Gemüsepaprika, Salatgurke, Sellerie, Frühlingszwiebeln und Koriander in kleine Schälchen geben und beiseitestellen.
- Die Avocado schälen, den Kern entnehmen und das Fleisch in kleine Stücke schneiden. Mit dem Saft von 2 Limetten beträufeln und gut vermischen. 2 Esslöffel Avocadowürfel in ein Schälchen geben und gut verschließen.
- Übrige Gemüse und Kräuter in eine Schüssel geben. Milch, Salz, Pfeffer und Cumin sowie den Saft von 1 Limette unterrühren.
- Die Hälfte der Mischung in den Mixer geben und etwa 30 Sekunden mixen, bis eine cremige Masse entstanden ist. Zurück in die Schüssel zu den übrigen Zutaten geben und vermischen.
- Abdecken und bis zum Servieren kühl stellen.
- Die Suppe in Suppenschalen geben, mit Limettenscheiben garnieren, servieren und die Gemüsestückchen dazu reichen.

Extra-Tipp
Tomaten

Tomaten sind vermutlich eines der Gemüse, von dem jeder Überschuss ein Segen ist. Sie sind so vielseitig zu verwerten: als klassische Tomatensauce für Pasta und Pizza, als Suppe, Salat, Tarte und vieles mehr. Und sie lassen sich in allen möglichen Varianten herrvorragend für die Winterzeit konservieren: tiefgefroren, langsam getrocknet oder zu Chutney verarbeitet. Wenn am Ende der Vegetationszeit noch grüne Tomaten an den Pflanzen hängen, ist dies kein Problem: Sie können grün geerntet werden. Anschließend lässt man sie in einer Schublade heranreifen und verarbeitet sie zu Chutney oder einer Beilage.

HENRYS TOMATENSUPPE

Ein Rezept für Großfamilien!

Dies ist Henrys *(siehe Seite 15)* geliebte Tomatensuppe. Man kann sie gut für den Winter aufbewahren und deshalb in größeren Mengen zubereiten. Wie groß darf der Eimer mit den Tomaten sein? Egal – damit das Mengenverhältnis stimmt, messen Sie das Wasser mit demselben Eimer ab.

1 Knoblauchknolle, Zehen geschält und klein gehackt
6 große Zwiebeln, klein gewürfelt
55 ml pflanzliches Öl
1 Eimer Tomaten, geschält und klein geschnitten
1 Eimer Wasser
Salz und frisch gemahlener Pfeffer

- Knoblauch und Zwiebeln in einem großen Suppentopf in Öl anbraten, bis sie glasig sind. Tomaten und Wasser hinzugeben und die Suppe auf etwa die Hälfte einkochen. Mit Salz und Pfeffer würzen.
- Die erste Tomatensuppe der Saison können Sie sofort genießen, den Rest können Sie einfrieren und mitten im Winter aufwärmen, sodass Sie immer daran erinnert werden, wie wichtig es ist, Tomaten im eigenen Garten zu ziehen.

GAZPACHO

Für 6 Personen

Dies ist die klassische spanische Sommersuppe, die in unzähligen Varianten existiert. Es ist die perfekte Suppe, wenn Sie Unmengen sehr süßer Tomaten zu verarbeiten haben. Gleichzeitig können Sie vorrätige Salatgurken, Gemüsepaprika und Zwiebeln verwerten.

2 Knoblauchzehen
1 große Zwiebel, geviertelt
900 g Tomaten, geschält und klein geschnitten
2 rote Gemüsepaprika, Samen entfernt und klein gewürfelt
1 Salatgurke, geschält und klein gewürfelt
115 g frische Weißbrotkrumen
110 ml natives Olivenöl extra
2 EL Sherry oder Weißweinessig
110 ml Wasser
Salz und frisch gemahlener Pfeffer nach Belieben

Kleine Beilage

3 Scheiben Weißbrot ohne Rinde, gewürfelt
2–3 EL Olivenöl
2 Tomaten, geschält und klein geschnitten
1 grüne Gemüsepaprika, Samen entfernt und fein gewürfelt
3 Frühlingszwiebeln, sehr fein geschnitten
2 EL frische glattblättrige Petersilie, fein gehackt

- Knoblauch und Zwiebel im Mixer fein hacken. Tomaten, rote Gemüsepaprika, Salatgurke, Brotwürfel, Öl, Sherry oder Essig und Wasser hinzufügen und alles gut mixen, bis eine fast glatte Masse entstanden ist. In eine Schüssel gießen. Etwas Eiswasser hinzugeben, falls die Suppe zu dick sein sollte. Mit Salz und Pfeffer abschmecken und kühl stellen.
- Für die kleinen Beilagen die Brotwürfel in Öl goldbraun ausbacken und auf Küchenkrepp abtropfen lassen. Die Croûtons und alle anderen fein geschnittenen Beilagen in kleine Schälchen geben.
- Die Suppe in Schalen servieren und die Beilagen getrennt reichen, sodas sich jeder nach Gusto bedienen kann.

TOMATEN IN ASPIK

Für 6 Personen als Vorspeise

Bereiten Sie diese erfrischende Vorspeise auf dem Höhepunkt der Tomatensaison mit richtig saftigen und voll aromatischen Tomaten zu. Das fast klare Wasser, das man aus ihnen gewinnt, ist die wahre Essenz der Tomate. Die Reste kommen auf den Kompost. Zum Garnieren verwendet man ganze kleine Tomaten, am besten die birnenförmigen Datteltomaten.

2,7 kg sehr große, sehr reife Tomaten
1 TL Salz oder mehr, je nach Geschmack
2 TL Sherry oder weißer Balsamico
Blattgelatine für 1 l Flüssigkeit
36 sehr kleine rote und gelbe Datteltomaten sowie einige zum Dekorieren
1 kleines Bund Kerbelblätter
Tomatenblüten zum Dekorieren (nach Belieben)

- Die Tomaten klein schneiden und im Mixer pürieren. Ein Sieb über eine Schüssel hängen und mit zwei Lagen Musselintuch auslegen. Die Tomaten hineingeben und über Nacht abtropfen lassen, bis sich 1 Liter Tomatenwasser angesammelt hat. Falls die Tomaten nicht genug Flüssigkeit abgeben, das Tuch leicht zusammendrücken und die Flüssigkeit herauspressen.
- Das Tomatenwasser durch ein feines Sieb in einen Messbecher laufen lassen, Salz und Essig einrühren und beiseitestellen.
- Die Gelatine 5 Minuten in kaltem Wasser einweichen. Ausdrücken. Etwas Tomatenwasser in einem kleinen Topf erwärmen und die Gelatine darin auflösen. Abkühlen lassen und mit dem restlichen Wasser vermischen.
- 6 Gläser je zu einem Drittel mit dem Tomatenwasser füllen. Einige kleine Tomaten und ein paar Kerbelblätter hinzugeben. 45 Minuten kühlen, bis es fest wird. Eine weitere Schicht daraufgeben und erneut kühlen. Wiederholen, bis die Gläser voll sind. (Falls die Masse im großen Becher fest wird, diesen in ein Gefäß mit heißem Wasser stellen, dann wird sie wieder flüssig.) Mit Tomatenblüten und kleinen Tomaten garnieren.

GERÖSTETE TOMATENHÄLFTEN

Ergibt 36 Stück

Aufgrund ihres kompakten Fruchtfleischs eignen sich Flaschentomaten gut zum Rösten. Die beste Sorte für Garten und Küche ist 'San Marzano' – für nahezu alle Flaschentomaten in Dosen verwendet man diese Sorte. Das langsame Rösten intensiviert das Aroma der Tomaten und verleiht ihnen einen süßen, erdigen Geschmack. Als Beigabe zu Pasta, Suppen und Eintöpfen sind sie einfach unschlagbar.

18 Flaschentomaten, der Länge nach halbiert, Stielansatz entfernt
2 Knoblauchzehen, in feine Scheiben geschnitten
3 EL natives Olivenöl extra
1½ TL Salz
¼ TL schwarzer Pfeffer, frisch gemahlen
1 EL frischer Oregano, fein gehackt

- Den Backofen auf etwa 110 °C vorheizen.
- Die Tomaten mit der Schnittseite nach oben nebeneinander auf ein Backblech legen, mit Knoblauch, Olivenöl, Salz, Pfeffer und Oregano würzen.
- 3–4 Stunden rösten, bis sich die Tomaten etwas runzeln und trocknen (je trockener, desto länger halten sie sich). Abkühlen lassen und sofort verzehren oder in einem luftdichten Behälter mit Olivenöl bedeckt im Kühlschrank aufbewahren.

SALAT VON GERÖSTETEN TOMATEN

Für 6 Personen

Das Prinzip ist dasselbe wie beim normalen Rösten, durch die Gewürze und Schalotten entsteht jedoch ein Gericht, das man als Salat oder Vorspeise servieren kann.

3 Knoblauchzehen, fein gewürfelt
2 Schalotten, fein gewürfelt
½ TL Koriander, gemahlen
¼ TL Zimt, gemahlen
1 Prise Nelkenpulver
1 Prise extrafeiner Zucker
Salz und frisch gemahlener Pfeffer nach Belieben
12 Flaschentomaten, der Länge nach halbiert, Stielansatz entfernt
4 EL natives Olivenöl extra sowie etwas Öl zum Beträufeln
1 EL frische Petersilie, fein gehackt

- Den Backofen auf 140 °C vorheizen.
- Knoblauch, Schalotten, Gewürze, Zucker, Salz und Pfeffer in eine Schüssel geben. Tomaten und Öl dazugeben,alles gut mischen.
- Die Tomaten aus der Schüssel nehmen und mit der Schnittseite nach oben auf ein Backblech legen. Das restliche Öl mit den Schalotten und dem Knoblauch darübergießen. 1½ Stunden rösten, bis sie weich sind. Auf eine Platte geben, mit etwas Olivenöl beträufeln. Mit Zimmertemperatur servieren.

MAROKKANISCHER TOMATENSALAT

Für 6 Personen

Dieser Salat wird mit den süßesten Tomaten der Saison bereitet, aufgepeppt mit frischen Chilischoten, Gewürzen und frischen Kräutern. Besonders dekorativ sieht es aus, wenn Sie Tomatensorten in unterschiedlichen Farben verwenden. Eine hervorragende Beigabe zu gegrilltem Fleisch und Fisch.

3 EL natives Olivenöl extra
1 EL Balsamico
1 TL Cumin, gemahlen
1 TL Koriander, gemahlen
½ rote Chilischote, Samen entfernt und fein gehackt
450 g sehr reife, kleine, gelbe und rote Tomaten, der Länge nach halbiert, Stielansatz entfernt
Salz und frisch gemahlener Pfeffer
½ Bund frische Petersilie, fein gehackt
½ Bund frischer Koriander, fein gehackt

- Aus Öl, Essig, Gewürzen und Chili eine Sauce bereiten.
- Die Hälfte der bunten Tomaten auf einer Servierplatte ausbreiten. Würzen und die Hälfte der frischen Kräuter sowie die Hälfte der Sauce darübergeben. Die restlichen Tomaten sowie Gewürze, Kräuter und Sauce darübergeben. Vor dem Servieren 30 Minuten ziehen lassen.

Einen Versuch wert
Essbare Blüten

Viele Blüten sind nicht nur essbar, sondern auch wegen ihrer Farbe und den einzigartigen Geschmacksnuancen, die sie zu den Gerichten beisteuern, eine wertvolle Zutat. Außerdem sind sie ein unerwarteter zusätzlicher Erntesegen – quasi eine Dreingabe der Gemüse oder Kräuter.

Pflücken Sie Blüten immer morgens, wenn sie trocken sind und völlig geöffnet, und verwenden oder konservieren Sie sie am selben Tag.

Blüten konservieren

Blüten kann man einfrieren – entweder einzelne Blüten auf einem kleinen Tablett, die man dann in kleine Gefrierbeutel gibt, oder in Eiswürfelbehältern. Zu Dekorationszwecken taucht man Blüten in verquirltes Eiweiß und wendet sie dann in Puderzucker. Anschließend bewahrt man sie zwischen Pergamentpapier auf. Blüten können auch in Zuckersirup gekocht werden oder mit Äpfeln, sodass ein Gelee entsteht. Und zu guter Letzt kann man Blüten auch konservieren, indem man sie mit Zucker in luftdichte Behälter schichtet.

Bekannte essbare Blüten

Borretsch
Geißblatt
Holunder
Kapuzinerkresse *(siehe Seite 73)*
Minze
Ringelblumen
Rosen *(siehe Seite 80)*
Schnittlauch
Süßdolde
Veilchen
Zucchini

TOMSATINA-CHUTNEY

Ergibt 4 Gläser

Bereiten Sie dieses Chutney, wenn Sie sehr viele Tomaten, Basilikum und Thymian haben – alles muss reif und aromatisch sein. Das Chutney passt besonders gut zu einem Hartkäse mit starkem Eigengeschmack wie Cheddar, aber auch gut zu Gemüsekuchen *(siehe Seite 102)*.

1,8 kg reife Tomaten

300 g Schalotten, fein gewürfelt

3 EL gelbe Senfkörner

1 EL Pimentkörner in einem Musselinbeutel

2 EL frische Thymianblättchen

125 g extrafeiner Zucker

450 ml Cidreessig

1 großes Bund frisches Basilikum, klein gehackt

Salz und frisch gemahlener Pfeffer nach Belieben

- Die Tomaten halbieren und das Fleisch klein schneiden. Mit den Schalotten, den Senfkörnern und den Pimentkörnern in einen Kochtopf geben. Bei mittlerer Hitze erwärmen, bis die Tomaten Saft ziehen. Den Thymian hinzufügen. Die Temperatur etwas erhöhen und unter gelegentlichem Rühren etwa 45 Minuten köcheln, bis die Masse um etwa ein Drittel reduziert ist.
- Den Zucker hinzufügen, die Temperatur senken und rühren, bis sich der Zucker auflöst. Essig, Basilikum und Gewürze hinzugeben. Die Temperatur wieder erhöhen und etwa 30 Minuten köcheln, bis die Masse eindickt. Die Pimentkörner entfernen.
- Das heiße, aber nicht mehr kochende Chutney in heiße, sterilisierte Gläser *(siehe Seite 80)* füllen. Luftdicht verschließen. Beschriften, wenn die Gläser völlig abgekühlt sind.

TOMATEN-TARTE

Für 4 Personen

Diese schlichte rustikale Tarte ist besonders als Vorspeise geeignet. Statt des Käseteigs kann man auch einen normalen Mürbeteig verwenden, dann darf die Füllung etwas mehr Käse enthalten.

Parmesanteig

200 g Weizenmehl

100 g Butter, gewürfelt

60 g Parmesan, frisch gerieben

Salz und frisch gemahlener Pfeffer nach Belieben

abgeriebene Schale von 1/2 Zitrone

55 ml Eiswasser

Tomatenfüllung

2 EL Dijonsenf

2 EL Parmesan, frisch gerieben

600 g Kirschtomaten, halbiert

2 EL frisches Basilikum, fein gehackt

1 EL frischer Thymian, fein gehackt

1 EL frische glatte Petersilie, fein gehackt

2 Knoblauchzehen, gehackt

1 EL Olivenöl

1 Eigelb, mit 1 TL Wasser verquirlt

- Den Backofen auf 220 °C vorheizen.
- Für den Teig Mehl, Butter, Käse und eine großzügige Prise Salz im Mixer vermengen, bis ein krümeliger Teig entsteht. Die Zitronenschale und Wasser hinzufügen. Weitermixen, bis der Teig eine Masse bildet.
- Mit den Händen eine 30 cm große Teigscheibe formen und auf ein Backblech legen. Den Senf darauf verstreichen, dabei den äußeren Rand frei lassen. Den Parmesan über den Senf streuen und darauf die Tomatenhälften verteilen. Kräuter und Knoblauch in einem Schälchen vermischen, über die Tomaten geben und würzen.
- Den Rand nach innen hochfalten und mit dem Eigelb bestreichen. Öl über den Belag träufeln und 20 Minuten backen oder bis der Teig goldgelb ist. Die Tarte leicht abkühlen lassen und warm servieren.

GRÜNE BOHNEN MIT TOMATEN

Für 4 Personen als Beilage

Von diesem klassischen griechischen Gericht finden sich Varianten im gesamten Mittelmeerraum. Im Garten gibt es meist zur gleichen Zeit Bohnen und Tomaten im Überfluss – mit diesem Rezept lassen sie sich gut zusammen verwerten. Statt der Buschbohnen eignen sich auch Stangenbohnen.

1 EL Olivenöl

1 Zwiebel, in feine Ringe geschnitten

1 Knoblauchzehe, fein gehackt

500 g Tomaten, enthäutet, Samen entfernt und grob geschnitten

500 g grüne Bohnen, Enden entfernt

- Das Öl in einer Pfanne erhitzen und die Zwiebel darin anschwitzen, bis sie weich und glasig ist, aber noch keine Farbe angenommen hat. Den Knoblauch hinzugeben und 1 weitere Minute anschwitzen, dann die Tomaten und die Bohnen hinzu-fügen. Alles gut umrühren und leicht köcheln lassen.
- Die Temperatur reduzieren und 10 Minuten zugedeckt auf kleiner Flamme köcheln, bis die Bohnen gar sind, aber noch Biss haben – sie sollten nicht zu lange garen. Regelmäßig rühren und bei Bedarf etwas Wasser oder Wein angießen, damit nichts ansetzt. Warm oder kalt servieren.

TOMATENPASTETE MIT GREYERZER-KRUSTE

Für 8 Personen

Die Kruste einer Pastete kann man sich als Kreuzung zwischen Kuchen und dem englischen Teegebäck Scones vorstellen. Durch den Käse wird die Tomatenpastete zusätzlich aufgewertet. Sie ist nicht allzu gehaltvoll, eignet sich aber gut als Hauptgericht mit Salat.

300 g Weizenmehl

250 g kalte Butter, in Stücke geschnitten

125 g Greyerzer, gerieben

Eiswasser

1 große Zwiebel, in Ringe geschnitten

3 Knoblauchzehen, gehackt

900 g Kirschtomaten

15 g frisches Basilikum, gehackt

Salz und frisch gemahlener Pfeffer

1 großes Ei, leicht verquirlt

- Das Mehl, 225 g Butter und 115 g Käse in der Küchenmaschine zu einem krümeligen Teig verrühren. So viel Eiswasser angießen, dass sich der Teig bindet. In Frischhaltefolie einschlagen und 1 Stunde kühl stellen.
- Zwiebel und Knoblauch in der restlichen Butter in einer großen Pfanne anschwitzen, bis sie glasig sind. Etwas abkühlen lassen.
- Die Tomaten in eine tiefe Pieform geben, mit Basilikum, Salz und Pfeffer mischen. Zwiebel und Knoblauch hinzugeben, gut mischen und beiseitestellen.
- Den Backofen auf 190 °C vorheizen. Den Teig zu einer Scheibe ausrollen, die etwa 2,5 cm größer ist als die Pieform. Den Teig über die Form legen, den Rand andrücken. Mit einer Gabel Muster in den Teigrand ritzen. Vier Öffnungen in den Teigdeckel stechen. Teigdeckel mit dem verquirlten Ei bestreichen und mit dem restlichen Käse bestreuen. Die Pieform auf ein Backblech setzen – es fängt überschüssigen Saft auf.
- 50 Minuten backen, bis der Teig eine goldbraune Farbe angenommen hat und die Füllung leise blubbert. Die Pastete vor dem Servieren etwas abkühlen lassen.

PEPERONATA

Für 4 Personen

Es ist kein Geheimnis, dass einige der besten Gerichte mit Tomaten, Gemüsepaprika und Auberginen aus den Mittelmeerländern stammen, in denen lange heiße Sommer den Anbau dieser Gemüse unter freiem Himmel ermöglichen. Die Peperonata ist eine sehr schlichte, klassische italienische Beilage, die kalt als Antipasto oder zu kaltem Fleisch oder warm zu Steaks oder Koteletts serviert wird.

100 ml Olivenöl

375 g Zwiebeln, in feine Ringe geschnitten

2 Knoblauchzehen, zerdrückt

500 g rote und gelbe Gemüsepaprika, geviertelt, Samen entfernt

400 g Tomaten, klein geschnitten

Salz und frisch gemahlener Pfeffer nach Belieben

- Das Öl in einer Pfanne mit schwerem Boden erhitzen und Zwiebeln und Knoblauch darin anschwitzen, bis sie glasig sind und etwas Farbe angenommen haben. Paprika dazugeben und zugedeckt 8–10 Minuten schmoren lassen.
- Die Tomaten dazugeben und großzügig mit Salz und Pfeffer würzen.
- Abgedeckt weiterkochen lassen, bis die Paprika gar und die Tomaten zu einer dickeren Sauce reduziert sind.

PANZANELLA-KEBABS

Für 8 Personen

Das Rezept basiert auf der traditionellen Panzanella, einem italienischen Brotsalat, doch werden hier – zur Intensivierung der Aromen – die Zutaten gegrillt.

6 EL natives Olivenöl extra

4 EL Weißweinessig

1 EL Honig

1 EL frische glattblättrige Petersilie, fein gehackt

1 EL frischer Thymian, fein gehackt

Salz und frisch gemahlener Pfeffer

450 g Hühnerbrustfilet, in Würfel von 2,5 cm geschnitten

3 rote Zwiebeln, geviertelt

450 g kleine Zucchini, in 1 cm dicke Scheiben geschnitten

2 orange oder gelbe Gemüsepaprika, Samen enfernt und in 2,5 cm große Stücke geschnitten

24 Kirschtomaten

300 g Weißbrot, 1 Tag alt, Kruste entfernt, in 2,5 cm große Würfel geschnitten

- 24 Holzspieße 10 Minuten in Wasser legen. Ersatzweise kann man auch Metallspieße verwenden. Den Grill oder eine Grillpfanne vorheizen.
- Für die Marinade Öl, Essig, Honig, Kräuter, Salz und Pfeffer vermischen.
- Auf 8 Spieße abwechselnd Huhn und Zwiebeln stecken, auf 8 weitere abwechselnd Zucchini und Gemüsepaprika und auf die letzten 8 Spieße Tomaten und Brot. Dann alle Spieße mit der Marinade bestreichen.
- Die Geflügelspieße unter den Grill geben, nach 3 Minuten die Zucchinispieße und nach weiteren 5 Minuten die Tomatenspieße. Die Spieße während des Grillens regelmäßig wenden, bis das Geflügel durch, alle Gemüse gar sind und das Brot geröstet ist
- Die gegrillten Zutaten von den Spießen streifen und in eine Schüssel geben. Die restliche Marinade darübergießen, bei Bedarf auch noch etwas zusätzliches Öl und würzen. Alles gut vermischen und am besten lauwarm servieren.

TEIGSCHNECKEN MIT ROTEN GEMÜSEPAPRIKA UND FETA

Ergibt etwa 20 Stück

In Griechenland und der Türkei werden köstliche kleine Teigschnecken zubereitet, die meist Feta enthalten. Diese hier sind leicht würzig und auf besondere Weise eingerollt. Versuchen Sie nicht, den Filoteig selbst zuzubereiten, sondern verwenden Sie fertigen Teig aus dem Kühlregal des Supermarkts.

2 EL Olivenöl

2 rote Gemüsepaprika, Samen entfernt und klein gewürfelt

2 frische grüne Chilischoten, Samen entfernt und klein geschnitten

250 g Feta, zerkrümelt

Salz und frisch gemahlener Pfeffer nach Belieben

1 Päckchen Filoteig

zerlassene Butter zum Bestreichen

- Das Öl in einer großen Pfanne erhitzen und die Gemüsepaprika und Chilischoten darin etwa 15 Minuten braten, bis sie fast gar sind. Die Mischung abkühlen lassen, Feta und etwas Salz und Pfeffer dazugeben. Vorsicht: Feta ist bereits ziemlich salzig.
- Den Backofen auf 180 °C vorheizen. 1 Blatt Filoteig einmal gefaltet auf die Arbeitsfläche legen. (Den weiteren Teig zugedeckt unter einem feuchten Küchentuch bereithalten.) 1 gehäuften Esslöffel der Füllung entlang einer Längsseite des Teigs ausstreichen und den Rest des Teigs mit zerlassener Butter bestreichen. Die Seiten des Teigblatts einschlagen, den Teig zu einer langen dünnen Rolle formen und mit zerlassener Butter bestreichen. Dann die Rolle zu einer flachen Spirale formen und auf ein eingeöltes Backblech legen. Mit dem restlichen Filoteig und der restlichen Füllung ebenso verfahren
- In 15 Minuten goldbraun backen und warm servieren

AUBERGINEN-CAPONATA

Für 8 Personen als Beilage

Caponata stammt zwar aus Sizilien, besitzt aber durch das süß-saure Aroma der Sultaninen und Kapern auch eine eindeutig arabische Komponente.

1 große Aubergine, grob gewürfelt
Salz und frisch gemahlener Pfeffer nach Belieben
75 ml natives Olivenöl extra
1 große Zwiebel, fein gewürfelt
3 Knoblauchzehen, fein gehackt
400 g Tomaten, in Stücke geschnitten
2 Stangen Sellerie, grob geschnitten
1/2 Fenchel, fein geschnitten
3 EL Rotweinessig
60 g Sultaninen
60 g Pinienkerne, geröstet
60 g Kapern
1 kleines Bund frische Petersilie, grob gehackt
2 TL extrafeiner Zucker

- Die Aubergine in ein Sieb geben und mit reichlich Salz bestreuen. Mindestens 2 Stunden ziehen lassen.
- 1 Esslöffel Öl in einer großen tiefen Pfanne erhitzen. Knoblauch und Zwiebel darin etwa 10 Minuten anschwitzen. In eine große Schüssel geben und beiseitestellen.
- Von der Aubergine das Salz abspülen und das Gemüse gut trocken tupfen. Das restliche Öl in der Pfanne erhitzen, Aubergine, Tomaten, Sellerie und Fenchel hinzugeben und in 1–2 Minuten braten und etwas Farbe annehmen lassen. Bei Bedarf noch etwas Öl angießen: Auberginen können Unmengen von Öl aufnehmen. Die Gemüse mit einem Schaumlöffel herausnehmen und auf Küchenkrepp abtropfen lassen.
- Das Gemüse zu den Zwiebeln geben, würzen, den Essig angießen und Sultaninen, Pinienkerne, Kapern, Petersilie und Zucker unterrühren. Abdecken und mindestens 2 Stunden oder über Nacht kühl stellen. Mit Zimmertemperatur zu gegrilltem Fleisch und Fisch servieren.

GEMÜSEKUCHEN

Für 6 Personen

Ein beeindruckendes Gericht, das besonders gut zu einigen Fisch- und Geflügelgerichten passt. Es wird in Tortenstücke geschnitten, damit die farbenreichen Schichten auch gut zu sehen sind.

3 große Auberginen, in dicke Scheiben geschnitten
12 große Gemüsepaprika – 4 rote, 4 grüne und 4 gelbe
6 EL Olivenöl
2–3 Knoblauchzehen, fein gehackt
250 g Feta, in Scheiben geschnitten
Salz und frisch gemahlener Pfeffer nach Belieben

- Die Auberginen salzen und abtropfen lassen wie für die Caponata *(siehe links)*.
- Wenn die Auberginen fast fertig abgetropft sind, den Grill anstellen und die Gemüsepaprika im Ganzen darunter erhitzen, bis sie Blasen werfen und dunkel sind. In einem Plastikbeutel abkühlen lassen, dann die Haut abziehen und Samen und Scheidewände entfernen. Die Paprika in grobe Stücke schneiden.
- Die Auberginenscheiben portionsweise in Olivenöl anbraten, bis sie gar sind, anschließend auf einen Teller legen und mit dem fein gehackten Knoblauch bestreuen.
- Gemüsepaprika, Auberginen und Käse in einer Springform schichten, die Reihenfolge spielt keine Rolle. Jede Schicht mit Pfeffer und wenig Salz würzen. Vorsicht: Feta ist bereits salzig. Mit einem beschwerten Teller abdecken. Die Springform in eine Schüssel stellen, um eventuell austretende Flüssigkeit aufzufangen. Über Nacht kühl stellen.
- Den Rand der Springform lösen und den Kuchen in Tortenstücke schneiden. Solange der Kuchen kalt ist, bleiben die Schichten gut aufeinander liegen. Mit Tomsatina-Chutney servieren *(siehe Seite 99)*.

PISTO MANCHEGO

Für 6 Personen

Ein einfaches traditionelles Gericht, das zu den spanischen Lieblingsgerichten zählt, landesweit serviert wird und auch an die französische Ratatouille erinnert. Das beste Aroma erzielt man mit Flaschentomaten oder ähnlich aromatischen Sorten. Pisto manchego kann kalt als Vorspeise oder warm als Beilage gereicht werden. Außerdem ergibt es eine gute Pasta-Sauce oder eine Füllung für Brote. Füllen Sie zum Beispiel ein kleines Baguette mit einem Stück spanischem Omelett *(siehe Seite 46)* und geben Sie einen großen Löffel Pisto hinzu. Pisto lässt sich zudem gut einfrieren, es kann also in großen Mengen zubereitet und nach Bedarf verwendet werden.

4 EL natives Olivenöl extra
2 mittelgroße Zwiebeln, in Ringe geschnitten
3 Knoblauchzehen, klein gehackt
2 grüne Gemüsepaprika, Samen entfernt, in Streifen geschnitten
1 rote Gemüsepaprika, Samen entfernt, in Streifen geschnitten
2 Zucchini, in Scheiben geschnitten
4 reife Tomaten, enthäutet und in Stücke geschnitten
1 EL frisches Oregano, fein gehackt
1 TL Zucker
Salz und frisch gemahlener Pfeffer

- Das Olivenöl in einer Pfanne erhitzen und Zwiebeln und Knoblauch auf mittlerer Flamme darin anschwitzen. Die grünen und roten Gemüsepaprika dazugeben und die Temperatur etwas erhöhen. 5 Minuten unter fortwährendem Rühren braten.
- Die Zucchini zugeben und unter Rühren 5 weitere Minuten braten, dann die Tomaten hinzugeben. Zugedeckt 15 Minuten schmoren lassen.
- Mit Oregano, Zucker, Salz und Pfeffer würzen. Die Temperatur erhöhen und gut rühren. Falls das Pisto zu flüssig ist, etwas einkochen lassen, dabei nach wie vor rühren, damit nichts anhaftet. Warm oder kalt servieren.

SALATGURKEN MIT BULGUR UND FRISCHEN KRÄUTERN

Für 4 Personen

Bulgur entsteht, indem Weizenkörner gekocht werden, bis sie platzen. Anschließend werden sie getrocknet und gemahlen. Er ist im gesamten Nahen Osten verbreitet und bildet hier eine hervorragende Grundlage für einen grünen Kräutersalat. Reichen Sie ihn als Vorspeise oder als Teil eines gemischten Vorspeisentellers.

170 ml Wasser
140 g Bulgur
1 große Salatgurke, geschält, Samen entfernt, klein geschnitten
450 g fettarmer Naturjoghurt
2 Frühlingszwiebeln, grüner und weißer Teil, klein geschnitten
7 g frischer Koriander, fein gehackt
7 g frischer Schnittlauch, in Röllchen geschnitten
7 g frische Minze, fein gehackt
7 g frischer Dill, fein gehackt
Salz und frisch gemahlener Pfeffer nach Belieben

- Das Wasser zum Kochen bringen. Bulgur hineingeben und aufkochen lassen, dann zudecken, vom Feuer nehmen und 30 Minuten ziehen lassen.
- Inzwischen die geschnittene Gurke 10 Minuten auf Küchenkrepp abtropfen lassen.
- Den Bulgur in ein Sieb geben, mit einem Holzlöffel die überschüssige Flüssigkeit herauspressen und ihn dann in eine große Schüssel umfüllen.
- Joghurt, Gurke, Frühlingszwiebeln, Kräuter, Salz und Pfeffer hinzugeben und alles gut vermischen. Mit Klarsichtfolie abdecken und vor dem Servieren für mindestens 3 Stunden kalt stellen.

EINGEMACHTE SALATGURKEN

Ergibt 1 Glas mit 1,5 Liter Inhalt

Dieses Rezept kommt mit sehr wenig Essig aus, da die Gurken selbst hinreichend Flüssigkeit abgeben. Der Geschmack ist besonders fein. Wenn die Salatgurken mit einem Sparschäler gehobelt werden, entstehen angenehm hauchdünne Gurkenscheiben.

Genug kleine Salatgurken für 1 Glas, gewaschen und in feine Scheiben gehobelt
2 große Knoblauchzehen, geschält
1 EL Reisessig
1 frisches Lorbeerblatt
1 TL schwarze Pfefferkörner
1 TL Koriandersamen
5 Pimentkörner
2 Stängel frischen Dill

- Die Salatgurken in ein sterilisiertes Einweckglas *(siehe Seite 80)* mit 1,5 l Inhalt geben und bis 2,5 cm unter den Rand mit kaltem Wasser auffüllen. Knoblauch, Essig, Lorbeerblatt und Gewürze hinzugeben, verschließen und zum Vermischen gut schütteln.
- Das Glas 2 Tage im Kühlschrank oder an einem kühlen Ort ziehen lassen, dann die Gewürze herausnehmen und den Dill dazugeben. Die Gurken lassen sich 2–3 Wochen im Kühlschrank aufbewahren.

BLAUBEER-BUCKLE

Ergibt 1 Kuchen mit 25 cm Durchmesser

Blaubeeren bzw. Kultur-Heidelbeeren, die sich in den USA schon lange großer Beliebtheit erfreuen, werden auch bei uns immer populärer und sind leicht zu ziehen. Der Buckle – ein altes amerikanisches Wort für einen einfachen Kuchen mit Beeren oder anderen Früchten – wird in einer Springform gebacken und lässt sich leicht herauslösen. Statt der Blaubeeren können Sie auch Schwarze Johannisbeeren oder andere kleine Beeren verwenden.

225 g Weizenmehl
1½ TL Backpulver
1 Prise Salz
115 g weiche Butter sowie etwas Butter für die Form
175 g extrafeiner Zucker sowie etwas Zucker zum Bestreuen
1 TL Vanilleextrakt
1 Ei, verquirlt
140 ml Milch
500 g Blaubeeren

- Den Backofen auf 180 °C vorheizen. Eine Springform mit 25 cm Durchmesser buttern, mit Mehl bestäuben und beiseitestellen.
- Mehl, Backpulver und Salz in eine Schüssel sieben und beiseitestellen.
- In einer weiteren Schüssel Butter und Zucker cremig rühren. Den Vanilleextrakt hinzugeben, dann das Ei und alles gut verrühren.
- Etwas von der Mehlmischung unterrühren, dann etwas Milch. Abwechselnd so fortfahren, bis Mehlmischung und Milch aufgebraucht sind. Die Blaubeeren behutsam unterheben.
- Den Teig in die Springform füllen, mit etwas Zucker bestreuen und 60–70 Minuten backen. An einem hineingesteckten Holzspieß darf kein Teig mehr haften bleiben. In der Form 15 Minuten abkühlen lassen, dann den Rand lösen und den Kuchen auf einen Teller gleiten lassen. Mit einer großzügigen Portion Sahne servieren.

BLAUBEER-COBBLER

Für 8–10 Personen

Ein weiteres klassisches amerikanisches Blaubeerrezept: Ein Cobbler besteht aus gebackenem Obst mit einer Decke aus Scones-Teig. Die Teigdecke kann auch für anderes Obst verwendet werden, insbesondere für Brombeeren und Äpfel.

800 g Blaubeeren
abgeriebene Schale und Saft von 1 Zitrone
175 g extrafeiner Zucker, 2 EL für den Teig und etwas Zucker zum Bestreuen
2 EL Maismehl
½ TL Zimt
350 g Weizenmehl
1½ TL Salz
1¾ TL Backpulver
115 g kalte Butter, gewürfelt
225 ml Milch

- Den Backofen auf 180 °C vorheizen.
- Blaubeeren, Zitronenschale und -saft, Zucker, Maismehl und Zimt in einer Schüssel vermischen. In eine Backform mit 2 Liter Inhalt geben und beiseitestellen.
- In eine weitere Schüssel Mehl, Salz, Backpulver und 2 Esslöffel Zucker geben. Zusammen mit der Butter zu einer krümeligen Masse kneten. Nach und nach Milch angießen, bis sich die Krümel zu einem Teig verbinden. Zu einer Kugel formen, in Klarsichtfolie einschlagen und im Kühlschrank ruhen lassen.
- Die Blaubeermischung etwa 20 Minuten backen. Aus dem Ofen nehmen und die Temperatur auf 220 °C erhöhen. Den Teig auf der Blaubeermischung verteilen, sodass die Oberfläche abgedeckt ist. Mit Zucker bestreuen. 15 Minuten backen, bis die Teigdecke Farbe angenommen hat und die Früchtemasse blubbert. Etwas abkühlen lassen und mit Schlagsahne servieren.

BLAUBEER-TORTELETTS

Für 6 Personen

Dies sind eigentlich sehr tiefe kleine Tartes, aber da sie in einer Muffinform gebacken werden, kann man etwas mehr Füllung hineingeben. Beim Backen werden die weichen Früchte sehr saftig, man muss also nur Zucker zugeben. Statt der Blaubeeren kann man auch Schwarze Johannisbeeren oder Himbeeren sowie Rote Johannisbeeren verwenden, sie sollten jedoch süß genug sein.

600 g Blaubeeren
2 EL extrafeiner Zucker
1 Päckchen Fertig-Mürbeteig für Torteletts
1 Ei, verquirlt
Puderzucker zum Bestreuen

- Den Backofen auf 220 °C vorheizen. Eine Form für 6 Muffins buttern.
- Die Blaubeeren mit dem Zucker vermischen.
- Den Teig ausrollen und 6 Kreise ausschneiden, die jeweils in ein Muffinförmchen passen. Den Teig sanft hineindrücken, sodass sich der Rand in kleine Wellen legt. Mit den gezuckerten Blaubeeren füllen. Den Teigrand mit dem verquirlten Ei bestreichen.
- Den Teig goldgelb backen, mit etwas Puderzucker bestreuen und warm mit Schlagsahne oder Eis servieren.

BROMBEERGELEE

Ergibt 3 Gläser

Weiche Früchte verarbeitet man am besten zu traditionellen englischen Gelees, die zu gebratenem Fleisch und Geflügel serviert werden. Im Vergleich zu den im Handel angebotenen Produkten wird Ihr hausgemachtes Gelee eine Offenbarung sein. Zumeist werden Rote Johannisbeeren, Vogelbeeren und Holzäpfel verwertet, aber auch Brombeeren, die gegen Ende des Sommers heranreifen, bieten sich an.

1,8 kg Brombeeren

500 ml Wasser

extrafeiner Zucker (Mengenangaben siehe Rezept)

- Die gewaschenen Früchte und das Wasser in einen Kochtopf gießen und unter Rühren zum Kochen bringen. Die Hitze reduzieren und 30 Minuten köcheln lassen, dabei die Früchte regelmäßig andrücken, um möglichst viel Saft herauszupressen.
- Die Masse durch ein Musselintuch oder in einem mit Musselintuch ausgeschlagenen Sieb abtropfen lassen. Um möglichst viel Saft zu erhalten, über Nacht abtropfen lassen. Das Tuch nicht auspressen, da dies das Gelee trübe machen würde.
- Die Saftmenge abmessen. Pro 600 ml Saft braucht man 450 g extrafeinen Zucker.
- Den abgemessenen Saft zurück in den sauberen Kochtopf gießen, den Zucker hinzufügen und rühren, bis er sich komplett aufgelöst hat. Zum Kochen bringen und 15 Minuten sprudelnd kochen. Geliertest machen *(siehe Seite 80)*.
- In heiße, trocken sterilisierte Gläser füllen *(siehe Seite 80)*. Vor dem Beschriften abkühlen lassen.

BROMBEERGÖTTERSPEISE

Für 6 Personen

Ein Kinderlieblingsgericht in der Erwachsenenfassung. Brombeeren geben der Götterspeise eine intensive Farbe, und wenn Sie das Ganze mit einigen in Zucker gewälzten Beeren dekorieren, passt die Speise sogar zu hochnoblen Einladungen. Statt Brombeeren können Sie auch andere Beeren nehmen. Besonders raffiniert wird es, wenn Sie je zur Hälfte Wasser und Wein verwenden.

700 g Brombeeren

3 EL Wasser

Saft von 1/2 Zitrone

110 g extrafeiner Zucker sowie etwas Zucker zum Wälzen der Früchte

20 g Gelatine in Pulverform, eingeweicht

10 extra Brombeeren

- Die Brombeeren in einem Topf mit dem Wasser köcheln, bis die Früchte zu Brei werden. Im Mixer pürieren, durch ein Sieb passieren und zurück in den Topf geben.
- Den Zitronensaft mit Wasser auf 600 ml Flüssigkeit aufgießen. Zusammen mit dem Zucker zu den Früchten in den Topf geben und auf kleiner Flamme unter Rühren köcheln, bis sich der Zucker aufgelöst hat. Die Gelatine hinzufügen und weiterrühren, bis auch diese sich aufgelöst hat. Etwas abkühlen lassen und in eine Servierschale aus Glas gießen. Beiseitestellen, bis die Götterspeise abgekühlt ist, dann im Kühlschrank fest werden lassen.
- Unterdessen die restlichen Brombeeren in kaltes Wasser tauchen, in Zucker wenden und trocknen lassen. Die fertige Götterspeise vor dem Servieren mit den Früchten dekorieren.

RENEKLODEN-CLAFOUTIS

Für 8 Personen

Das französische Dessert aus dem Limousin wird traditionell mit Kirschen bereitet, man kann aber auch Birnen, Pfirsiche und Pflaumen verwenden. Ein Clafoutis ist eine Zwischenform von Kuchen und Auflauf. Der Teig umschließt die Früchte und hat nach dem Backen eine wunderbar glänzende Oberseite.

Butter zum Einfetten der Form

700 g Renekloden, halbiert und entsteint

3 EL Weizenmehl

1 Prise Salz

60 g extrafeiner Zucker

4 große Eier, 2 große Eigelb

300 ml Milch

300 ml Crème double oder Schlagsahne

1 Vanilleschote, aufgeritzt

3 EL Kirschwasser (nach Belieben)

- Den Backofen auf 190 °C vorheizen.
- Eine Tarte- oder Flanform mit 25 cm Durchmesser großzügig buttern. Mit den Renekloden – Schnittseite nach unten – auslegen und beiseitestellen.
- Mehl und Salz in eine große Schüssel sieben. Den Zucker hinzufügen. Nach und nach Eier, Eigelb, Milch und Sahne unterrühren. Die Vanilleschote auskratzen (die Schote selbst kann für ein weiteres Rezept aufbewahrt oder zur Zubereitung von Vanillezucker verwendet werden). Kirschwasser (nach Belieben) dazugeben und die Masse glatt rühren.
- Den Teig durch ein Sieb auf die Früchte streichen. 25–30 Minuten backen, bis der Teig Farbe angenommen und etwas aufgegangen ist. Abkühlen lassen, der Teig fällt dann wieder leicht zusammen. Warm oder kalt mit flüssiger Sahne servieren.

Frühherbst

Einstimmung

Die Erntezeit ist eine festliche Zeit. Endlich kann man ganz und gar seinem Sammlertrieb frönen. An manchen Tagen muss man nun schon eine dickere Jacke anziehen, aber meist gibt es noch ein paar milde goldene Tage, die trocken genug sind für die Obstlese, für das Einlagern von Gemüse und das Sammeln von Samen für das nächste Jahr – für all jene traditionellen Arbeiten, die sicherstellen, dass wir auch in Zukunft genug zu essen haben. Jetzt müssen Sie aber auch mit den ersten kalten Nächten rechnen: Je mehr der Herbst fortschreitet, umso wahrscheinlicher ist es, dass die ersten Nachtfröste kommen. Mit etwas Wachsamkeit können Sie aber Ihre noch im Garten stehenden Gemüse schützen und die Ernte sichern.

Beginn der Haupterntezeit: Zwiebeln reifen in der Sonne nach, bis sie trocken sind und für den Winter eingelagert werden können.

JETZT ERNTEN

Äpfel, Artischocken, Auberginen, Birnen, fernöstliche Blattgemüse, Blumenkohl (Sommer/Herbst), grüne Bohnen, Brokkoli, Brombeeren, Chicorée, Endivien, Erbsen, Erdbeeren, Fenchel, Feigen, Frühlings-Barbarakraut, Frühlingszwiebeln, Gemüsepaprika, Grünkohl, Hagebutten, Karden, Kartoffeln, Knollensellerie, Kohl (Herbst), Kohlrabi, Kohlrüben, Kürbisse, Lauch, Mangold, Melonen, Möhren, Pastinaken, Pfirsiche, Pflaumen, Quitten, Rettiche, Rosenkohl, Rote Bete, Salate, Salatgurke, Schwarze Johannisbeeren, Schwarzwurzel, Speiserüben, Spinat (Winter), Stangenbohnen, Staudensellerie, Tomaten, Trauben, Winterportulak, Zuckermais, Zwiebeln

JETZT AUSSÄEN

Gewächshaus Möhren, Rettiche, Salate
Frühbeet/Anzuchtbeet fernöstliche Blattgemüse, Chicorée, Pflücksalat
Freiland Feldsalat, Speiserüben, Spinat (Winter)

JETZT PFLANZEN

Gewächshaus Kräuter (umgepflanzt), Salate
Freiland Knoblauch, Spitzkohl, Winterwirsing

Der Gärtner als Verwalter In den meisten Samenhäusern werden leider – dafür aber mit Nachdruck – alte Sorten durch neue ersetzt: Die Erhaltung, Zulassung und das Testen neuer Sorten ist teuer, und nur die Sorten mit kommerziell anerkannter Qualität haben auf dem Markt eine Überlebenschance. Glücklicherweise sind sich Samenbanken und -bibliotheken, Netzwerke zur Rettung von Saatgut und einzelne Gärtner der Risiken für etablierte Sorten und deren genetischen Werts bewusst. Diese Sorten zu erhalten, ist heute vielen Menschen wichtig geworden.

Manche Gärtner lieben es, die Saatgutindustrie zu umgehen. Dies kann sinnvoll sein, liefert doch das Sammeln eigener Samen unter Umständen mehr Saatgut, als man benötigt und das quasi umsonst. Die Qualität und Keimrate kann höher sein als bei gekauften Samen. Indem man die Samen von ungewöhnlich wuchsfreudigen, ergiebigen, winterharten oder trockenheitsresistenten Pflanzen sammelt, kann man einzigartige Merkmale erhalten. Außerdem kann man bei der Verwaltung eines lebendigen Erbes mithelfen, das über Jahrzehnte, ja sogar Jahrhunderte, von unseren Vorfahren entwickelt wurde. Sie waren sich häufig stärker der Bedeutung dieser Tradition bewusst als wir.

Will man für das kommende Jahr Saatgut sammeln, wählt man reife Samen von mehreren der besten Pflanzen, mit Ausnahme von F1-Hybriden. Denn die Eigenschaften ihrer Nachkommen sind nicht eindeutig vorauszusagen. Die Samen werden gründlich getrocknet und in luftdichten Behältern kühl aufbewahrt. Lassen Sie die Pflanzen nicht frei aussamen, da sie dann auch gern benachbarte Grundstücke übernehmen. Schwarzwurzel, Pastinaken und Phacelia sind mittlerweile in vielen Gärten sehr verbreitet!

Beim Sammeln besonderen Saatguts sollten Sie Folgendes beachten:

- Die Pflanzen sollten frei von Krankheiten sein, da diese über die Samen weitergegeben werden können.
- Falls man dazu beitragen möchte, eine bestimmte namentlich bekannte Sorte zu erhalten, sollten die Pflanzen unbedingt sortenrein sein.
- Selbstbestäubende Pflanzen wie Erbsen, Salat und Tomaten mindestens 2 m von einer anderen Sorte entfernt ziehen.
- Sich kreuzbestäubende Pflanzen wie Kohl, Möhren und Zuckermais müssen vollständig isoliert wachsen, im Idealfall auf eigenen isolierten Flächen.
- Sammeln Sie Saatgut von mehreren Pflanzen derselben Gruppe, um genetische Kraft und Vielfalt zu erhalten.
- Die Samen sollten beim Reifen vollständig reif sein oder – etwa bei Tomaten und Kürbissen – kurz nach dem Ernten reifen.
- Bewahren Sie getrocknete Samen kühl, trocken und so luftdicht wie möglich auf.

Reife Borlotti-Bohnen können zum Trocknen an den Stangen bleiben.

Obstgehölze vermehren Mit Stecklingen aus anderen Gärten sind schon ganze neue Gärten entstanden, und selbst in Zeiten, die sich für die Stecklingsvermehrung gar nicht eignen, betrachten viele Gärtner aus Gewohnheit jeden eigensinnig wachsenden Trieb als möglichen Steckling, der auf die ein oder andere Weise bewurzelt werden könnte, indem man ihn in den Boden steckt, in einem Wasserglas auf das Fensterbrett stellt oder in einen Topf mit Anzuchterde pflanzt.

Überprüfen Sie beim Rückschnitt Ihrer Obstgehölze, ob eventuell geeignetes Material für Stecklinge anfällt. Als Ersatz oder als zusätzliche Pflanzen zum Tauschen ist es immer nützlich, es muss aber von vollkommen gesunden Pflanzen stammen.

Frühjahrs- und Sommerschnitt liefern krautige und halb ausgereifte Stecklinge, die in einem Frühbeet oder Gewächshaus bewurzeln können – selbst Triebspitzen von Himbeeren sind erfolgreich –, während in dieser Jahreszeit zumeist Steckhölzer entnommen werden. Sie lassen sich am leichtesten bewurzeln: Man steckt einfach den Trieb in die Erde.

Wenn die Blätter fallen, kann man Steckhölzer schneiden.

Gesunde Obstbäume

Der Verzicht auf chemische Schädlingsbekämpfungsmittel bedeutet, andere Methoden anzuwenden, die der Umwelt weniger Schaden zufügen – etwa, indem man Schädlinge abschreckt, abfängt oder auch einfach nur, indem man wachsam ist und Verständnis für die biologischen Zusammenhänge hat. Fliegende Obstschädlinge sind zum Beispiel fast nur zu verhindern, indem man sich ihre Lebensgewohnheiten zunutze macht.

- Larven und Weibchen des Apfelwicklers, die sich im Winter im Boden verpuppen oder dort überwintern, fängt man jetzt mit Leimringen, die an Stämmen und Stützen angebracht werden und bis zum späten Frühling dort verbleiben.
- Verschiedene Motten kann man mit Pheromonfallen fangen, die man ab Frühjahrsmitte in die Äste von Obstbäumen hängt *(siehe rechts)*.
- Halten Sie eine Scheibe am Fuß von Obstgehölzen frei von Unkraut und bedecken Sie sie mit Mulch. Den Mulch oder die Bodenoberfläche im Herbst leicht lockern, um hungrige Amseln auf Maden und Larven aufmerksam zu machen.
- Entfernen und vernichten Sie mumifizierte Früchte, um die Ausbreitung von Krankheiten zu verhindern. Schneiden Sie abgebrochene Äste auf gesundes Holz zurück, und entfernen Sie befallenes oder totes Holz.
- Steinobst wie Pflaumen und Kirschen kurz vor der Blüte und im Sommer schneiden. Weil die Wunden jetzt schneller heilen, können Krankheitserreger nicht eindringen.

Eine Auswahl junger Kräuter im Blumenkasten ermöglicht auch spät im Jahr noch eine einfache Ernte.

Zu den Pflanzen, die jetzt aus Steckhölzern im Freiland vermehrt werden können, zählen Schwarze, Rote und Weiße Johannisbeeren, Stachelbeeren und Trauben. Im Frühbeet oder Gewächshaus vermehrt man Blaubeeren, Japanische Mispeln und Zitrusfrüchte. Die Vermehrung von Quitten, Damaszenerpflaumen, Kirschpflaumen, Maulbeeren und Feigen (unter Glas) gelingt nicht immer, ist aber einen Versuch wert.

Ausdauernde Pflanzen Es gibt mehrere gute Gründe, warum man Pflanzen wie Rhabarber, die meisten verholzenden Kräuter, Beerensträucher und Obstbäume besser im Herbst pflanzt:

- Der Boden ist noch warm, sodass die Wurzeln vor Winterbeginn anwachsen können.
- Die Pflanzen werden in der nächsten Saison kräftiger sein als jene, die im Frühjahr gepflanzt wurden. Solche Pflanzen brauchen gerade in trockenen oder windigen Jahren Windschutz und Wasser, bevor sie kräftig wachsen können.
- In Baumschulen werden Pflanzen meist im Herbst, sobald sie das Laub abgeworfen haben, aus der Erde genommen. Denn das Pflanzen kann gut im Herbst erledigt werden, wenn der Zeitdruck nicht so groß ist wie im Frühjahr.

Etwa einen Monat, bevor Sie Ihre Pflanzen kaufen, sollten Sie die Pflanzlöcher ausheben. Die Grube sollte für Einzelpflanzen zwei Spaten tief und etwa 90 cm breit sein, für Reihenpflanzungen hebt man einen 90 cm breiten Graben aus. Entfernen Sie Unkräuter vor dem Pflanzen, jetzt ist es am einfachsten. Anschließend wird reichlich Gartenerde oder ein spezielles Substrat für Bäume (kein nährstoffreicheres Substrat) eingearbeitet. Letzteres empfiehlt sich besonders für Himbeeren, die leicht sauren Boden mögen. Steinfrüchte wie Kirschen und Pflaumen bevorzugen einen basischen Boden mit einem pH-Wert zwischen 6,5 und 7,2. Danach kann der Boden bis zum Zeitpunkt des Pflanzens ruhen.

Experten-tipp

Jetzt können Sie noch neuen Rhabarber im Garten auspflanzen. Die Stauden haben dann gegenüber den später gesetzten Pflanzen einen Vorsprung und können im Frühjahr kräftig austreiben. Auch Endiviensalat kann man jetzt noch setzen. Er wird zwar nicht mehr so groß, aber die knackigen Blätter sind spät im Jahr ein willkommener Vitaminlieferant.

Kräuter für den Winter eintopfen Auch wenn Sie noch einen Vorrat getrockneter und eingefrorener Kräuter haben *(siehe Seiten 68–69)*, sind frische Kräuter immer willkommen. Basilikum, Schnittlauch, Petersilie, Majoran, Minze und Estragon können in Töpfen im Frühbeet, an einem geschützten Ort im Freiland, in einem Gewächshausbeet, einem wiederverwendeten Pflanzsack oder auch gemeinsam in einem sonnig aufgestellten Blumenkasten unweit der Küche gezogen werden.

Am besten wählen Sie kleine buschige Pflanzen, die im letzten Frühjahr aus Stecklingen gezogen wurden, Schnittlauch, Majoran und Estragon können geteilt, Basilikum und Petersilie im Frühherbst gesät und dann als kleine Pflanzen im Gewächshaus gezogen werden. Das Substrat sollte gut durchlässig und nicht zu nährstoffreich sein, die Pflanzen kühl im Frühbeet oder im Gewächshaus in Fensternähe stehen, damit sie nicht hoch aufschießen. Von jeder Art bereitet man mehrere Töpfe vor, von denen man abwechselnd erntet. In den Erntepausen können sie sich regenerieren. Im darauffolgenden Frühling werden die Kräuter als Ergänzung oder Ersatz im Kräuterbeet ausgepflanzt.

Expertentipp

In Supermärkten werden häufig Töpfe mit jungen Kräutern für die sofortige Verwendung angeboten. Die Pflanzen können jetzt erworben und im Laufe des Winters geerntet werden. Stellen Sie sie danach ins Gewächshaus oder Frühbeet. Im zeitigen Frühjahr teilen, düngen und im Freiland auspflanzen, wo sie neu austreiben.

Erste Aufräumarbeiten

Wenn im Frühherbst weniger Aussaaten und Pflegearbeiten im Garten anfallen, kann man bereits mit dem Aufräumen beginnen. Auch sind die Tage noch mild, und es ist angenehm, im Garten zu arbeiten.

- Abgeerntete Triebspitzen einkürzen.
- Übersehene Ernte oder Samen retten.
- Pflanzenabfälle auf den Kompost geben.
- Äste trocknen und geschützt einlagern als improvisierte Rankhilfen für das nächste Gartenjahr.
- Gröbere Stängel und Wurzeln als Basis für einen neuen Komposthaufen auslegen.
- Blätter harken und einen Laubkompost anlegen oder sie zum Kompost geben.
- Rasen: Ecken und Kanten schneiden und den Schnitt zum Laubkompost geben, da er das Zersetzen beschleunigt.
- Einjährige Unkräuter kompostieren oder in den Boden einarbeiten.
- Mehrjährige Unkräuter mit der Grabgabel lockern und in einen schwarzen Müllbeutel geben. Den Beutel gut verschließen, sodass sie verfaulen. Im Sommer auf einem Steinweg trocknen lassen und dann auf den Kompost geben – sie reichern ihn mit Mineralien an.
- Stangen und Stöcke aus dem Boden nehmen, säubern und trocken lagern.
- Gartenschnur und Schilder einsammeln.
- Netze einrollen und sicher lagern. Frösche, Würmer und kleine Säugetiere verstricken sich leicht in Plastiknetzen.

Einen Versuch wert …

Gesunde Stangenbohnen – insbesondere alte Sorten wie die sogenannten »blauen Bohnen« – kann man jetzt ausgraben und wie Dahlien überwintern. Bei Stangenbohnen kann man sogar versuchen, sie an einem frostfreien Ort zu überwintern und im späten Frühjahr wieder auszupflanzen. Sie liefern dann frühere und üppigere Erträge.

Noch nicht zu spät …

Wer Kartoffeln aus gekauften Beständen beiseitegelegt hat, kann sie in in Töpfen pflanzen (3–4 in einem Topf mit 45 cm Durchmesser und Tiefe). Die Töpfe bleiben bis zum Frost draußen, dann holt man sie ins Gewächshaus und erntet zur Blütezeit. Man kann auch das welkende Grün zurückschneiden und den Topf bis zur Ernte trocken, dunkel und frostfrei lagern.

Zeit übrig?

Vermehren Sie jetzt die besten Brombeeren und Hybridbeeren wie die Loganbeere, die später an Zäunen und Hecken ausgepflanzt werden können. Die Spitze (8–10 cm) eines neuen Triebs, der noch nicht getragen hat, in die Erde stecken oder einfach mit einem Stein am Boden sichern. Das Triebende bewurzelt, treibt im nächsten Frühling neu aus und kann dann abgetrennt und im Herbst umgepflanzt werden.

Einen Versuch wert
Kräuterernte

Eine Kräutersammlung enthält Samen und Wurzeln, wie auch die im Sommer gesammelten und getrockneten Blätter *(siehe Seiten 68–69)*. Warten Sie nicht, bis die Samen von Dill, Fenchel *(siehe Abbildung)* oder Anis ganz ausgereift sind, da sie möglicherweise gerade dann aufplatzen, wenn Sie gerade keine Zeit haben. Zu Herbstbeginn hält man Ausschau nach Veränderungen in der Farbe, dunkel werdenden Stielen oder papierähnlicher Haut auf den Hülsen, gibt die Köpfe behutsam in eine Papiertüte, schneidet sie ab und lässt sie dann zwei bis drei Wochen an einem warmen luftigen Ort fertig trocknen. Später, wenn die Blätter verwelken, können Sie die Wurzeln von Engelwurz, Liebstöckel und Eibisch ausgraben und trocknen. Größere Stücke werden der Länge nach geteilt. Man trocknet sie im Ofen bei etwa 50 °C oder in der Mikrowelle mehrfach 30 Sekunden, bis sie ganz leicht geworden sind, aber noch nicht ihre Farbe verloren haben.

ERNTE DER SAISON

Trauben Es gibt viele Gründe, im Garten ohne Chemie auszukommen: So enthalten Biotomaten mehr kostbare Antioxidantien, und ungespritzte Trauben müssen nicht mehr gewaschen werden, ihr zartes Aroma bleibt somit erhalten. Heranreifende Trauben muss man regelmäßig überprüfen, im Gewächshaus sollten sie warm und trocken hängen, aber dennoch regelmäßig belüftet werden, um Pilzkrankheiten zu vermeiden. Freilandsorten und klassische Weinsorten können je nach Reifezeit geerntet und zu Konfitüre, Gelee, Wein verarbeitet oder auch in Weinbrand oder Wodka eingelegt werden. Verarbeiten Sie jedoch keine feinen Desserttrauben wie 'Muscat of Alexandria', sondern genießen Sie sie von der Hand in den Mund. Trauben, die nicht sofort verzehrt werden, schneidet man mit einem 30 cm langen Stiel ab und stellt sie in ein Wasserglas. *(Siehe auch Seite 215.)*

Reife Trauben bis zum Verzehr in Wasser stellen.

Zwiebeln und Lauch Herbstzwiebeln können etwa zur selben Zeit aus der Erde genommen werden wie Lauch. Heben Sie sie mit einer Gabel aus dem Boden und lassen Sie sie anschließend ein bis zwei Wochen zum Trocknen liegen (bei feuchter Witterung unter Glas). Anschließend werden sie in Kisten gelagert oder zu Zöpfen geflochten aufgehängt. Gespaltene, beschädigte und keimende Zwiebeln werden zuerst verbraucht. Nicht mehr ganz frische Zwiebeln können zu einer Suppe verarbeitet werden, die man dann einfrieren kann. Heben Sie frühe Lauchsorten mit der Grabgabel aus. In etwas Butter gedünstet passen die süßen, zarten Stangen hervorragend zu Rinderbraten. Fein gehackt verleihen die zarten grünen Blätter Suppen und Brühe etwas Würze. Verarbeiten Sie die frühen Sorten vor Mitte des Winters, wenn es an der Zeit ist, sich den winterharten Sorten zuzuwenden. Sie sind robuster und kräftiger im Geschmack und haben dunklere Blätter. *(Siehe auch Seiten 194 und 196.)*

Tomaten Je nachdem, wann sie gesetzt wurden und ob sie im Gewächshaus oder im Freiland wachsen, können Sie schon ab Mitte des Sommers Tomaten ernten, aber im Spätsommer und frühen Herbst gibt es eine wahre Schwemme. Gewächshauspflanzen können noch einige Wochen weiterwachsen, möglicherweise mit acht bis zehn Fruchtansätzen an kräftigen Sorten wie 'Supersweet 100' und 'Sungold'. Für Freilandtomaten neigt sich die Saison aber dem Ende zu und die Früchte benötigen jetzt möglicherweise etwas Hilfe beim Ausreifen: Im Spalier gewachsene Pflanzen legt man auf ein Bett aus Stroh und deckt sie mit Folientunneln ab oder überdacht ganze Pflanzen oder Fruchttrauben mit Glas. Beschädigte Früchte verarbeitet man zu Tomatenkonserven für den Wintervorrat oder verwendet sie zum Andicken, Aromatisieren und als Grundlage für Saucen und Pizzabelag. *(Siehe auch Seite 211.)*

Tomaten im Folientunnel reifen lassen.

Zwiebeln in der Sonne trocknen, bis die Schalen wie Papier sind.

Ernte der Wildfrüchte

Möglicherweise reift im Garten so viel heran, dass man die Wildfrüchte in der freien Natur glatt übersieht, obwohl dort jetzt eine ganze Speisekammer voller Früchte heranreift. Holunderbeeren etwa sind feine Früchte, die zu hocharomatischen Konserven verarbeitet werden können. Auch Hagebutten, Mehlbeeren, Schlehen und Brombeeren kann man sammeln und zu Wein verarbeiten, oder man kocht sie mit Äpfeln zu einem Gelee. Vielleicht entdecken Sie ja sogar Haselnüsse, die die Eichhörnchen übersehen haben – verzehren Sie sie am besten sofort, bevor sie trocknen, da sie dann ihr feines Aroma verlieren –, oder die papierartigen Zapfen von wildem Hopfen, die zu hausgemachtem Bier oder festlichen Girlanden verarbeitet werden können. *(Rezepte mit Wildfrüchten siehe Seiten 128–129.)*

Einlagern von Restobst

Restbestände von selbst gezogenem Obst und beschädigte Früchte können gemischt und als Wintervorrat eingefroren werden. Äpfel, Birnen, Pflaumen und Kirschen säubern, beschädigte Stellen ausschneiden, in Stücke teilen und mit den letzten Erdbeeren, Schwarzen Johannisbeeren und Brombeeren mischen. Entweder alles zusammen in große Gefrierbeutel oder -boxen geben oder portionsgerecht einfrieren. Bei Bedarf werden sie dann entnommen und zu einem reichhaltigen Früchtecocktail gegart, der zu Pies, Crumbles und Kompott oder auch zu einem vollmundigen Belag für einen dampfgegarten Pudding verarbeitet werden kann.

JETZT AUF DEN TISCH

Nicht jeder liebt den Herbstbeginn: Zwar ist das Herbstlicht mild, aber die Schatten werden länger und die Tage kürzer. Für den Gärtner, der das Leben im Rhythmus der Jahreszeiten gewohnt ist, ist diese Zeit jedoch der Höhepunkt des Jahres – eine festliche Zeit. Die Luft ist erfüllt von süßen und würzigen Düften: heranreifende Melonen und Äpfel, die in der letzten Wärme der Sonne zu voller Reife gelangen, der durchdringende Geruch Schwarzer Johannisbeeren oder auch der erdige, üppige Duft der Pastinakenblätter. Ernten Sie alles, was durch einen frühzeitigen Frost oder Mehltau, der sich jetzt durch den Morgennebel gern ausbreitet, Schaden nehmen könnte. Bestücken Sie die Tafel reichlich mit guten Dingen, lagern Sie alles Übrige ein und nehmen Sie sich auch etwas Zeit, die Wildfrüchte zu ernten. *(Siehe Jetzt ernten, Seite 108.)*

REZEPTE

GEKÜHLTE ROTE-BETE-SUPPE

Für 4 Personen

Auch in dieser Jahreszeit ist es noch angenehm, eine kalte Suppe zu essen. Dieses Rezept und die Suppe mit Ziegenkäse *(siehe rechts)* schmecken warm und kalt gut. Verwenden Sie kleine Rote Beten, da sie etwas süßer schmecken.

2 EL natives Olivenöl extra

1 kleine Zwiebel, geschält und fein gehackt

1 Lauchstange, nur der weiße Teil, gewaschen und in Ringe geschnitten

2 Knoblauchzehen, geschält und zerstoßen

900 g Rote Bete, geschält und fein gewürfelt

1 l heiße Gemüse- oder Geflügelbrühe

Salz und frisch gemahlener Pfeffer nach Belieben

Crème fraîche zum Garnieren

- Das Öl im Topf erhitzen und die Zwiebel darin anschwitzen, bis sie glasig ist.
- Lauch und Knoblauch hinzugeben und mit anbraten lassen. Rote Bete und Brühe dazugeben, zum Kochen bringen. Die Hitze reduzieren und abgedeckt etwa 30 Minuten köcheln lassen.
- Die Suppe im Mixer pürieren. Wer eine noch feinere Konsistenz wünscht, kann sie durch ein Sieb streichen. Abkühlen lassen, dann im Kühlschrank weiterkühlen.
- Abschmecken, am besten, wenn die Suppe kalt ist, da sie sich geschmacklich im Vergleich zur warmen Suppe verändern kann.
- Auf Suppentassen verteilen, etwas Crème fraîche daraufsetzen und mit einem Holzspieß ein Muster zeichnen.

BORSCHTSCH MIT EINGELEGTEN ZWIEBELN UND DILL

Für 6 Personen

Eine klassische Rote-Bete-Suppe, die mit etwas Orangensaft und eingelegten Zwiebeln verfeinert wurde.

250 ml Rotweinessig

2 TL extrafeiner Zucker

½ rote Zwiebel, geschält, halbiert und in 6 mm dicke Ringe geschnitten

675 g Rote Bete

120 ml Orangensaft, frisch gepresst

500 ml heiße Gemüse- oder Geflügelbrühe

500 ml Wasser

1 TL grobes Salz

¼ TL frisch gemahlener schwarzer Pfeffer

Zum Garnieren

frischer Dill

saure Sahne

- Essig und Zucker in einem kleinen Topf bei mittlerer Hitze kurz zum Kochen bringen, vom Feuer nehmen und rühren, bis sich der Zucker auflöst. Die Zwiebel in eine kleine Schale geben, die Essigmischung darübergießen und 1 Stunde marinieren lassen.
- Den Backofen auf 200 °C vorheizen. Die Rote Bete in eine kleine Auflaufform geben, mit Alufolie abdecken und im Ofen 1–1½ Stunden garen. Die Rote Bete etwas abkühlen lassen, bis man sie anfassen kann, dann die Haut abziehen und in mundgerechte kleine Stücke schneiden.
- Die Rote Bete mit Orangensaft, Brühe und Wasser in einen Topf geben. Kurz aufkochen lassen, dann vom Feuer nehmen und 30 Minuten zugedeckt ziehen lassen, sodass sich die Aromen vermischen.
- Die Zwiebelstücke mit einem Schaumlöffel aus der Marinade nehmen, zur Roten Bete geben und etwas verrühren. Salzen und pfeffern. Kurz vor dem Servieren mit dem Dill und etwas saurer Sahne garnieren.

LINDAS ROTE-BETE-SUPPE MIT ZIEGENKÄSE

Für 6 Personen

Linda Tubby, die bekannte Kochbuch-Autorin und berühmte Köchin, hat dieses einfache und trotzdem raffinierte Rezept kreiert: eine Rote-Bete-Suppe mit geschmolzenem Ziegenkäse.

4 EL Olivenöl

6 kleine Zwiebeln, fein gehackt

4 Knoblauchzehen, fein gehackt

5 Rote Beten, gekocht und geschält

1 l heiße Gemüse- oder Geflügelbrühe

Salz und frisch gemahlener Pfeffer nach Belieben

3 Portionen à 100 g runder Ziegenfrischkäse

1 TL frische Thymianblättchen

- Das Öl im Topf erhitzen und Zwiebeln und Knoblauch darin anbraten lassen, bis sie glasig sind. Die Roten Beten in Scheiben schneiden und mit der Brühe hinzugeben. Salzen.
- Zum Kochen bringen, dann die Hitze reduzieren und zugedeckt 35 Minuten köcheln lassen, bis die Roten Beten weich sind.
- Die Suppe kurz im Mixer pürieren, zurück in den Topf gießen und warm halten.
- Unterdessen den Grill auf die höchste Stufe schalten. Die Ziegenkäse quer aufschneiden, in eine kleine mit Folie ausgelegte Grillpfanne legen, mit Pfeffer und Thymian bestreuen und grillen, bis der Käse etwas Farbe angenommen hat und Blasen wirft.
- Die Suppe in Suppentassen füllen, mit einem Holzspatel je eine Käsescheibe in die Mitte setzen und servieren.

ZUCKERMAIS-CHILI-CHOWDER

Für 4 Personen

Ein Chowder ist eine dicke Suppe, der auch Milch hinzugefügt wird, sodass sie stets eine cremige Farbe hat. Da diese Suppe im Mixer püriert wird und der Zuckermais nicht ganz bleibt, entsteht eine gelb-rot-gesprenkelte Suppe.

5 Zuckermaiskolben, Blätter und Fäden entfernt

30 g Butter

2 Stangen Lauch, nur der weiße Teil, grob gehackt

1 Stange Sellerie, gewürfelt

1 kleine rote Chilischote, Samen entfernt und fein gehackt

750 ml heiße Gemüse- oder Geflügelbrühe

Saft von 2 Zitronen

450 ml Milch

Salz und frisch gemahlener Pfeffer nach Belieben

6 EL frischer Koriander, grob gehackt

- Mit einem großen Messer die Körner aus den Maiskolben lösen.
- Die Butter in einem großen Topf bei mittlerer Hitze zerlassen. Lauch, Sellerie und Chili darin anbraten, bis der Lauch glasig ist und Sellerie und Chili weich sind. Maiskörner dazugeben und 2–3 Minuten rühren, bis alles gut vermischt ist. Geflügelbrühe und Zitronensaft angießen, zum Kochen bringen, dann die Hitze reduzieren und 15 Minuten köcheln lassen.
- Die Suppe in kleinen Portionen in den Mixer geben und pürieren.
- Die Suppe wieder in den Topf gießen, die Milch langsam einrühren und 5 Minuten erhitzen. Mit Salz und Pfeffer abschmecken.
- In Suppentassen geben, mit Koriander dekorieren und servieren.

ZUCKERMAIS-GEFLÜGEL-PIE IM BLUMENTOPF

Für 6 Personen

Dieses Rezept kann man in 6 kleinen Blumentöpfen aus Ton, in einzelnen Schalen oder in einer tiefen Pastetenform mit 20 cm Durchmesser zubereiten. Blumentöpfe eigenen sich hervorragend für diese Art Pie, da sie feuerfest sind und jeweils eine Portion ergeben. Die untere Hälfte des Topfs wird mit Alufolie ausgekleidet, damit die Mischung nicht herauslaufen kann. Innen entsteht eine cremige, köstliche Pie mit einer knusprigen Kruste aus Maismehl. Die Pies sollten sofort serviert werden, bevor die Kruste weich wird.

6 Zuckermaiskolben, Blätter und Fäden entfernt

3 EL Olivenöl

600 g Hähnchenkeulen, ausgelöst

3 Stangen Lauch, nur der weiße Teil, grob gehackt

1 Knoblauchzehe, klein gehackt

2 Lorbeerblätter

je 1 Prise Muskat und Cayenne

1 EL Weizenmehl

2 EL frischer Thymian, klein gehackt

300 ml Gemüse- oder Geflügelbrühe

250 ml Crème double

Salz und frisch gemahlener Pfeffer

Maismehlteig

210 g Weizenmehl

30 g gelbe Polenta

2 TL Backpulver

3/4 TL Natron

3/4 TL Salz

1 1/2 EL extrafeiner Zucker

100 g gekühlte Butter, in Stücke geschnitten

90 ml fettarme Milch

- Den Backofen auf 230 °C vorheizen.
- Mit einem großen Messer die Körner aus den Maiskolben lösen.
- Das Öl in einem großen Topf erhitzen und die Hähnchenkeulen darin goldbraun anbraten. Lauch und Knoblauch hinzugeben und unter Rühren anbräunen lassen.
- Lorbeerblätter, Muskat, Cayenne und Mehl hinzufügen und 1 Minute mitbraten.
- Den Mais sowie den Thymian hinzufügen und 1 weitere Minute braten. Unter Rühren mit der Brühe ablöschen und die Crème double einrühren. Zum Kochen bringen, dann die Hitze reduzieren und köcheln, bis die Flüssigkeit etwa um ein Drittel reduziert und etwas eingedickt ist und das Fleisch gerade gar ist.
- Die Flüssigkeit mit den Gewürzen durch ein Sieb streichen und zurück in den Topf gießen. Aufkochen und um ein weiteres Drittel reduzieren. Das Geflügel zurück in den Topf legen, diesen vom Feuer nehmen, mit Salz und Pfeffer abschmecken.
- Den Teig bereiten: Mehl, Polenta, Backpulver, Natron, Salz und Zucker vermischen.
- Die Butter mit den Fingern einarbeiten, bis ein krümeliger Teig entsteht. So viel Milch angießen, bis der Teig glatt ist.
- Den Teig auf einer bemehlten Arbeitsfläche zu einem Rechteck von 28 x 35 cm ausrollen. 6 kleine Kreise ausstechen oder einen großen – die Blumentöpfe bzw. die große Form geben die Größe vor.
- Die Mais-Geflügel-Mischung in die Töpfchen geben und jeweils mit einem Teigdeckel verschließen. Zum Entweichen des Dampfes je zwei Schlitze in den Deckel schneiden. Die Ränder etwas andrücken und mit der restlichen Milch bestreichen.
- Die Töpfe auf ein Backblech stellen und in etwa 12 Minuten goldbraun backen. Dazu passt ein einfacher grüner Salat *(siehe Seite 73)*.

ZUCKERMAISSUPPE

Für 2 Personen

Der feine Geschmack von Ingwer und Kräutern ist für diese Zuckermaissuppe charakteristisch. Durch die hinzugefügte Kartoffel entsteht eine wirklich dicke, wärmende Suppe.

2 EL Olivenöl

1 Zwiebel, geschält und klein gewürfelt

1 Stange Lauch, nur der weiße Teil, klein geschnitten

4 Frühlingszwiebeln, nur der weiße Teil, klein geschnitten

1 EL frische Ingwerwurzel, geschält und gerieben

3 Zuckermaiskolben, Blätter und Fäden entfernt

1 Kartoffel, geschält und klein geschnitten

500 ml heiße Gemüse- oder Geflügelbrühe

2 EL frisches Basilikum, fein gehackt

1 EL frische Minze, fein gehackt

Salz und frisch gemahlener Pfeffer

- Das Öl in einem Topf erhitzen. Zwiebel, Lauch, Frühlingszwiebeln und Ingwer unter regelmäßigem Rühren darin anbraten, bis sie weich sind.
- Mit einem großen Messer die Körner aus den Maiskolben lösen. Zusammen mit der Kartoffel, der Gemüsebrühe und den Kräutern zu dem Gemüse geben.
- Etwa 20 Minuten köcheln, bis die Kartoffel weich ist.
- Die Suppe im Mixer pürieren, zurück in den Topf gießen, gut erhitzen und mit Salz und Pfeffer abschmecken. Wer eine Suppe mit Gemüsestücken bevorzugt, kann auch nur die Hälfte der Suppe pürieren.

ZUCKERMAIS-FRITTERS

Ergibt 10 Fritters à 10 cm Länge

Fritters sind in Teig ausgebackenes Obst oder Gemüse. Zuckermais ergibt köstliche Fritters, die durch geschlagenes Eiweiß sehr leicht sind. Serviert mit Salat und einem der Puddings bilden sie ein typisches frühherbstliches Mittagessen.

3 große Zuckermaiskolben, Blätter und Fäden entfernt, gekocht

1 großes Ei, getrennt, und 1 großes Eiweiß

1 EL Weizenmehl

$1^1/_2$ TL extrafeiner Zucker

$^1/_4$ TL Salz

1 Prise frisch gemahlener Pfeffer

4 EL pflanzliches Öl

- Mit einem großen Messer die Körner aus den Maiskolben lösen. Den Mais in eine Schüssel geben. Eigelb, Mehl, Zucker, Salz und Pfeffer hinzufügen und alles gut vermischen.
- In einer weiteren Schüssel das Eiweiß steif, aber nicht zu trocken schlagen. Unter die Zuckermaismischung heben. Die Hälfte des pflanzlichen Öls in einer großen gusseisernen oder beschichteten Pfanne auf mittlerer Stufe erhitzen.
- Den Teig löffelweise in das Fett geben, jeweils im Abstand von einigen Zentimetern. 1–2 Minuten ausbacken, bis die Unterseite Farbe angenommen hat, dann wenden und weitere 1–2 Minuten backen. Die Fritters warm halten, bis alle ausgebacken sind. Sofort servieren.

WÜRZIGES MAISBROT AUS DER PFANNE

Für 8 Personen

In diesem Rezept wird gemahlener getrockneter Mais verwendet, besser bekannt als Polenta. Die beliebte Zutat wird in den USA – dort heißt sie *cornmeal* – und in Italien häufig verwendet. Das Maisbrot wird hier wie Muffins zubereitet. Die Mischung wird nur leicht zu einem groben Teig verarbeitet. Zum Backen ist eine gusseiserne feuerfeste Form ideal, das Maisbrot lässt sich aber auch in einer Brot- oder Kuchenform backen.

2 große Zuckermaiskolben, Blätter und Fäden entfernt, gekocht

30 g Butter

1 Zwiebel, geschält und klein gewürfelt

250 g Polenta

300 g Mehl

30 g extrafeiner Zucker

2 TL Backpulver

1 rote Chilischote, Samen entfernt, fein gehackt

1 TL Salz

4 Eier

400 ml Milch

100 g Hartkäse, gerieben

3 Frühlingszwiebeln, geputzt und klein gehackt

- Den Backofen auf 190 °C vorheizen.
- Mit einem großen Messer die Körner aus den Maiskolben lösen. Die Butter in einer großen Pfanne erhitzen und die Zwiebel darin glasig anbraten. Die Maiskörner dazugeben und einige Minuten mitbraten lassen.
- Die Mischung im Mixer pürieren.
- Alle trockenen Zutaten in eine Schüssel geben. Eier und Milch verquirlen und unter den pürierten Mais ziehen. Zu den trockenen Zutaten geben und grob mischen.
- Die Masse in eine große, feuerfeste Pfanne geben. Im Ofen in 45 Minuten backen, bis an einem Holzstäbchen kein Teig mehr haften bleibt. Käse und Frühlingszwiebeln 10 Minuten vor Ende der Backzeit darauf verteilen.
- Zu dem direkt aus der Pfanne servierten Gericht passt Chili con Carne oder Ähnliches.

ZUCKERMAIS-KOKOS-PUDDING

Für 6 Personen

Der Zuckermaispudding wird mit Kokosmilch zubereitet. Zu einem Püree reduziert und mit Polenta ergänzt, ergibt Zuckermais einen Pudding, der an Custard erinnert. Er hält sich zugedeckt bis zu 3 Tage im Kühlschrank.

3 große Zuckermaiskolben, Blätter und Fäden entfernt, gekocht

250 ml ungesüßte Kokosmilch

250 ml Vollmilch

115 g extrafeiner Zucker

1 EL Maisstärke

1 TL reiner Vanilleextrakt

1 Prise Zimt sowie etwas Zimt zum Dekorieren

3 EL getrocknete Kokosnussflocken

- Mit einem großen Messer die Körner aus den Maiskolben lösen.
- Mais und alle weiteren Zutaten mit Ausnahme der Kokosnussflocken in einem Mixer pürieren.
- Die Mischung durch ein Sieb in einen großen Topf streichen, dabei die festen Stücke gut zerdrücken, um möglichst viel Flüssigkeit zu erhalten.
- Die Mischung zum Kochen bringen, 5 Minuten ununterbrochen mit dem Schneebesen rühren und die Mischung auf dem Siedepunkt halten.
- Wenn die Mischung etwas eingedickt ist, die Kokosnussflocken dazugeben. In 6 Schälchen füllen und abkühlen lassen, dann kühl stellen. Mit Zimt bestreuen und kalt servieren.

Einen Versuch wert
Zuckermais für den Grill

Die Blätter am Kolben belassen, mit Wasser anfeuchten und auf den Grill legen. Die Blätter schützen den Mais vor dem Verbrennen und lassen ihn auf eine ganz besondere Weise garen. Der rauchige Geschmack macht ihn unwiderstehlich.

Extra-Tipp
Äpfel

Wer käme schon ohne Äpfel aus? Sie werden allerdings alle auf einmal reif, was bedeutet, dass man plötzlich unzählige Rezepte parat haben muss, es sei denn, man lagert die Äpfel, was sehr einfach ist *(siehe Seiten 88 und 89)*. Äpfel lassen sich aber auch leicht einfrieren, nachdem man sie geschält, entkernt und in Scheiben geschnitten hat.

FAST EINE APPLE-PIE

Für 6 Personen

Dies ist ein Apfelkuchen, den man vor dem Servieren stürzen kann. Die Walnüsse kann man durch andere Nüsse ersetzen. Besonders köstlich schmeckt die Apple-Pie mit Sahne oder Eis.

Butter zum Einfetten
225 g Kochäpfel, geschält, Kerngehäuse entfernt und in Scheiben geschnitten
60 g Walnüsse, gehackt
115 g hellbrauner Zucker
2 Eier
225 g extrafeiner Zucker
115 g Butter, zerlassen
115 g Mehl
1 TL Backpulver

- Den Backofen auf 170 °C vorheizen. Eine Pieform mit 25 cm Durchmesser einfetten.
- Den Boden der Form mit den Äpfeln auslegen. Mit den Nüssen und dem braunen Zucker bestreuen.
- In einer kleinen Schüssel die Eier mit einem elektrischen Handrührer verquirlen, den Zucker hinzufügen und weiterrühren. Die zerlassene Butter angießen und mit dem Rührgerät untermischen. Mehl mit Backpulver mischen und langsam mit einem Kochlöffel unterziehen. Den Teig über die Äpfel in der Form geben.
- 1 Stunde backen, bis der Teig eine schöne goldene Farbe angenommen hat.
- Heiß oder warm mit Eis servieren.

WÜRZIGE APFEL-TARTE MIT GOLDEN SYRUP

Für 6 Personen

Hier eine Abwandlung der klassischen Tarte mit Golden Syrup. Durch die Äpfel, den Zimt und die Sultaninen wird die Süße des Sirups angenehm gemildert.

450 g Fertig-Mürbeteig (süß)
3 große Kochäpfel, geschält, Kerngehäuse entfernt und fein gehackt
115 Sultaninen
175 g frische Semmelbrösel
1 TL 5-Gewürze-Mischung (ersatzweise Garam Masala, oder Muskatnuss, Zimt, Piment)
1/2 TL Zimt
6 EL Golden Syrup
abgerieben Schale und Saft von 1 Zitrone
1 Eigelb, verqirlt

- Den Backofen auf 190 °C vorheizen.
- Den Teig ausrollen, sodass er in eine flache Tarteform mit 20 cm Durchmesser passt. Die Form mit dem Teig auskleiden, leicht andrücken und an den Rändern hochziehen, ohne dass der Teig reißt. Überschüssigen Teig am Rand abschneiden und beiseitelegen.
- Für die Füllung alle Zutaten mischen und auf dem Teig verteilen.
- Die Randabschnitte erneut ausrollen, in dünne Streifen schneiden und gitterförmig auf die Tarte legen und mit verquirltem Eigelb bestreichen. Die Tarte etwa 30 Minuten im Ofen backen, bis sie durch ist und eine schöne goldbraune Farbe hat. Noch warm servieren.

APFELREIS

Für 6 Personen

Dies ist ein Reispudding, den man – wie in Mittelmeerländern üblich – kalt reicht. Dazu gibt es frisches Obst, einschließlich einiger später Erdbeeren. Türmen Sie den Reis hoch auf und garnieren Sie ihn dekorativ mit frischer Erdbeersauce.

65 g Rundkorn-Reis
600 ml Milch
45 g Zucker
1 großer Kochapfel, geschält, Kerngehäuse entfernt und gewürfelt
1 EL Zitronensaft
125 g Erdbeeren, entstielt und geviertelt
150 ml Crème fraîche

Sauce

125 g Erdbeeren
1 EL Puderzucker

- Den Reis mit der Milch in einen Topf mit schwerem Boden geben. Zum Kochen bringen, dann die Temperatur reduzieren und 20 Minuten quellen lassen, bis der Reis gar ist. Den Zucker einrühren, vom Feuer nehmen und abkühlen lassen.
- Den gewürfelten Apfel mit Zitronensaft beträufeln, damit er nicht braun wird. Den Apfel und die Erdbeeren mit der Crème fraîche vermischen und vorsichtig unter den Reis heben. In eine Schüssel geben.
- Für die Sauce die Erdbeeren mit dem Puderzucker im Mixer pürieren.
- Den Reis in einzelne Schälchen geben, mit Erdbeersauce überziehen und servieren.

APFEL-BROWN-BETTY

Für 6 Personen

Jeder amerikanische Koch hat sein Rezept für eine Brown Betty. Sie besteht aus Äpfeln, die zwischen Schichten von buttrigen Brotkrumen gebacken werden. Eine Betty ist ein englischer Pudding, der an die französische Apfel-Charlotte erinnert. Zur Kolonialzeit zählte er in Amerika zu den beliebtesten gebackenen Puddings.

- 60 g Butter sowie etwas Butter zum Einfetten
- 115 g Vollkorn-Semmelbrösel
- 1 TL Zimt
- 2 EL weicher brauner Zucker
- 450 g Kochäpfel, geschält, Kerngehäuse entfernt, in Scheiben geschnitten
- 60 g Sultaninen
- 2 EL Golden Syrup
- 1 EL Wasser

- Eine große Puddingform einfetten und mit Semmelbröseln ausstreuen.
- Die Butter zerlassen und zu den restlichen Semmelbröseln geben, gut vermischen und in einer Pfanne bei geringer Hitze goldbraun backen.
- Den Zimt mit dem Zucker vermischen. Äpfel, Semmelbrösel, Sultaninen und die Zimtmischung in die Puddingform schichten. Sirup mit Wasser verrühren und über die Schichten gießen. Doppelt mit Backpapier abdecken. Unter dem Rand einschlagen und 2 Stunden im Wasserbad garen.
- Warm mit Sahne oder Custard servieren.

APFEL-ZWETSCHEN-TANSY

Für 4 Personen

Ein altes und beliebtes Gericht, das an ein Omelett erinnert und direkt aus der Pfanne serviert wird. Es erhielt den Namen »Tansy« von der englischen Bezeichnung für Rainfarn, ein bitteres, in größeren Mengen giftiges Kraut, das ihm früher beigegeben wurde. Heute wird es von einer ansprechenderen Gewürzmischung aromatisiert, die besser auf den heutigen Geschmack abgestimmt ist. Wenn keine Zwetschen zur Hand sind, kann man auch mehr Äpfel verwenden. Vor dem Grillen kann der Tansy mit Mandelblättchen bestreut werden.

- 2 große Cox-Äpfel, geschält, Kerngehäuse entfernt, in dünne Scheiben geschnitten
- 225 g Zwetschen, entsteint und geviertelt
- 30 g Butter
- 60 g Zucker
- 1 Prise Nelkenpulver
- 4 Eier, getrennt
- 3 EL saure Sahne oder Joghurt

- Äpfel, Zwetschen, Butter und die Hälfte des Zuckers in eine große Pfanne geben und 10–15 Minuten auf kleiner Flamme unter ständigem Rühren garen, bis die Früchte weich sind. Nelken und Zimt einrühren und vom Feuer nehmen.
- In einer großen Schüssel die Eigelbe mit der Sahne verquirlen, dann das Obst einrühren.
- In einer weiteren Schüssel die Eiweiße steif schlagen und behutsam unter die Früchtemischung heben. Zurück in die Pfanne geben und bei geringer Hitze stocken lassen.
- Den Grill auf die höchste Stufe schalten. Die Früchtemasse mit dem restlichen Zucker bestreuen, unter den Grill stellen und Farbe annehmen lassen. Sofort servieren.

GROSSMUTTERS APFELPUDDING

Für 4–6 Personen

Das Rezept stammt von Murdo Culvers Großmutter – er ist der Art Editor dieses Buchs. Wenngleich der Teig Fett enthält, ist er doch nicht schwer. Murdos Großmutter servierte ihn immer mit Clotted Cream, besonders reichhaltiger Sahne.

- Butter zum Einfetten
- 225 g Weizenmehl
- 1 Prise Salz
- 1 TL Backpulver
- 85 g pflanzlicher Talg, in Streifen geschnitten (*vegetable suet*, in Geschäften für englische Lebensmittel erhältlich, *siehe Seite 220*)
- 750 g Kochäpfel, in Scheiben geschnitten
- 30 g Demerara-Rohrzucker
- 1 Prise Nelkenpulver

- Eine große Puddingform einfetten. Mehl, Salz und Backpulver in die Form sieben. Das Fett hineinrühren und mit ausreichend kaltem Wasser vermischen, bis ein weicher, aber nicht klebriger Teig entsteht. Auf einer etwas bemehlten Oberfläche leicht kneten.
- Ein Viertel des Teigs abtrennen, zur Größe der Oberseite der Puddingform ausrollen und als Deckel beiseitelegen. Den übrigen Teig ausrollen und damit die Puddingform auslegen.
- Äpfel, Zucker und Nelken vermischen und auf dem Teig verteilen. 2 Esslöffel Wasser darübergießen. Die Teigränder mit etwas Wasser benetzen und den Teigdeckel darüberlegen. Die Ränder gut zusammendrücken und verschließen. Mit einer doppelten Lage Backpapier oder Folie mit einer Falte in der Mitte abdecken, sodass der Kuchen aufgehen kann, und unter der Form einschlagen. 2½–3 Stunden im Wasserbad garen.
- Das Backpapier entfernen, die Form in eine saubere Serviette einschlagen und sofort in der Form mit einem Klecks möglichst fetter Sahne, wie die englische Clotted Cream, servieren.

APFEL-MÖHREN-SALAT MIT INGWER-MINZE-SAUCE

Für 4–6 Personen

Ein belebender, erfrischender Salat auf südostasiatische Art, der gestiftelte Äpfel und Möhren mit einer einfachen Sauce verbindet. Er enthält wenig Kalorien und Fett und ist dennoch sättigend. Bereiten Sie die Äpfel erst kurz vor dem Verzehr zu, damit sie nicht braun werden, und servieren Sie den Salat sofort nach der Zubereitung, damit die Farben schön erhalten bleiben.

3 EL gewürzter Reisweinessig

2 EL Erdnussöl

2 große knackige Äpfel, geschält, Kerngehäuse entfernt und in Stifte geschnitten

2,5 cm frische Ingwerwurzel, geschält und gerieben

2 Schalotten, geschält und in feine Ringe geschnitten

Salz und frisch gemahlener Pfeffer nach Belieben

20 g frische Minze, fein gehackt

65 g geröstete Erdnüsse, grob gehackt, zum Garnieren

- In einer großen Schüssel Essig und Öl zu einer Salatsauce glatt schlagen.
- Äpfel, Möhren, Ingwer und Schalotten in die Sauce geben und vermischen. Mit Salz und Pfeffer abschmecken.
- Die Minze hinzufügen und behutsam mischen. Mit den Erdnüssen garnieren und sofort servieren.

KARTOFFEL-APFEL-RÖSTI MIT ROTE-BETE-RELISH

Für 6–8 Personen als Vorspeise

Für diese Mischung aus Pfannkuchen und Rösti benötigen Sie knackige Äpfel, insbesondere für das Relish. Rote Bete gibt es nicht nur in Rot, sondern auch in dekorativen weiteren Farben, etwa Gelb, Orange und Weiß mit roten Streifen. Stellen Sie für dieses frische Gericht einmal unterschiedliche Farbtöne zusammen. Dazu passen Räucheraal oder Makrele, deren Geschmack die köstlichen Pfannkuchen hervorragend begleitet.

500 g mehlige Kartoffeln, geschält

1 knackiger Apfel, geschält, Kerngehäuse entfernt und geviertelt

1 TL Salz

frisch gemahlener Pfeffer nach Belieben

4 EL Weizenmehl

2 große Eier, verquirlt

2 EL frischer Schnittlauch, in Röllchen geschnitten

1 EL frischer Dill, klein gehackt, sowie einige Stängel zum Garnieren

pflanzliches Öl zum Backen

Etwa 6 EL Crème fraîche

Rote-Bete-Relish

1/2 kleine Zwiebel, geschält und sehr fein gewürfelt

1/2 TL brauner extrafeiner Zucker

4 kleine Rote Beten, gekocht, abgekühlt, geschält und sehr fein geschnitten

1 knackiger Apfel, geschält, Kerngehäuse entfernt und klein gewürfelt

2 EL Weißweinessig

1 EL frischer Dill, fein gehackt

Salz und frisch gemahlener Pfeffer nach Belieben

- Zunächst das Relish bereiten. Zwiebel und Zucker in eine Schüssel geben und 5 Minuten ziehen lassen. Rote Bete, Apfel, Essig und Dill hineinrühren und mit Salz und Pfeffer abschmecken.
- Für die Puffer die Kartoffeln grob reiben, abspülen, gut abtrocknen und in eine Schüssel geben. Den Apfel hineinreiben, mit 1 Teelöffel Salz und viel Pfeffer würzen, dann das Mehl einrühren und mit den Eiern und Kräutern zu einem dicken Teig verrühren.
- Teller im Backofen vorwärmen. Etwas Öl in einer Pfanne erhitzen, 2 Esslöffel Teig hineingeben und zu einem Puffer von etwa 10 cm Durchmesser ausstreichen. 3–4 Minuten auf jeder Seite braten. Aus der Pfanne nehmen, 2 weitere Esslöffel Teig für den nächsten hineingeben und so fortfahren, bis der Teig verbraucht ist. Die fertigen Puffer auf Küchenkrepp warm halten oder bei niedriger Temperatur im Ofen.
- Die Puffer auf vorgewärmten Tellern mit Relish und Crème fraîche servieren. Als Dekoration bieten sich Dillstängel und etwas schwarzer Pfeffer an.

APFEL IM SCHLAFROCK

Für 4 Personen

Dies ist ein Rezept für ein Gebäck mit einem Geheimnis. Wenn man den Teigmantel öffnet, entdeckt man darin einen ganzen geschälten Apfel.

225 g Weizenmehl

175 g Butter, gekühlt, gewürfelt, sowie etwas Butter zum Einfetten

2 EL extrafeiner Zucker

1 Ei, getrennt, Eiweiß verquirlt

115 g weicher brauner Zucker

1 Prise Nelkenpulver

abgeriebene Schale von 1 Zitrone

4 große Kochäpfel, im Ganzen geschält und Kerngehäuse entfernt, mit Zitronenwasser beträufelt

- Das Mehl in eine Schüssel geben und 115 g Butter mit den Fingern einarbeiten, sodass eine krümelige Mischung entsteht. Den Zucker unterrühren, das Eigelb hinzufügen und ausreichend kaltes Wasser, um einen weichen, aber nicht klebrigen Teig zu bereiten. Auf eine bemehlte Arbeitsfläche geben und leicht kneten. In Klarsichtfolie einschlagen und 30 Minuten kühl stellen.
- Inzwischen die restliche Butter mit dem braunen Zucker, den Nelken und den Zitronenschalen vermischen und die Masse in die ausgestochenen Äpfel füllen.
- Den Backofen auf 200 °C vorheizen, ein Backblech einfetten.
- Den Teig in 4 Teile schneiden, jeden zu einer Scheibe von 25 cm Durchmesser ausrollen und in die Mitte jeweils einen Apfel setzen. Mit dem verquirlten Eiweiß die Teigränder bestreichen. Den Teig hochziehen, den Apfel darin einschlagen und die Ränder fest zusammendrücken.
- Umgedreht auf das Blech setzen und mit noch etwas Eiweiß bestreichen. 20 Minuten backen, dann die Temperatur auf 180 °C reduzieren und weitere 30 Minuten backen, bis die Äpfel goldbraun sind. Mit Vanillesauce servieren.

INDISCHER PUDDING

Für 10–12 Personen

Die Verwendung von Polenta anstelle von Mehl in diesem Apfelpudding verleiht ihm eine Beschaffenheit mit angenehm viel Biss. Servieren Sie ihn mit Apfelmus.

40 g Polenta

1,4 l Milch

1 Prise Salz

3 EL Rübensirup

140 g extrafeiner Zucker

3 Eier, verquirlt

350 g Äpfel, geschält, Kerngehäuse entfernt, klein geschnitten

140 g Rosinen

2 TL Zimt

1/2 TL Ingwer

Apfelmus

350 g Äpfel, geschält, Kerngehäuse entfernt, in Scheiben geschnitten

60 g extrafeiner Zucker

1/2 TL Zimt

süße Sahne, geschlagen (nach Belieben)

- Den Backofen auf 170 °C vorheizen.
- In einem Topf die Polenta mit 450 ml Milch erhitzen und rühren, bis die Masse etwas eindickt, dann abkühlen lassen.
- Die übrigen Zutaten – nicht die für das Apfelmus – in eine große Auflaufform geben, die Polenta hinzufügen und 2 Stunden backen.
- Für das Apfelmus Äpfel, Zucker und Zimt in einen schweren Topf geben und bei geringer Hitze zu Brei kochen. Da kein Wasser beigegeben wird, muss man gelegentlich rühren, damit nichts anhängt. Soll das Apfelmus etwas flüssiger sein, etwas Wasser oder Apfelsaft dazugeben oder das Mus durch ein Sieb streichen. Warm halten.
- Den warmen Pudding mit dem Apfelmus und etwas Sahne servieren.

GEWÜRZ-APFELKUCHEN

Für 8 Personen

Ein einfaches Kuchenrezept mit einer angenehmen Würze. Die Äpfel werden sorgfältig auf dem Boden der Form ausgelegt, sodass sie nach dem Backen und Stürzen des Kuchens oben liegen. Die Äpfel erst kurz vor der Verwertung vorbereiten, da sie sonst braun werden.

140 g Butter auf Zimmertemperatur sowie etwas Butter zum Einfetten

225 g extrafeiner Zucker

2 Eier

225 g Mehl

3 TL Backpulver

1 TL 5-Gewürze-Mischung (ersatzweise Garam Masala, oder Muskatnuss, Zimt, Piment)

450 g Kochäpfel, geschält, Kerngehäuse entfernt und in runde Scheiben geschnitten

2 EL Walnüsse, klein gehackt

2 TL Aprikosenkonfitüre, angewärmt, zum Glasieren

- Eine tiefe Springform mit 20 cm Durchmesser einfetten. Den Backofen auf 170 °C vorheizen.
- Butter und Zucker in einer Schüssel schaumig schlagen. Die Eier einzeln hinzugeben und gut verquirlen. Mehl und die 5-Gewürze-Mischung hineinsieben und behutsam mit einem Löffel unterziehen.
- Die Apfelscheiben unten in die Form legen, die Walnüsse darüberstreuen. Die Teigmasse vorsichtig darübergeben, sodass die Apfelscheiben liegen bleiben.
- 1 1/2 Stunden backen, bis der Teig aufgegangen und goldbraun ist. Mit einem Holzstäbchen probieren, ob der Teig durchgebacken ist.
- Abkühlen lassen, den Kuchen dann vorsichtig auf einen Teller stürzen und mit etwas angewärmter Aprikosenkonfitüre bestreichen. Warm mit Schlagsahne servieren.

APFELKUCHEN MIT CIDER

Für 8–10 Personen

Dieses Rezept aus dem Südwesten Englands verwertet einen seiner berühmtesten Exportartikel – Apfelwein (Cider) – und unterstreicht auf diese Weise das Apfelaroma noch stärker. Der Kuchen kann warm oder kalt serviert werden. Die Äpfel erst kurz vor der Verwertung vorbereiten, da sie sonst braun werden.

115 g Butter sowie etwas Butter zum Fetten der Form

200 g Weizenmehl sowie etwas Mehl für die Form

3 Eier

250 g extrafeiner Zucker

140 ml Apfelwein

1 EL Backpulver

450 g Äpfel, geschält, Kerngehäuse entfernt, in Scheiben geschnitten

1/4 TL Nelkenpulver

abgeriebene Schale von 1 großen Zitrone

- Ein großes Backblech einfetten und bemehlen. Den Backofen auf 200 °C vorheizen.
- Eier und 225 g Zucker in einer Schüssel zu einer hellen dicken Masse verschlagen.
- Die Butter in einem Topf zusammen mit dem Apfelwein zerlassen. Kurz aufkochen, vom Feuer nehmen und abkühlen lassen. In die abgekühlte Masse die Eier-Zucker-Mischung rühren. Mehl und Backpulver hineinsieben und mit einem Löffel unterziehen. Den Teig auf das Blech gießen und mit den Apfelscheiben belegen. Den restlichen Zucker mit dem Nelkenpulver und der Zitronenschale vermischen und die Äpfel damit bestreuen.
- 40 Minuten backen, bis der Teig goldbraun ist und die Mitte auf Druck leicht nachgibt. Stürzen und auf einem Gitter abkühlen lassen, dann in Vierecke schneiden und servieren.

APFELKRAUT

Ergibt 2 Gläser

Apfelkraut ist eine Konserve aus hochkonzentrierten Äpfeln, die durch langsames Kochen entsteht, sodass der Zucker in den Äpfeln karamellisiert. Es entsteht ein dicker, dunkler, würziger Sirup, der zu Toast herrlich schmeckt. Der hohe Zuckergehalt verleiht dem Kraut eine lange Haltbarkeit bei Kellertemperaturen, man bewahrt es jedoch besser im Kühlschrank auf.

1,8 kg saure Äpfel, geschält, Kerngehäuse entfernt, in Scheiben geschnitten

85 ml frischer Apfelsaft

900 g brauner Zucker

2 TL reiner Vanilleextrakt

1 EL frischer Zitronensaft

1/2 TL Zimt

1/2 TL Muskatnuss

1/2 TL Ingwerpulver

1 Prise Nelkenpulver nach Geschmack

- Äpfel, Apfelsaft, braunen Zucker, Vanilleextrakt, Zitronensaft und Gewürze in einen großen schweren Topf mit einem gut schließenden Deckel geben.
- Die Mischung zum Kochen bringen, dann bei mittlerer Hitze so lange köcheln, bis die Äpfel sich leicht zerdrücken lassen.
- Die Apfelmasse im Mixer pürieren oder durch ein Sieb streichen.
- In heiße Gläser füllen *(siehe Seite 80)* und erst wenn sie abgekühlt sind, verschließen.

GEBRATENE GRÜNE TOMATEN

Für 4–6 Personen

Kennen Sie den Film »Grüne Tomaten«? Hier ist das Rezept zum Film. Es ist besonders in den amerikanischen Südstaaten beliebt. Die Polenta wird zur knusprigen Hülle, und das Braten in fettem Speck liefert eine zusätzliche Geschmacksnuance.

4–6 grüne Tomaten

Salz und frisch gemahlener Pfeffer nach Belieben

Polenta zum Panieren

ausgelassener Speck oder pflanzliches Öl zum Braten

- Die Tomaten in 5–10 mm dicke Scheiben schneiden, mit Salz und Pfeffer würzen und in dem Polentagrieß wenden.
- Fett oder Öl in der Pfanne erhitzen und die Tomatenscheiben etwa 3 Minuten braten, bis sie goldbraun sind. Dann behutsam wenden und die andere Seite braten.

KONFITÜRE VON GRÜNEN TOMATEN

Ergibt 4 Gläser

Wenn Sie keine Lust haben, die letzten Tomaten ausreifen zu lassen, empfiehlt sich diese säuerliche Konfitüre, für die Sie größere Mengen grüner Tomaten verarbeiten können.

2,25 kg grüne Tomaten, klein geschnitten

1,8 kg Demerara-Zucker

abgeriebene Schale von 1 großen Zitrone

- Tomaten und Zucker in einen Kochtopf geben, langsam zum Kochen bringen und die Hitze etwas reduzieren, um die Tomaten weich werden zu lassen.
- Die abgeriebene Zitronenschale hinzugeben und 20 Minuten sprudelnd kochen, bis die Konfitüre beim Test geliert.
- In heiße, sterilisierte Gläser füllen *(siehe Seite 80)*, luftdicht verschließen, abkühlen lassen und beschriften.

HAGEBUTTENKONFITÜRE

Ergibt 2 Gläser

Hagebutten enthalten zwanzig Mal mehr Vitamin C als jedes andere Obst. Die beiden folgenden Rezepte stammen aus einem Buch des englischen Ernährungsministeriums. Hagebutten ergeben eine intensiv gefärbte Konfitüre mit einem süßen, aber strengen Geschmack. Sie verliert aber relativ schnell ihren Vitamingehalt, wenn sie nicht dunkel oder kühl gelagert wird.

900 g sehr reife Hagebutten
1,1 l Wasser
225 g Demerara-Zucker

- Die Hagebutten waschen, Stiele und Blütenreste entfernen. In einem Edelstahltopf in Wasser kochen, bis sie nach etwa 1 Stunde weich werden.
- Früchte durch ein Sieb streichen. Dadurch reduziert sich die Fruchtmasse etwa um die Hälfte und wiegt ca. 450 g.
- Die Fruchtmasse mit dem Zucker zurück in den Topf geben und zum Kochen bringen, dann die Temperatur etwas reduzieren und unter Rühren 10 Minuten kochen.
- In heiße, sterilisierte Gläser füllen *(siehe Seite 80)* und luftdicht verschließen.

Einen Versuch wert

Wildfrüchte ernten

Ein Schrebergarten bietet zahlreiche Lebensmittel aus der Natur *(siehe Seite 115)*. Aus ihnen kann man wahre Köstlichkeiten bereiten, beispielsweise Schlehen-Gin oder Holunderlikör. Andere Früchte sind dagegen heute weniger bekannt. Hagebutten etwa haben einen sehr hohen Vitamin-C-Gehalt, und ältere Schrebergärtner erinnern sich gewiss, wie sie als Schulkinder ausgeschickt wurden, sie zu sammeln. Auch sollte jeder Garten einen Vogelbeerbaum haben, nicht nur für die eigene Ernte, sondern auch für die Vögel. Vielleicht hält es ja die Amseln davon ab, von unseren Trauben zu naschen, wenn ihnen eine Alternative angeboten wird.

HAGEBUTTENSIRUP

Ergibt 4 Fläschchen à 150 ml

Hier ist ein weiteres Rezept aus Notzeiten, das Zutaten aus der Natur verwertet. Löffelweise wird es zum morgendlichen Porridge oder zum abendlichen Eis gegeben und ist äußerst reich an Vitaminen. Der Geschmack des Sirups ist süß, aber trotzdem herzhaft und wie bereits bei den anderen Zubereitungen aus Hagebutten, büßt auch der Sirup rasch seinen Gehalt an Vitamin C ein, wenn er nicht richtig gelagert wird. Wer ihn länger aufbewahren will, kann ihn in Eiswürfelbehältern einfrieren.

900 g sehr reife Hagebutten
2,6 l kochendes Wasser
450 g Demerara-Zucker

- Von den Hagebutten Stiel und Blütenreste abschneiden und in einem Mixer oder in einem Fleischwolf klein mahlen.
- 1,7 Liter kochendes Wasser in einen Topf gießen, die Früchte dazugeben und aufkochen lassen. Vom Feuer nehmen und abkühlen lassen.
- Durch ein mit einem Musselintuch ausgelegtes Sieb streichen und den Saft abtropfen lassen. Den Saft beiseitestellen.
- Die Fruchtmasse zurück in den Topf geben, das restliche kochende Wasser hinzugeben und wieder zum Kochen bringen. Vom Feuer nehmen und abkühlen lassen.
- Erneut durch das Sieb streichen, das Tuch aber nicht ausdrücken, da der Sirup dann trübe wird. Den Saft wiederum auffangen.
- Den Saft zusammen mit dem Saft aus dem ersten Durchgang in einen sauberen Topf geben und die Flüssigkeit auf 900 ml einkochen.
- Den Zucker hinzufügen und 5 Minuten sprudelnd kochen. In kleine heiße sterilisierte Flaschen füllen und verschließen *(siehe Seite 80)*.
- Zum Einfrieren den Sirup erst abkühlen lassen und dann in Eiswürfelbehälter füllen.

WILDFRUCHTKONFITÜRE

Ergibt 3 Gläser

Diese Konfitüre schmeckt erstaunlich, vielleicht wie Brombeergelee, aber strenger. Wenn der Winter anbricht, toasten Sie sich kleine Hefeküchlein, bestreichen sie mit Butter und Wildfruchtkonfitüre, setzen sich in einen bequemen Sessel, lesen den neuesten Samenkatalog und genießen den köstlichen Geschmack der Wildfrüchte.

225 g Holzäpfel
225 g sehr reife Hagebutten
225 g Weißdornbeeren
225 g Schlehen
225 g Vogelbeeren
450 g Brombeeren
450 g Holunder
900 g Demerara-Zucker sowie weiteren Zucker nach Bedarf

- Die Früchte waschen und putzen. Die Holzäpfel klein schneiden und zusammen mit den Hagebutten, Weißdornbeeren, Schlehen und Vogelbeeren in einen Topf geben. Mit Wasser bedecken und in etwa 1 Stunde zu einem Brei kochen.
- Die Mischung durch ein Sieb streichen, die passierte Masse wiegen – notieren Sie sich das Gewicht – und zurück in den Topf geben. Brombeeren und Holunder hinzugeben und alles 15 Minuten köcheln.
- Den Zucker dazugeben sowie eine weitere Portion Zucker, die dem Gewicht der passierten Früchte entspricht. Sanft kochen, bis sich der Zucker aufgelöst hat, dann sprudelnd kochen. Geliertest machen *(siehe Seite 80)*.
- In sterilisierte Gläser füllen *(siehe Seite 80)*, luftdicht verschließen, abkühlen lassen und beschriften.

BROMBEER-CORDIAL

Ergibt etwa 1 Liter

Ein Cordial ist eine konzentrierte Mischung aus reinem Obst, das gekocht und passiert wird, um so eine möglichst große Menge an natürlichem Saft und Zucker zu erhalten. In Amerika wird ihm Alkohol beigesetzt, das ihn haltbar macht. Dies ist auch hier möglich, macht ihn aber zu einem Getränk für Erwachsene. Statt der Brombeeren kann Holunder verwendet werden, der mehr Vitamin C enthält. Ein Cordial schmeckt am besten verdünnt mit stillem Wasser oder Sprudel.

450 g Brombeeren oder Holunder
225 g hellbrauner Zucker
1 Glas Weinbrand (nach Belieben)

- Die Früchte an einem trockenen Tag pflücken, in kaltem Wasser waschen, aber keine Stiele oder Ähnliches entfernen. Die gekochten Früchte werden später durch ein Sieb passiert.
- Die gewaschenen Früchte in einen Topf mit schwerem Boden geben, Wasser angießen, bis die Früchte knapp bedeckt sind, und bei mittlerer Hitze zum Kochen bringen.
- Bei geringerer Temperatur köcheln, bis die Früchte zerfallen.
- Vom Feuer nehmen und durch ein Sieb streichen, dabei die Früchte etwas ausdrücken, um möglichst viel Saft zu gewinnen.
- Den Zucker dazugeben und weitere 10 Minuten kochen. Abkühlen lassen. Auf Wunsch den Weinbrand angießen.
- In sterile Flaschen mit Plastikschraubverschlüssen füllen und kühl lagern. Der Cordial kann sofort getrunken werden und hält sich etwa 1 Monat im Kühlschrank.
- Ein Cordial gilt als Mittel gegen Erkältungen. 1 Esslöffel pro Tag ist im Winter eine gute Vorsorge.

Einstimmung

Nun nähert sich das Gartenjahr seinem Ende. Das Wetter wird meist etwas stürmischer, heftige Regenböen und tosender Wind reißen die letzten Blätter von den Bäumen, und nur die winterharten Gemüse und jene, die für das nächste Frühjahr gesetzt wurden, bleiben im Boden. Alles andere wird, bevor der Winter beginnt, geerntet und verzehrt oder gelagert. Vielleicht haben Sie noch genug Zeit, die Flächen weiter abzuräumen und zu bearbeiten. Wenn es nass ist, müssen Sie damit aber auf die nächsten trockenen Tage warten. Der Arbeitsdruck lässt allmählich nach, und man kann in Ruhe die Gedanken schweifen und das Gartenjahr mit seinen Erfolgen und Enttäuschungen Revue passieren lassen.

Die wichtigsten Obst- und Gemüsearten sind jetzt geerntet, und täglich kann man den anfallenden Garten- und Laubabfall auf den Kompost geben.

JETZT ERNTEN

Äpfel, Artischocken, fernöstliche Blattgemüse, Blumenkohl (Sommer/Herbst), Chicorée, Birnen, Endivien, Feldsalat, Fenchel, Frühlings-Barbarakraut, Grünkohl, Kartoffeln, Kohl (Winter), Kohlrabi, Kohlrüben, Knollensellerie, Kürbisse, Lauch, Mangold, Möhren, Pastinaken, Rosenkohl, Salate, Schwarzwurzel, Staudensellerie, Speisekürbisse, Speiserüben, Spinat (Winter), Trauben, Winterportulak, Winterrettich

JETZT AUSSÄEN

Gewächshaus/Frühbeet Pflücksalat, Rettiche, Salate

Freiland Feldsalat

JETZT PFLANZEN

Knoblauch, Kohl (Frühjahr), mehrjährige Kräuter, Obst, Spitzkohl, Winterwirsing

WAS JETZT ZU TUN IST

Ernten Bevor Frost oder anhaltend feuchtes Wetter die hart erarbeitete Ernte verderben lässt, werden alle Gemüse und Früchte geerntet und gelagert oder konserviert. Wie schnell auch immer Sie dabei vorgehen müssen – behandeln Sie die Ernte mit entsprechender Sorgfalt, damit sie auch wirklich lagerfähig ist. Gemüse und Früchte sollten vollständig ausgereift, aber nicht überreif sein. Überlegen Sie vor jeder umfangreicheren Ernte, wo sie gelagert werden soll, räumen Sie den Platz frei und legen Sie eventuell notwendige Geräte bereit.

Zu den Gemüsen, die die ersten leichten Herbstfröste gut überstehen, zählen Rote Bete, Rosenkohl, Kohl, Möhren, Blumenkohl, Grünkohl, Kohlrabi, Lauch, Pastinaken, Mangold, Schwarzwurzel, Spinat (Winter), Kohlrüben, Speiserüben und Winterrettich. Die Winter- und Frühlingsgemüse wie Kohl, Lauch und Rosenkohl vertragen die winterlichen Bedingungen ohne Schutz, man kann jedoch die Wurzeln etwas anhäufeln oder mit einer Mulchschicht aus Stroh, Laub oder Vlies abdecken. Die meisten übrigen Gemüse sollten möglichst rasch geerntet oder mit Folientunneln grob geschützt werden.

Einige Tipps zum richtigen Einlagern:

- Zum Lagern eignen sich Früchte aus der Haupternte oder spät reifende Sorten. Sie halten sich besser als die frühen Sorten.
- Beschriften Sie die verschiedenen Sorten mit ihrem Namen und vermerken Sie die Monate der optimalen Genussreife.
- Unreife oder beschädigte Gemüse und Früchte eignen sich nicht zum Einlagern und werden möglichst rasch verbraucht.
- Stiele oder etwas Blattwerk an Gemüse oder den Früchten belassen, damit die Schale nicht beschädigt wird.
- Vor dem Lagern Gemüse und Früchte trocknen lassen, behutsam anfassen und säubern, niemals waschen.
- Saubere Verpackungsmaterialien verwenden, für gute Belüftung am Lagerort sorgen und in den ersten Wochen sicherstellen, dass es weder zu warm noch zu feucht ist.
- Verschiedene Sorten getrennt lagern, vor allem, wenn sie zu unterschiedlichen Zeiten heranreifen. Gemüse und Früchte mit starkem Duft oder Aroma isoliert lagern.
- Gelagerte Ernte regelmäßig auf Reife, verdorbene Stellen, verschrumpelte Früchte sowie Krankheiten und Schädlinge prüfen.
- Am Ende der Lagerzeit Früchte oder Gemüse, die kaum noch haltbar sind, kochen und portionsweise einfrieren.

Rhabarber verjüngen

Rhabarberstauden werden nach fünf bis sechs Jahren oft etwas dicht und ihre Stangen dünner. Man kann die Pflanzen verjüngen, indem man sie teilt. Dazu wird die ganze Pflanze ausgegraben und mit dem Spaten in Stücke geteilt *(siehe links)*. Jedes Stück sollte einige Faserwurzeln und ein bis zwei dicke ruhende Augen haben. Die Stücke werden in frischen nährstoffreichen Boden gesetzt.

Die restliche Wurzel einige Tage liegen lassen, sodass die natürliche Ruhephase beendet wird, dann in einem Gewächshausbeet einsetzen oder in einer großen Kiste oder einem schwarzen Plastikbeutel in Erde oder Stroh einpacken. Bei etwa 10 °C gleichmäßig feucht halten und nach fünf bis sechs Wochen auf brauchbare Stangen überprüfen. Nach dem Vorziehen die entkräftete Wurzel klein hacken und kompostieren. Verjüngt werden nur gesunde Pflanzen. Stauden mit gekräuselten oder missgebildeten Blättern und weichen Wurzeln, gelblicher Blattfärbung oder Streifen, weichen braunen Abschnitten und Wurzelaushöhlungen gräbt man aus und vernichtet sie, da sie von Nematoden, Viruskrankheiten oder Stängelgrundfäule befallen sein könnten.

Einen Versuch wert ...

Mögliche kräftige Seitentriebe, die man beim Abräumen von Tomatenpflanzen entdeckt, kann man abschneiden, einige Tage in Wasser stellen und dann in Töpfen mit Erde bewurzeln lassen. Stellen Sie sie warm und hell im Gewächshaus auf. Mit etwas Glück treiben sie Blüten und sogar Früchte, wahrscheinlicher ist es jedoch, dass sie gute Gewächshauspflanzen für einen schnellen Start im nächsten Frühjahr werden.

Noch nicht zu spät ...

Stark bewurzelte Erdbeerableger können Sie für eine frühe Ernte im Gewächshaus antreiben. Graben Sie einfach einige aus und setzen Sie sie in ein Gewächshausbeet oder einen bereits genutzten Pflanzsack, der zusätzlich etwas ausgewogenen Dünger bekommt. Vergessen Sie nicht, zur Blütezeit die Tür oder die Lüftungsschlitze zu öffnen, oder bestäuben Sie die offenen Blüten von Hand mit einem weichen Pinsel.

Zeit übrig?

Nehmen Sie Bodenproben an verschiedenen Stellen im Garten, insbesondere dort, wo Kohlpflanzen wachsen sollen. Messen Sie den pH-Wert mit einem Test-Set für Bodenproben *(siehe links)* und stellen Sie fest, ob bei Bedarf nachgekalkt werden sollte, damit der Boden neutral wird oder den für Kohl nötigen höheren Wert bekommt.

Gewächshaus vorbereiten Jetzt ist es Zeit, das Gewächshaus aufzuräumen, um für überwinternde Pflanzen und frühe Aussaaten Platz zu schaffen. Abgeerntete Pflanzen werden herausgenommen und kompostiert, abgefallene Blätter eingesammelt, Beete, Wege und Stellagen von Unkraut und Moos befreit. Reinigen Sie auch die Regenrinnen von Laub, sobald die letzten Blätter am Boden sind. Leeren Sie Wasserbehälter und Tonnen und säubern Sie sie mit warmer Seifenlauge. Undichte Stellen im Gewächshaus abdichten (Zugluft!) und einen Teil des Hauses mit Noppenfolie oder anderem Kälteschutz isolieren.

Erbsen und Dicke Bohnen aussäen Mit den ersten Frühlingserbsen und Dicken Bohnen kann man in sehr mildem Weinbauklima auch eine Herbstaussaat versuchen, doch ist der Erfolg nicht vorhersagbar und wird sowohl von der Lage des Gartens wie auch von der gewählten Sorte bestimmt (für Dicke Bohnen etwa 'Aquadulce Claudia' oder 'The Sutton Dwarf' und für Erbsen rundkörnige Sorten wie 'Pilot' oder 'Feltham First'). Gute Ergebnisse erzielt man in Gegenden mit zuverlässig milden Wintern auf gut durchlässigem Boden, man sollte aber immer einige Abdeckungen oder Folientunnel für die Zeit zwischen Spätherbst oder frühem Winter bis zur Mitte des Frühlings bereithalten. In anderen Gegenden werden die gleichen Sorten im Frühjahr gesät, im Freiland unter Folientunneln oder im Frühbeet oder Gewächshaus, von wo sie später ausgepflanzt werden: Erntebereit sind diese Pflanzen häufig nur ein bis zwei Wochen nach denen der Herbstaussaat.

Frühe Gemüse vortreiben Es ist nicht zu früh, Chicorée, Meerkohl und Rhabarber anzutreiben. Geerntet wird dann vom Spätwinter an, besonders in einem beheizten Gewächshaus.

Die folgenden Gemüse können alle dort angetrieben werden, wo sie im Boden wachsen: Chicorée unter einem Erdhügel von 15 cm mit einem Folientunnel überdeckt, Meerkohl unter einem umgedrehten Eimer oder Topf und Rhabarber in einer großen Kiste, einem traditionellen Rhabarbertopf oder einem Wigwam aus Stöcken, die mit Säcken umwickelt sind. Chicorée wird normalerweise im Winter im Haus vorgetrieben. Mit Meerkohl oder Rhabarber kann man ebenso verfahren, wenn man ältere Pflanzen besitzt, die herausgenommen und geteilt werden sollen *(siehe Kasten links)*.

Damit das Treiben gelingt, brauchen die Pflanzen Dunkelheit – der beste Ort ist deshalb unter den Stellagen im Gewächshaus, am Boden auf einem Strohbett oder in einem großen Topf oder einer Kiste mit Erde.

Gefäße bieten den Vorteil, dass die Pflanzen draußen bleiben können, bis man sie jeweils sechs Wochen vor Bedarf hereinholt. Sobald sie treiben, werden sie gleichmäßig feucht gehalten und von allen Seiten mit alten Decken oder schwarzen Plastikbeuteln abgeschirmt, sodass kein Licht an sie herankommt.

Das Antreiben im Gewächshaus nimmt den Pflanzen alle Kraft, sie werden danach weggeworfen. Man sollte deshalb darauf achten, dass man noch einen Vorrat an weiteren Pflanzen hat. Im Freiland angetriebene Pflanzen lässt man eine Saison ruhen, sodass sie zu Kräften kommen, bevor sie wieder verwendet werden.

Einen Versuch wert

Grüne Tomaten

Wenn es an der Zeit ist, die Tomatenpflanzen wegen Frostgefahr abzuernten und aus dem Boden zu nehmen, werden die Früchte in Kisten gelagert und mit Zeitungen abgedeckt. In jede Kiste gibt man eine reife Tomate, Orange oder Banane, die etwas Ethylengas verströmt und den Reifungsprozess beschleunigt. Ganz grüne Früchte werden häufig nicht mehr rot (vergewissern Sie sich, dass sie nicht zu den immergrünen Sorten zählen, wie 'Green Grape' oder 'Grünes Zebra'), können aber unreif in Chutneys und Pickles verwendet werden. Oder Sie probieren das riesige Angebot an traditionellen Tomatengerichten der amerikanischen Südstaaten durch, insbesondere die klassische Fassung gebratener grüner Tomaten aus dem gleichnamigen Film. *(Siehe auch Seite 127.)*

ERNTE DER SAISON

Busch- und Stangenbohnen Beim Abräumen von Buschbohnen und Stangenbohnen entdeckt man häufig übersehene Hülsen voller heranreifender Samen. Sie können gepflückt und auf Zeitungen ausgebreitet werden, bis sie ganz trocken sind und sich die Samen zum Lagern leicht herauslösen lassen. Bei der Ernte von Hülsenfrüchten wie der Zwergsorte 'Hestia' oder die hohe 'Cherokee Trail of Tears' kann man ganze Pflanzen herausziehen und an einem warmen Ort kopfüber aufhängen, bis alle Hülsen trocken sind. Sie von Hand zu enthülsen, ist mühsam, also kommen alle Hülsen in einen sauberen Beutel oder einen Kopfkissenbezug, der oben zugezogen wird. Jetzt kann man sie zertreten, mit einem Nudelholz darüberwalzen oder den Beutel aufhängen und mit dem Teppichklopfer bearbeiten. Anschließend kann man die Samen von Hand auslesen oder bei starkem Wind von einer Schüssel in eine zweite gießen, wobei sich die Samen von der leichteren Spreu trennen. Sie können sie auch durch ein Gartensieb schütteln oder die leichten Hülsen mit einem Föhn wegblasen. Die trockenen, sauberen Samen können Sie dann in luftdicht verschlossenen Gläsern an einem kühlen trockenen dunklen Ort bis zu einem Jahr lagern, danach lassen sie sich nicht mehr so gut garen. *(Siehe auch Seiten 186 und 189.)*

Expertentipp

So gesammelte Bohnen können im kommenden Jahr erfolgreich ausgesät werden. Sie sind jedoch nicht immer sortenrein. Insbesondere Stangenbohnen können sich mit anderen Sorten, die bis zu einem halben Kilometer entfernt stehen, kreuzbestäuben, es sei denn, die Blüten werden mit Blütensäckchen aus Stoff isoliert.

Kürbisse Die vielen verschiedenen Garten- und Speisekürbisse sind oft nur schwer zu unterscheiden, vor allem im Herbst, wenn alle Sorten geerntet werden müssen, bevor sie dem Frost zum Opfer fallen. Speise- oder Sommerkürbisse (einschließlich Mark-, Speise-, Gartenkürbisse, Zucchini und Patisson-Kürbisse) halten sich nur zwei bis vier Monate und werden als Erste verwendet. In England gezogene Sorten besitzen häufig weiches Fleisch und müssen achtsam gegart werden, damit sie nicht zu Matsch werden. Die Garten- oder Winterkürbisse, zu denen die meisten Speisekürbisse,Eichelkürbisse und Butternut-Squashs zählen, haben glattes festes Fleisch, insbesondere die Hubbard-Kürbisse und italienische oder japanische Sorten wie 'Marina di Chioggia' und 'Uchiki Kuri'. Das Lagern in der Sonne für zwei bis drei Wochen (bei Nässe unter Glas) härtet ihre Schale aus. In einem gut belüfteten Raum lassen sie sich dann bei 8–10 °C bis zu sechs Monate lagern. *(Siehe auch Seite 201.)*

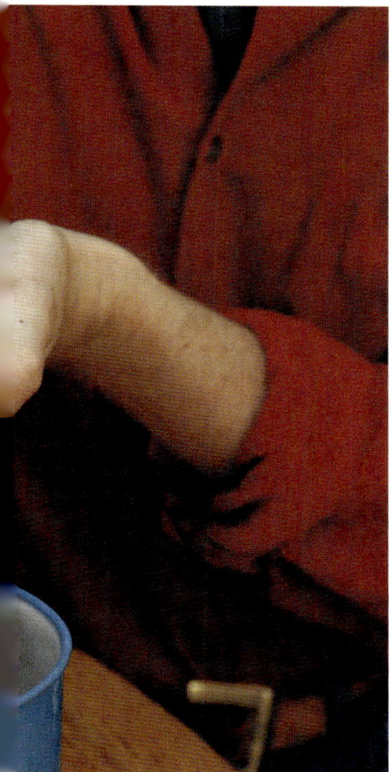

LINKS Borlotti-Bohnen, die an den Stangen trocknen durften, können Sie sowohl in der Küche als auch zum Säen verwenden.

UNTEN Lagert man Garten- und Speisekürbisse in der Sonne, härtet ihre Schale aus und sie lassen sich gut lagern.

Bleichsellerie Das Wintergemüse, das früher zu den klassischen Gewächsen eines jeden Schrebergartens zählte, ist heute weitgehend von grünen und selbstbleichenden Sorten verdrängt worden. Sie lassen sich leichter ziehen, müssen aber allesamt vor den ersten Frösten geerntet werden. Sorten wie 'Darklet F_1', 'Giant Red' und 'Golden Spartan' werden in tiefen Furchen gesetzt und nach und nach angehäufelt, wodurch sie bleichen und gegen Frost geschützt sind. Das zunehmend aromatische Gemüse kann so bis zum Frühjahr geerntet werden. Bei Bedarf wird einfach eine Pflanze ausgegraben und die Erde um die anderen Pflanzen wieder gut angedrückt. Wenn möglich, lässt man die letzte Staude blühen und Samen ansetzen, die gesammelt und getrocknet für die nächste Ernte ausgesät oder aber als pikante Würze in Suppen, Eintöpfen und Reisgerichten verwendet wird. Aus den Samen lässt sich auch Selleriesalz bereiten, das besonders zu Braten und Wurzelgemüse, aber auch zu Salatsauce passt. *(Siehe auch Seite 207.)*

Winterwurzelgemüse Nach einem Sommer voller Exoten mögen Winterwurzelgemüse mitunter etwas fad erscheinen, doch sind Möhren, Pastinaken, Speise- und Kohlrüben oder Knollensellerie allesamt intensiv aromatische Gemüse mit wenig Kalorien. Genießen Sie sie jeweils einzeln – als Möhren-Nuss-Rissolle oder Möhrenplätzchen, als buttriger Kohlrüben-Kartoffel-Belag für eine Pie oder in dem britischen Klassiker »Meg Dods' Rübenpüree« – oder auch vermischt in Gemüse-Pakoras oder gebraten in Olivenöl in einer Auflaufform als Beilage zum Sonntagsbraten. *(Siehe auch Seiten 182–185.)*

In milden Gegenden halten sich die meisten Wurzeln im Boden, wenn dieser von Blättern bedeckt ist. Die winterfesten Pastinaken kommen auch ohne Schutz aus, etwas Frost verstärkt ihr Aroma sogar noch. Aber in Gebieten mit kalten oder nassen Wintern sollten Sie diese Wurzelgemüse besser aus dem Boden herausnehmen und unter einer Abdeckung lagern. In der amerikanischen Kolonialzeit, aber auch in Europa nutzte man dazu die so genannte Erdmiete und packte eine Auswahl aller unterschiedlichen Gemüsesorten in Stroh geschichtet in eine Holzkiste, die anschließend eingegraben und im Laufe des Winters geleert wurde. Eine gut verschließbare Kunststoffkiste, die bis zum Rand eingegraben wird, kann auch heute noch als gute Alternative zum Lagern von Wurzelgemüse genutzt werden.

Champignonzucht leicht gemacht

Die Champignonzucht im Gewächshaus auf einer Spezialfläche aus Stroh oder kompostiertem Mist erfordert einiges Können. Das einfachere Verfahren besteht darin, Pilzmyzel in einer Ecke des Gartens, die mit etwas gut verrottetem Pferdemist angereichert wurde, zu verteilen und das Ganze dann einfach eine Weile zu vergessen.

JETZT AUF DEN TISCH

Eine weitere Zeit des Übergangs: Das Gartenjahr neigt sich seinem Ende zu. Die allerletzte Ernte wird eingebracht – Erbsen und Bohnen, die für winterliche Eintöpfe ausgepalt und getrocknet werden, die letzten grünen Tomaten, die auf Fensterbrettern heranreifen oder konserviert werden, und Kartoffeln, die – im herbstlichen Gartenfeuer gegart – eine bescheidene, aber köstliche Mahlzeit ergeben. Zu diesen letzten Erträgen gesellen sich nun die ersten richtigen Wintergemüse wie Lauch, Speiserüben und alle fernöstlichen Blattstielgemüse, die auch an den kürzer werdenden Tagen noch gedeihen. Vor allem ist jetzt Erntezeit der wichtigsten Apfelsorten, die bis in den Frühling gelagert werden können, der Trauben, die anscheinend nahezu über Nacht ihre Farbe bekommen haben, und einer Fülle an Kürbissen, die nach Belieben gekocht oder auch einfach nur für Dekorationszwecke verwendet werden können. *(Siehe Jetzt ernten, Seite 130.)*

REZEPTE

RIBOLLITA

Für 8 Personen

Dies ist eine berühmte Suppe aus der Toskana, von der jeder italienische Koch natürlich sein eigenes Rezept besitzt. Wenn in der Toskana im Herbst der Schwarzkohl, *cavolo nero*, geerntet wird, steht auch das neue Olivenöl der Saison bereit – eine wichtige Zutat der Ribollita. Verwenden Sie das beste Öl, das Sie bekommen können. Traditionell werden in der Ribollita Cannellini-Bohnen verwendet, man kann aber auch andere getrocknete Bohnen verwenden. Cannellini-Bohnen sind jedoch die authentische Sorte. Mit Ciabatta-Scheiben, die die Suppe aufsaugen, wird die Ribollita sehr kräftig. Die hier angegebenen Mengen ergeben eine große Portion, die frisch verzehrt werden sollte. Wenn Sie die Ribollita zu Mittag genießen, werden Sie an diesem Tag nicht mehr viel brauchen.

1 große Zwiebel, in feine Ringe geschnitten

4 EL Olivenöl

4 Möhren, geputzt und fein geschnitten

4 Stangen Sellerie, geputzt und klein geschnitten

4 kleine Stangen Lauch, geputzt und fein geschnitten

250 g Schwarzkohl, Strunk entfernt und klein geschnitten

400 g Tomaten, enthäutet und Kerne entfernt

2 Knoblauchzehen, fein gehackt

1 Lorbeerblatt

1 getrocknete Chilischote, zerstoßen

400 g getrocknete Cannellini-Bohnen, eingeweicht und abgetropft

1–2 EL frische Kräuter, fein gehackt, etwa Petersilie, Kerbel und Rosmarin

Salz und frisch gemahlener Pfeffer nach Belieben

Zum Servieren

8 Scheiben Ciabatta, getoastet

hochwertiges natives Olivenöl extra

3 EL frische Petersilie, fein gehackt

- In einem Topf die Zwiebelscheiben in 2 Esslöffeln Olivenöl auf kleiner Flamme anbraten lassen, bis sie weich und glasig sind. Möhren, Sellerie, Lauch und Kohl hinzugeben und gut mit den Zwiebeln und dem Öl vermischen.
- Die Tomaten in ein Sieb über dem Kochtopf geben und zerdrücken, sodass Fruchtfleisch und Saft in den Topf mit dem Gemüse tropfen. Eine der Knoblauchzehen, Lorbeerblatt und Chili in den Topf geben.
- Die Bohnen dazugeben und so viel Wasser, dass die Zutaten bedeckt sind. Zum Kochen bringen, abdecken und bei geringerer Hitze mindestens 30 Minuten köcheln.
- Ein Drittel der Suppe im Mixer pürieren und zurück in den Topf gießen.
- In einem kleinen Topf das restliche Öl erhitzen, den Knoblauch und die gehackten Kräuter darin anbraten und zur Suppe geben. Abschmecken. Wenn sich die Aromen optimal verbinden sollen, sollte die Suppe 6–8 Stunden ruhen. Vor dem Servieren gut erhitzen und kräftig abschmecken. Die Konsistenz sollte nicht übermäßig flüssig sein.
- Die Ribollita in Suppentassen füllen, mit je 1 Scheibe Ciabatta belegen, großzügig mit Olivenöl beträufeln und zum Schluss mit etwas frisch gehackter Petersilie garnieren.

SCHWARZKOHL MIT CHILI UND KNOBLAUCH

Für 4 Personen als Beilage

Neben seinem guten Geschmack und dem hohen gesundheitlichen Wert besitzt Kohl auch die gute Eigenschaft, andere Aromen aufnehmen zu können, ohne das eigene einzubüßen. Probieren Sie ihn zum Beispiel gegart mit Speck. Hier wird er mit Chili und Knoblauch bereitet. Die Chilimenge kann je nach Geschmack etwas reduziert werden, aber eine gewisse Schärfe ist schon erwünscht. Das Gericht passt besonders gut zu gegrillten Koteletts, zu Geflügelbrust oder Fisch.

400 g Schwarzkohl, ohne Strunk und in mundgerechte Stücke geschnitten

2 kleine frische rote Chilischoten, in feine Stücke geschnitten

2 Knoblauchzehen, zerdrückt

2 EL natives Olivenöl extra

Salz und frisch gemahlener Pfeffer

- Den Kohl knapp mit Wasser bedecken und 2 Minuten dampfgaren, bis er zart ist, aber noch etwas Biss hat. Abgießen und beiseitestellen.
- In einer großen Pfanne die Chilischoten und den Knoblauch in Öl anschwitzen. Den Kohl hinzugeben und einige Minuten anbraten. Probieren und bei Bedarf nachwürzen.

BASILIKUMPESTO

Ergibt 1 Glas à 175 g

Der Spätherbst ist zwar nicht mehr die Hochsaison für Basilikum, aber wenn Sie nach und nach gesät haben und das Basilikum jetzt im Gewächshaus steht, dürfte immer noch ausreichend vorhanden sein. Die klassische italienische Sauce mit frischem Basilikum ist mit Pasta unschlagbar, sie passt aber auch zu zahlreichen anderen Gerichten. Pesto stammt aus Norditalien. Man braucht dafür nicht nur gutes Basilikum, sondern auch natives Olivenöl extra und Pinienkerne. Für die Zubereitung nimmt man am besten einen Mixer. Pesto hält sich nicht sehr lange – in einem gut verschlossenen Glas im Kühlschrank höchstens 1 Woche –, entsprechend bereitet man es frisch nach Bedarf zu.

2 große Knoblauchzehen, geschält und klein gehackt
85 g Pinienkerne
150 g Parmesan, fein gerieben
2 große Bund Basilikum, ohne Stiele
300 ml natives Olivenöl extra
Salz und frisch gemahlener Pfeffer nach Belieben

- Knoblauch und Pinienkerne im Mixer pürieren. Den Käse hinzufügen und kurz mitmixen. Basilikum zugeben und vermischen, bis eine kräftig grüne Masse entstanden ist.
- Bei laufendem Mixer nach und nach das Öl angießen, sodass es sich gut mit der Basilikummasse verbindet.
- Mit Salz und Pfeffer würzen, erneut umrühren und abschmecken. Sofort zu heißer Pasta servieren oder in ein sterilisiertes Glas *(siehe Seite 80)* füllen, etwas Olivenöl daraufgießen, verschließen und im Kühlschrank aufbewahren.

PASTA MIT GRÜNEN BOHNEN, KARTOFFELN UND PESTO

Für 4 Personen

Ein 20-Minuten-Gericht – schneller kann eine Mahlzeit nicht zubereitet werden. Wer spät Bohnen gesetzt hat, sollte sie vor dem ersten Frost pflücken: Jetzt ist der richtige Augenblick für die Ernte und für den Kochtopf. Man benötigt nicht viel Pesto, und das Gericht ist so gehaltvoll, dass es ohne weitere Beilagen auskommt.

1 kg kleine oder neue Kartoffeln, halbiert
500 g Pasta (Penne oder Fusilli)
350 g grüne Bohnen, halbiert und vorgekocht
4 EL frisches Basilikumpesto *(siehe links)*
Salz und frisch gemahlener Pfeffer nach Belieben
frisches Basilikum, grob zerzupft, zum Garnieren

- Die Kartoffeln in einem großen Topf mit kochendem Wasser fast gar kochen. Die Pasta hineingeben und 5 Minuten mitkochen lassen. Die grünen Bohnen dazugeben und noch ein paar Minuten kochen lassen. Pasta und Bohnen sollten al dente sein.
- Vom Feuer nehmen und abgießen. Zurück in den Topf geben und das Pesto dazugeben. Bei geringer Hitze alles einige Minuten ziehen lassen und gut vermischen. Mit Salz und Pfeffer abschmecken. Auf Teller verteilen und mit etwas frischem Basilikum garnieren.

KÜRBISCURRY MIT GRÜNEN BOHNEN UND KOKOSNUSS

Für 4 Personen

Es ist die Zeit der Kürbisse und des Blumenkohls. Und wenn die Tage wieder kürzer werden, ist ein herzhaftes Curry genau das Richtige.

1 TL Kreuzkümmelsamen
1 TL Koriandersamen
2 EL pflanzliches Öl
1 Zwiebel, klein gewürfelt
500 g Kürbis, geschält, Samen entfernt und gewürfelt
1/2 rote Chilischote, Samen entfernt und klein geschnitten
1/2 TL Kurkuma
1 Dose Kokosmilch (400 g)
300 ml heiße Gemüsebrühe
100 g feine grüne Bohnen, geputzt und halbiert
200 g Blumenkohl, geputzt und in kleine Röschen geschnitten
2 Handvoll junge Spinatblätter, gewaschen
einige Korianderblätter

- In einer kleinen Pfanne Kreuzkümmelsamen und Koriander 1 Minute ohne Fett rösten. In einem Mörser zerstoßen.
- In einem Topf bei mittlerer Hitze die Zwiebel 5 Minuten in Öl anschwitzen. Kürbis, geröstete Gewürze, Chili und Kurkuma zugeben und unter Rühren 5 Minuten anschwitzen. Kokosmilch und Brühe angießen, zum Kochen bringen und dann bei geringerer Temperatur 10 Minuten köcheln, bis die Sauce etwas eingedickt ist.
- Inzwischen die Bohnen 1 Minute in kochendem Wasser blanchieren, abgießen und unter fließendem kaltem Wasser abschrecken, sodass ihre Farbe schön erhalten bleibt. Beiseitestellen.
- Die Blumenkohlröschen zum Curry geben und 5 Minuten köcheln. Den Spinat beigeben und garen, bis er zusammenfällt. Abschmecken und die Korianderblätter darunterrühren.
- Mit Basmatireis servieren.

MINZE-PETERSILIEN-PESTO

Ergibt 1 Glas à 175 g

Dies ist nicht wirklich ein Pesto, sondern eher eine kräftige noble Sauce, die aber ähnlich verwendet werden kann. Der Knoblauch wird zunächst geröstet, was ihn etwas milder macht.

3 Knoblauchzehen, ungeschält

30 g frische Minzeblätter

30 g frische glattblättrige Petersilie, ohne Stiele

2 EL Balsamico

1/4 TL extrafeiner Zucker

120 ml natives Olivenöl extra

Salz und frisch gemahlener Pfeffer nach Belieben

- Den Backofen auf 180 °C vorheizen. Die Knoblauchzehen in eine kleine Form geben und 15 Minuten im Ofen rösten. Die Knoblauchzehen aus der Schale drücken und beiseitestellen.
- Minze, Petersilie, Essig und Zucker im Mixer fein hacken. Den gegarten Knoblauch dazugeben und gut vermischen.
- Das Olivenöl langsam angießen, darauf achten, dass es sich gut mit der restlichen Mischung verbindet. Mit Salz und Pfeffer abschmecken.

MARINIERTES LAMM MIT MINZEPESTO

Für 6 Personen

Der etwas andere Sonntagsbraten. Lamm und Minze sind natürlich ein britischer Klassiker, aber hier wird die Minze sowohl als Marinade als auch als Sauce verwendet.

2,25 kg Lammkeule

Marinade

120 ml natives Olivenöl extra

4 Knoblauchzehen

90 ml Zitronensaft, frisch gepresst

abgeriebene Schale von 1 Zitrone

20 g frische Minzeblätter

Salz und frisch gemahlener Pfeffer nach Belieben

- Alle Zutaten für die Marinade im Mixer oder im Mörser vermischen.
- Das Lamm in eine flache Bratenform geben und mit der Marinade bestreichen. Die restliche Marinade für später beiseitestellen. Das Lamm mit Klarsichtfolie abdecken und mindestens 4 Stunden oder über Nacht im Kühlschrank marinieren.
- Den Backofen auf 180 °C vorheizen.
- Das Lamm aus dem Kühlschrank nehmen und auf Zimmertemperatur erwärmen.
- Mit der restlichen Marinade bestreichen und 1 1/2 Stunden im Backofen garen, dabei regelmäßig erneut mit der Marinade bestreichen, damit das Lamm so saftig wie möglich bleibt. Das Lamm aus dem Ofen nehmen und vor dem Aufschneiden 20 Minuten ruhen lassen.
- Das Fleisch aufschneiden und auf einer Servierplatte anrichten. Mit dem Bratensaft eine Sauce bereiten. Mit dem Minzepesto servieren.

PFANNENGERÜHRTES GEMÜSE

Für 4–6 Personen

Chinesische Blattstielgemüse sind leicht zu ziehen und wachsen die ganze Saison über immer wieder nach. Mit Nudeln serviert ergeben sie ein schnelles pfannengerührtes Gericht und ein gehaltvolles Mittagessen oder ein leichtes Abendessen.

1 1/2 EL Erdnussöl

2 EL Schalotten, grob gehackt

2 große Knoblauchzehen, klein geschnitten

2 EL Ingwerwurzel, fein gehackt

2 TL Salz

225 g Möhren, geputzt und in feine schräge Scheiben geschnitten

450 g chinesische Blattstielgemüse, etwa Pak Choi, in Streifen geschnitten

2 TL extrafeiner Zucker

1 EL Reiswein oder trockener Sherry

2 TL Sesamöl

- Einen Wok auf großer Flamme erhitzen. Öl hineingeben. Wenn es sehr heiß ist und leichten Rauch entwickelt, Schalotten, Knoblauch, Ingwer und Salz darin 1 Minute unter Rühren anbraten.
- Die Möhren hinzugeben und 1 Minute mit anschwitzen. 1 Esslöffel Wasser angießen, abdecken und 2 Minuten garen.
- Zum Schluss die chinesischen Blattstielgemüse mit dem Zucker und dem Reiswein oder Sherry zufügen. Weitere 3 Minuten pfannenrühren, bis die Gemüse zusammenfallen.
- Mit Sesamöl beträufeln und sofort servieren, zum Beispiel mit Reisnudeln.

BORLOTTI-BOHNEN-EINTOPF

Für 6 Personen

Borlotti-Bohnen stammen aus Italien. Frische Bohnen sind in 1 Stunde gar, getrocknete werden besser zuvor über Nacht eingeweicht und dann gekocht. Borlotti-Bohnen nehmen alle Aromen der übrigen Zutaten auf. Verwenden Sie nur hochwertiges Olivenöl.

200 g Speckwürfel (nach Belieben)
1 Zwiebel, geschält und fein gewürfelt
1 Knoblauchzehe, geschält und zerdrückt
1 Stange Sellerie, fein geschnitten
120 ml natives Olivenöl extra
2 kg frische Borlotti-Bohnen, enthülst
3 große Tomaten, klein geschnitten
1 EL Tomatenmark
5 Stängel frischer Salbei
250 ml Wasser
250 ml Weißwein
Salz und frisch gemahlener Pfeffer nach Belieben

- Gegebenenfalls den Speck in einer schweren Pfanne auslassen und beiseitestellen. Zwiebel, Knoblauch und Sellerie mit etwas Öl in die Pfanne geben und anbraten, bis sie glasig sind.
- Bohnen, Tomaten, Tomatenmark und Salbei, dann das Wasser, den Wein und das restliche Öl hinzugeben. Die Flüssigkeit sollte die Bohnen knapp bedecken. Zum Kochen bringen und 45–60 Minuten köcheln, dabei bei Bedarf etwas Wasser oder Wein nachgießen, sodass die Bohnen niemals trocken liegen. Gegen Ende den Speck hinzufügen und mit Salz und Pfeffer abschmecken.
- Mit gewürzter Salami servieren – italienische Fenchelsalami passt besonders gut.

MAROKKANISCHE TAJINE MIT HUHN UND QUITTEN

Für 4 Personen

Tajine ist eine marokkanische Spezialität – eine Art Eintopf, in der alle möglichen Gemüse, aber auch Früchte wie Äpfel, Quitten, Pflaumen oder Aprikosen zusammen mit Fleisch in einem speziellen Tongeschirr – der Tajine – gegart werden. Dabei behalten alle Zutaten selbst bei langen Garzeiten ihre Form und Konsistenz, nehmen aber dennoch alle Gewürze und Aromen auf.

2 EL natives Olivenöl extra
1 Huhn aus Freilandhaltung, in 8 Teile zerlegt (ca. 1,8 kg)
1 Zwiebel, geschält und klein gewürfelt
1 TL Ingwerpulver
1 TL Zimt
2 TL Kreuzkümmelsamen
1 TL Paprikapulver
1/2 TL Pfeffer, frisch gemahlen
225 g Quitten, gekocht und klein geschnitten
800 g Tomaten, klein geschnitten
2 EL Honig
250 ml Wasser
Salz nach Geschmack
400 g Kichererbsen, gekocht
1 Bund frischer Koriander, fein gehackt

- Den Backofen auf 150 °C vorheizen.
- Das Öl in einer Pfanne erhitzen, die Hühnchenteile hineinlegen und von allen Seiten goldbraun anbraten. In eine feuerfeste Form oder eine Tajine geben.
- Die Zwiebel in derselben Pfanne anbraten, bis sie weich ist. Gewürze dazugeben und gut vermischen. Die Quitten hinzufügen und umrühren, dann die Tomaten unterrühren, den Honig dazugeben und Wasser angießen. Salzen. Auf kleiner Flamme zum Kochen bringen und 3–4 Minuten köcheln. Die Kichererbsen untermischen und gegebenenfalls nachwürzen.
- Die Mischung über die Hühnerteile in der Tajine geben. Abdecken und im Ofen weitere 40 Minuten garen, bis das Geflügel gar ist. Mit Koriander bestreuen und servieren.

Einen Versuch wert
Köstliche Säfte

Säfte aus frischem Obst und Gemüse sind gesund, da bei ihrer Herstellung keine Vitamine verloren gehen. Die Investition einer elektrischen Saftpresse lohnt sich, weil sie die besten Resultate liefert. Mit einem Glas Saft aus einem der folgenden Rezepte sind Sie für den Tag gewappnet. Die Zutaten gründlich mit warmem Wasser waschen. Je nach Jahreszeit müssen Sie einige Zutaten dazukaufen.

Rezept 1 Rote Bete, Brunnenkresse, Möhre und Sellerie

Rezept 2 Apfel, Möhre und frisches Basilikum

Rezept 3 Möhre und Minze

Rezept 4 Apfel, Brunnenkresse

Rezept 5 Apfel und Rote Bete

Rezept 6 Fenchel, roter Pfeffer, Möhre und Apfel

Rezept 7 Möhre, Spinat, Sellerie und Petersilie

Rezept 8 Kohl und Sellerie

BIRNENKOMPOTT

Für 4–6 Personen

Birnen in Wein zu garen, ist sehr verbreitet, das langsame Garen in Zuckersirup ergibt ebenfalls ein schmackhaftes Gericht. Wer den Geschmack von Alkohol im Essen schätzt, kann ein kleines Glas Dessertwein oder etwa Birnenbrand zur Flüssigkeit geben.

1 kg feste reife Birnen, geschält, im Ganzen und mit Stiel

225 g extrafeiner Zucker

450 ml Wasser

7,5 cm Zimtstange

abgeriebene Schale von 1/2 Zitrone

- Die Birnen mit den übrigen Zutaten in einen Topf geben. Langsam zum Kochen bringen, die Hitze reduzieren und 10–15 Minuten köcheln, bis die Birnen weich sind, aber ihre Form noch erhalten ist. Die Birnen auf keinen Fall verkochen lassen.
- Vom Feuer nehmen, abdecken und etwas abkühlen lassen.
- Die Birnen einzeln servieren, beträufelt mit etwas Kochsirup, sodass sie schön glänzen.

Einen Versuch wert
Weinbrand-Trauben

Dies ist eine traditionelle spanische Delikatesse, die man im Herbst zubereitet und an Weihnachten genießt.

- 1,3 kg reife süße Trauben entstielen, waschen und trocknen und jede mit einer Nadel einstechen. In sterilisierte Gläser füllen.
- 120 ml Wasser mit 115 g extrafeinem Zucker zu einem Sirup kochen und 1 Teelöffel Anissamen darunterrühren.
- Abkühlen lassen, mit 1,2 Liter Weinbrand mischen und über die Trauben gießen.
- Luftdicht verschließen und an einem kühlen, dunklen Ort etwa 3 Monate lagern.

BIRNENKNÖDEL

Für 4 Personen

Knödel werden normalerweise mit pikanten Gerichten in Verbindung gebracht, im östlichen Europa gibt es aber auch süße Variationen. Das Garen der Knödel in Obst und Obstsaft lässt sie besonders feucht und aromatisch werden. Auch viele andere Früchte aus dem Obstgarten lassen sich auf diese Weise gut verwerten.

30 g kalte Butter, gewürfelt

115 g Mehl

1 TL Backpulver

85 g extrafeiner Zucker sowie etwas Zucker zum Dekorieren

450 g reife Birnen, geschält, Kerngehäuse entfernt, in große Stücke geschnitten

450 ml Wasser

- In einer Schüssel mit den Fingern Butter, Mehl und Backpulver zu einem krümeligen Teig verkneten. Den Zucker hineinstreuen und so viel Wasser angießen, dass ein weicher Teig entsteht. Knödel von der Größe eines Golfballs formen.
- Die Früchte mit dem Wasser in einen großen Topf geben. Zum Kochen bringen und kurz garen, bis die Birnen etwas weich sind und ihr Saft sich mit dem Kochwasser vermischt hat. Die Knödel vorsichtig in die kochende Flüssigkeit geben, die Hitze reduzieren und 20 Minuten köcheln.
- Auf einen warmen Teller geben, mit Zucker bestreuen und heiß servieren.

BIRNEN-INGWER-KUCHEN

Für 1 Kuchen mit 20–22 cm Durchmesser

Birnen und Ingwer sind immer eine gelungene Kombination. Im Vergleich zu den eher säuerlichen Äpfeln haben Birnen einen sehr zarten Geschmack – erstaunlich, dass der Ingwer diesen Geschmack eher noch verstärkt, anstatt ihn zu übertönen.

100 g Butter sowie etwas Butter zum Einfetten

100 g Mehl sowie etwas Mehl für die Form

100 g Mandeln, gemahlen

3 TL Backpulver

2 TL 5-Gewürze-Mischung (ersatzweise Garam Masala, oder Muskatnuss, Zimt, Piment)

115 g brauner Zucker

3 Stücke kandierter Ingwer, klein geschnitten

3–4 feste reife Birnen (etwa 300 g geschnittene Früchte, falls Fallobst verwendet wird), geschält, Kerngehäuse entfernt, geviertelt und gewürfelt

3 große Eier, verquirlt

20 g Mandelblättchen

- Den Backofen auf 180 °C vorheizen. Eine tiefe Springform (20–22 cm) buttern und mehlen. Eine Springform ist hier empfehlenswert, da der Kuchen ziemlich saftig ist und durch den beim Backen auslaufenden Saft in einer unten geschlossenen Form anhaften würde.
- Die Butter in einem Topf zerlassen und vom Feuer nehmen. Mehl, gemahlene Mandeln, Backpulver, die Gewürze und 100 g Zucker in eine große Schüssel geben.
- Ingwer, Birnen, Eier und die zerlassene Butter hinzufügen. Alles gut vermischen, in die Backform geben und mit den Mandelblättchen bestreuen. Die Form auf ein Backblech stellen und 45–55 Minuten im Ofen backen, bis der Kuchen goldbraun ist und auf Druck etwas nachgibt.
- 5 Minuten abkühlen lassen, aus der Form lösen und auf einem Gitterrost auskühlen lassen. Vor dem Servieren mit dem restlichen Zucker bestreuen.

KÜRBISSUPPE MIT MARONEN

Für 4 Personen

Jetzt ist Kürbiszeit! In diesem Rezept finden zwei kräftige Aromen und Konsistenzen zusammen, die für den Herbst typisch sind. Wer Maronen nicht kochen mag, kann auch vakuumverpackte Maronen verwenden.

1,5 l heiße Geflügelbrühe
750 g Kürbis, geschält, Kerne entfernt, in kleine Stücke geschnitten
4 TL Zitronensaft
2 EL Maisstärke
1 EL extrafeiner Zucker
2 Prisen Muskat
Salz und frisch gemahlener Pfeffer nach Belieben
75 ml Crème fraîche
250 g Maronen, gegart und geschält

- Die Geflügelbrühe zum Kochen bringen, die Kürbisstücke hineingeben und 15 Minuten köcheln.
- Die Kürbisstücke herausnehmen und mit dem Zitronensaft im Mixer pürieren.
- Die Maisstärke in 200 ml Kochflüssigkeit auflösen und mit dem pürierten Kürbis zurück in den Topf geben. Mit Zucker und Muskat würzen, salzen und pfeffern nach Belieben. Die Crème fraîche unterrühren.
- Die Maronen mit einer Gabel zerkleinern, die Suppe unterdessen auf kleiner Flamme warm halten.
- In Suppentassen schöpfen und mit den Maronenstückchen bestreuen.

Kürbisse braten

Den Backofen auf 190 °C vorheizen. Eine Bratenform einölen. Den Kürbis vierteln, Kerne und Fasern entfernen. Den Kürbis in grobe Stücke schneiden und mit der Schale nach oben in der Form platzieren. 1 1/2 Stunden braten.

KÜRBISBROT

Ergibt 3 mittelgroße Laibe

Kürbisse und Süßkartoffeln werden in Amerika ständig für süßen Pudding, Brot und Kuchen verwendet. Sie verleihen dem Gericht Substanz und verringern die benötigte Zuckermenge.

Butter zum Einfetten
350 g Weizenmehl
250 g brauner Zucker sowie etwas Zucker zum Bestreuen
350 g Kristallzucker
2 TL Backpulver
1 TL Salz
1 TL Zimt
1/2 TL Muskat
4 Eier
250 ml Sonnenblumenöl
150 ml Wasser
4–8 Scheiben Kürbis, gebraten *(siehe Kasten unten links)*
125 g Rosinen
125 g Walnüsse, gehackt

- Den Backofen auf 190 °C vorheizen. Drei mittelgroße Kastenformen einfetten.
- Die Schale von den gebratenen Kürbissen entfernen, das Fruchtfleisch im Mixer pürieren. Ein Sieb mit einem Musselintuch auskleiden und über eine Schüssel stellen. Das Püree hineingeben und, wenn nötig, abtropfen lassen.
- Alle trockenen Zutaten in einer großen Rührschüssel vermischen. Eine Vertiefung in die Mitte drücken und die Eier hineingeben. Öl, Wasser und das Kürbispüree hinzufügen und alles gut vermischen. Rosinen und Nüsse hinzugeben und erneut mischen.
- Etwas braunen Zucker in die Formen streuen. Den Teig hineingeben und 1 Stunde backen, bis an einem Holzstäbchen kein Teig mehr anhaftet. 5 Minuten in der Form abkühlen lassen, dann stürzen und auf einem Gitter auskühlen lassen.

SÜSSKARTOFFEL-MUFFINS

Ergibt 24 Stück

Erstaunlicherweise bleibt die Farbe der Süßkartoffeln selbst beim Kochen erhalten, und so leuchtet ein wunderbares Orange auf, wenn man zum Inneren dieser Muffins vordringt. Statt der Süßkartoffeln können auch Kürbisse verwendet werden.

115 g Butter, weich, sowie etwas Butter zum Einfetten
225 g extrafeiner Zucker
300 g Süßkartoffeln, geschält, gekocht und zerdrückt
2 große Eier
350 g Mehl
2 TL Backpulver
1 1/2 TL Zimt
1/4 TL Muskat
1 Prise Salz
300 ml Milch
115 g Rosinen
60 g Nüsse, gehackt

- Den Backofen auf 200 °C vorheizen. Zwei Muffinformen einfetten und mit je 2 Papier-Muffinförmchen auslegen, so lassen sie sich später leichter aus der Form lösen.
- Butter und Zucker in einer Schüssel glatt rühren, die zerstampften Süßkartoffeln dazugeben und gut vermischen. Die Eier hineingeben und gründlich mischen.
- Mehl, Backpulver, Gewürze und Salz in eine zweite Schüssel sieben. Abwechselnd mit der Milch unter die Süßkartoffeln rühren, damit sich alles vermischt, aber nicht zu viel rühren, der Teig sollte noch etwas schwer sein. Rosinen und Nüsse unterziehen.
- Mit einem Löffel den Teig in die Muffinförmchen geben und etwa 25 Minuten backen. Aus dem Ofen nehmen und etwas abkühlen lassen, aber noch warm servieren – denn dann sind sie unwiderstehlich!

Frühwinter

Einstimmung

Jetzt wird es kühl, die Tage werden immer kürzer, und die Wintersonnenwende naht. Im Garten wächst jetzt kaum noch etwas. Vielleicht müssen Sie vor den ersten kalten Böen Schutz suchen, aber oft bietet diese Jahreszeit auch lange milde Perioden und ruhige sonnige Tage, an denen das Arbeiten im Garten große Freude bereitet. Folgen Sie beim Erledigen der winterlichen Aufgaben ohne Eile Ihrem eigenen Rhythmus – Beete abräumen, den Boden bearbeiten, Pfade und Wege ausbessern und Geräte warten –, schließlich sind es noch viele Wochen bis zum nächsten Frühling. Genießen Sie den Winter im Schrebergarten – diese Zeit hat ihren ganz eigenen Charme und hält ihre eigenen Freuden bereit.

Wintergemüsen gibt der erste Frost erst ihr Aroma. Nicht winterharte Pflanzenreste zersetzen sich unter seinem Einfluss.

JETZT ERNTEN
Fernöstliche Blattgemüse, Blumenkohl (Winter), Chicorée, Endivien, Fenchel, Frühlings-Barbarakraut, Grünkohl, Knollensellerie (vor dem 1. Frost), Kohl (Winter), Kohlrabi, Kohlrüben, Lauch, Mangold (vor dem 1. Frost), Pastinaken, Rosenkohl, Rhabarber (vorgetrieben), Salat, Schwarzwurzel, Speiserüben, Spinat (Winter), Staudensellerie (vor dem 1. Frost), Topinambur, Winterportulak, Winterrettich

JETZT AUSSÄEN
Gewächshaus Dicke Bohnen

JETZT PFLANZEN
Obst (Bäume und Sträucher), Rhabarber

WAS JETZT ZU TUN IST

Öfter mal was Neues Nutzen Sie die Erfahrungen des vergangenen Jahres, wenn Sie Ihre Samen- und Pflanzlisten für das kommende Jahr erstellen. Einige Sorten waren zweifelsohne erfolgreich und haben es verdient, ein weiteres Mal im Garten verwendet zu werden, während manche vielleicht besser durch eine andere Sorte ersetzt werden, vielleicht eine ältere, gut etablierte Sorte oder eine Neueinführung, die möglicherweise besser an die Bodenverhältnisse oder das Klima angepasst ist.

Lesen Sie die Beschreibungen von Neuzüchtungen in Katalogen jedoch mit Sorgfalt: Selbst wenn die beschriebenen Eigenschaften realistisch sind, werden sie unter Umständen nur unter optimalen Bedingungen erreicht. Totzdem sollte man sich aber niemals scheuen, neue oder unbekannte Sorten auszuprobieren: Ein Gemüsegarten ist schließlich auch ein Abenteuer, und Versuche mit neuen Pflanzen verleihen dem Gartenalltag eine willkommene Abwechslung. Zusätzlich zu den neuesten Sorten kann es ebenso lohnend sein, zahlreiche traditionelle oder länderspezifische

Ein Blick in die Samenkataloge

Wer die Samenkataloge griffbereit im Schuppen des Gartens aufbewahrt, kann bei schlechtem Wetter die Gelegenheit nutzen, ein wenig zu blättern und Pläne für das nächste Jahr zu schmieden. Vor Ort lässt sich die zur Verfügung stehende Anbaufläche sofort einschätzen und die Erfahrungen des zu Ende gehenden Jahres helfen bei der Auswahl der Gemüse, Sorten und Standorte für das kommende Jahr. Es empfiehlt sich, jeweils zwei Sorten eines Gemüses zu ziehen: die beste Sorte des abgelaufenen Jahres und eine neue zum Vergleich.

Planen Sie auch jedes Jahr ein Gemüse oder Obst, das neu für Sie ist – vielleicht ein Getreide wie Quinoa, Amarant oder Zwerghirse, ungewöhnliche Früchte, etwa Tomatillos oder Andenbeeren, oder auch alte Gemüsesorten wie die Zuckerwurzel. Heute geläufige Pflanzen wie Knoblauch, Auberginen und Rauke traten ihren Siegeszug auch von einem einzigen Gemüsegarten aus an und wurden dann von anderen Gärtnern übernommen. Vielleicht entdecken ja auch Sie ein neues Gemüse, von dem Sie begeistert Ihren Nachbarn berichten werden.

Purpurroter Shiso ist ein farbenfroher Verwandter des grünen Shiso und riecht etwas nach Anis. Gegart haben beide ein würziges Aroma.

Der leicht zu ziehende Ganges-Amarant ist in der Karibik ein beliebtes Gemüse. Er passt zu Salaten oder dient als Ersatz für Spinat.

Sorten auszuprobieren. Schauen Sie einmal über den Zaun – vielleicht ziehen Ihre Gartennachbarn Gemüse aus anderen Kulturen wie Okraschoten oder fast vergessene Arten wie Zuckerwurzel, Knollenziest *(siehe Seite 209)* und Guter Heinrich *(siehe Seite 56)*.

Auch bei den Früchten gibt es eine ganze Reihe unbekannter winterharter Sorten zu erkunden: Nangking-Kirschen, Saskatoon-Beeren oder die seit Kurzem beliebten Goji-Beeren. Im schlimmsten Fall riskieren Sie eine Enttäuschung – oder Sie machen, quasi als Belohnung, eine angenehme Entdeckung.

Nährstoffe Im natürlichen Kreislauf reichen die Nährstoffe der absterbenden Pflanzen als Grundlage für das Wachstum der folgenden Generation aus. Der Anbau von Pflanzen in einem Schrebergarten ist jedoch eine intensive Nutzung und erfordert deshalb ein höheres Maß an Nährstoffen – schließlich wird dem Boden sehr viel entnommen. Die meisten Gärtner ergänzen die begrenzte Menge an Kompost aus Küchen- und Gartenabfällen mit hinzugekauftem Stallmist oder Champignonerde oder nützen gelegentlich andere Düngemittel. Bei deren Gebrauch sollte man aber immer genau die Dosierungsanleitungen auf der Verpackung beachten.

Es gibt jedoch einige Möglichkeiten, die Menge an organischen Nährstoffen zu erhöhen.

- Verwenden Sie für Gartenabfälle einen speziellen isolierten Behälter, der den Zersetzungsprozess beschleunigt und die flüssigen Bestandteile – die besonders viele Nährstoffe enthalten – von den festen trennt. Letztere werden zur Bodenverbesserung eingesetzt.
- Mit etwas Fantasie können Sie die Menge organischer Abfälle erhöhen: Nutzen Sie, wenn möglich, Gartenabfälle und Rasenschnitt aus anderen Gärten und geben Sie geschredderten Baum- und Strauchschnitt und Laubabfälle in den Kompost.
- Binden Sie auch die nähere Umgebung mit ein: Gibt es Nachbarn oder Freunde, die Kaninchen, Geflügel, Tauben oder Kleintiere halten? Gibt es Gemüseabfälle aus umliegenden Restaurants, von Gemüsehändlern oder vom Markt?
- Gründünger verbessert den Boden und fügt ihm Nährstoffe zu, besonders mineralienreiche »Unkräuter« wie Brennnesseln und Beinwell können mehrmals pro Jahr als Kompostzusatz oder für die Verwendung als Flüssigdünger gezogen werden.
- Graben Sie den Boden nicht zu tief um – dadurch werden Nährstoffe aus den tieferen Bodenschichten in die Atmosphäre freigesetzt. Gehen Sie sparsam mit Ihren Düngervorräten um, indem Sie nur die Pflanzflächen und nicht ganze Beete düngen. Ziehen Sie mehr ausdauernde Gemüse und Früchte, sie halten die Nährstoffe ganzjährig im Boden und nehmen sie auf.
- Decken Sie den Boden mit einer Mulchschicht ab. Dies schützt die Humusschicht und sie kann ihre Nährstoffe langsam an den Boden abgeben.

Das Gartenjahr im Rückblick Machen Sie sich keine Vorwürfe und verlieren Sie nicht den Mut, wenn einige Pflanzen hinter den Erwartungen zurückgeblieben sind: Der Grund für den Misserfolg mag genauso gut externen Faktoren wie eigenen Versäumnissen zuzuschreiben sein.

Das Wetter spielt zum Beispiel eine wesentliche Rolle: Der Frühling muss nur etwas kalt sein, und schon schießen und blühen die Zwiebeln, der Sommer nur heiß und trocken, und die Blüten der Stangenbohnen fallen einfach ab. Ein langer nasser Sommer wäscht Nährstoffe aus dem Boden und schwächt die Pflanzen, während geringe Obsterträge fast immer die Folge von kaltem oder windigem Wetter während der Bestäubungszeit sind, weil die Insekten aus diesem Grund ausgeblieben sind.

Enttäuschungen in einem neuen Gemüsegarten können die Folge von ausgelaugtem Boden sein. Er braucht unter Umständen länger als eine Saison, um sich zu erholen und nach und nach wieder fruchtbar zu werden. Vielleicht fehlt es dem Boden aber auch an Nährstoffen wie Calcium (Kalk) oder Magnesium. In beiden Fällen kommt es zu kümmerlichem Wachstum oder schlecht entwickelten Früchten oder Wurzeln. Häufiges Fräsen durch den Vorbesitzer oder dauerndes Festtreten hat möglicherweise einen stark verdichteten Unterboden hinterlassen. Dies erkennt man nicht auf Anhieb, er behindert aber das über- und unterirdische Wachstum.

Vielleicht haben Sie sich aber auch einfach für die falschen Sorten entschieden, etwa für lange Pastinaken oder Möhren in flachem Mutterboden, oder Eisbergsalat in einem Gebiet mit kühlen, wenig sonnigen Sommern. Kalter Boden, Bodenschädlinge wie Drahtwürmer und Schnakenlarven oder ein ungeeigneter pH-Wert

Kompost und frischer Stallmist erzeugen beide große Wärme, die an einem frostigen Morgen als aufsteigender Dampf zu sehen ist.

Nie mehr umgraben

Anders als früher gibt man heute einer minimalen Bodenbearbeitung sowie Verfahren den Vorzug, die den Boden möglichst wenig stören. Dies wirkt sich günstig auf die Bodenorganismen und auf verschiedene komplexe Bodenprozesse aus und erleichtert nebenbei den Gärtnern das Leben, denen Bücken oder Bewegung schwerfällt. Es gibt zahlreiche praktische Alternativen zum klassischen Umgraben, die den Grundsätzen eines guten Umgangs mit dem Boden gerecht werden und reiche Ernten ermöglichen.

Einzelne Bereiche verbessern Statt bei schweren Böden jedes Jahr den gesamten Garten umzugraben, arbeitet man bei Aussaat- und Anzuchtbeeten mit der Gabel eine Schicht Sand (8 cm) in die oberste Bodenschicht (15 cm tief) ein. Diese Flächen legt man alljährlich an einem anderen Ort an. Das Kalken von Kohlbeeten deckt deren Bedarf an Calcium und regt die Tätigkeit von Regenwürmern und das Zersetzen der Humusschicht an.

Hochbeete Mithilfe einer Einfassung aus Brettern, die mit Mutterboden aus angrenzenden Wegen oder von einem anderen Ort im Garten aufgefüllt wurden, entsteht ein tieferes Beet. Dadurch vermeidet man Probleme, die auf schlechte Entwässerung, geringe Bodentiefe und verminderte Fruchtbarkeit zurückgehen. Man bearbeitet nur die Oberfläche; dies lässt sich bequem vom Weg aus erledigen, sodass die Anbaufläche nicht verdichtet wird.

Den Boden mit Respekt behandeln Stören Sie den Boden so wenig wie möglich und wenn, dann nur bei günstigen Bedingungen: Das Begehen und Bearbeiten von nassem Boden führt zur Verdichtung und zum Verlust der Bodenbelüftung. Der Versuch, trockenen Boden zu bearbeiten, führt zu einer größeren Verdunstung und bei Wind zum Verlust der trockenen obersten Schicht. Arbeiten Sie besser von Wegen aus oder auf einem Brett zwischen den Reihen, lockern Sie den Boden anschließend und decken Sie ihn mit einer Mulchschicht ab. Sie führt dem Boden Nährstoffe zu und schützt ihn. Die Pflanzen setzen Sie einfach durch die Mulchschicht in den Boden. Kompostieren Sie sämtliche Abfälle, um entnommene Nährstoffe dem Boden wieder zurückzugeben.

Natürliche Prozesse nachahmen Reichert man die oberste Bodenschicht regelmäßig mit organischen Materialien an, werden biologische Prozesse angeregt und Regenwürmer gefördert. Sie übernehmen quasi das Umgraben des Bodens.

können das Keimen entscheidend beeinflussen *(siehe Seite 53)*. Möglicherweise stand das Gemüse auch einfach an der falschen Stelle – entweder an einem zu sonnigen oder einem zu schattigen Standort – oder an einem besonders windigen Ort, obwohl es genau das Gegenteil braucht.

Aber mit Sicherheit konnten Sie auch Erfolge verbuchen, und jede erfolgreiche Ernte ist eine Belohnung für Ihre Mühe und ein Beitrag zu einer gesunden Ernährung. Jedes Jahr ist anders, und deshalb werden auch die erfahrensten Gärtner immer wieder auf die Probe gestellt. Doch die meisten kehren jedes Frühjahr voller Optimismus in ihren Garten zurück. Sie haben also jeden Grund, sich von den Erfolgen der vergangenen Saison ermutigen zu lassen.

Winterrückschnitt – ja oder nein?

Grundsätzlich gilt: Schneiden Sie Obstgehölze niemals bei Frost. Die meisten Obstbäume und -sträucher haben jetzt eine Ruhephase, in der sie nicht wachsen und Wunden nicht schließen können. Frisch geschnittene Triebe sind außerdem frostempfindlicher.

- Beginnen Sie mit dem Schnitt frühestens Mitte Januar, aber nur, wenn kein Frost herrscht. In dieser Zeit sollten Sie außerdem nur sehr robuste Obstarten wie Äpfel oder Birnen schneiden. In Regionen, in denen noch lange Frost droht, schneidet man besser erst ab Mitte Februar oder sogar noch später.
- Scharfe Werkzeuge verwenden und saubere Schnitte ausführen.
- Entfernen Sie zunächst totes und befallenes Holz sowie dünne schwache Triebe. Auch sich kreuzende Äste und solche, die den Aufbau stören, werden entfernt *(siehe rechts)*.

Tote Seitentriebe – wie hier beim Apfelbaum – schneidet man bis ins gesunde Holz zurück. Dies gilt für den Schnitt aller Obstgehölze.

Einen Versuch wert ...

Betrachten Sie den gesamten Garten als ein Ökosystem und sorgen Sie für eine große Pflanzenvielfalt. Untersuchungen haben gezeigt, dass eine größere Vielfalt für bessere Wachstumsbedingungen im Boden und in der Umgebung sorgt. Schaffen Sie ein Gleichgewicht zwischen Gemüse und Blumen, einjährigen und ausdauernden Pflanzen, Gemüsen und Obstgehölzen und setzen Sie die verschiedensten Kräuter dazwischen *(siehe links)*.

Noch nicht zu spät ...

Eine Furche für Stangenbohnen ausheben: Gartenabfälle kommen in dieser Jahreszeit nicht mehr auf den Kompost, da kaltes Wetter das Zersetzen hemmt. Stattdessen können Sie sie einen Spaten tief untergraben, wo sie einen feuchten Wurzelbereich für die Bohnen schaffen. Mit der ausgehobenen Erde der nächsten Furche deckt man die Gartenabfälle ab.

Zeit übrig?

Pfirsiche und Nektarinen, die an Mauern als Spalier oder Kordon gezogen werden, hängt man mit durchsichtiger Polyäthylenfolie ab. So wehrt man die Sporen der Kräuselkrankheit ab und außerdem entsteht während der Blüte ein etwas wärmeres Mikroklima. Die Folie sollte die Äste nicht berühren, die Enden bleiben zur Belüftung offen.

Rosenkohl In den Tagen, als es schon zahlreiche Wirsingsorten gab, waren nur zwei Sorten Rosenkohl bekannt. Heutzutage gibt es Hunderte, zumeist F1-Hybriden, die für die Massenproduktion und -ernte gezüchtet sind. Die Pflanzen werden beim Ernten herausgezogen und vollständig abgeerntet. Die Röschen selbst sind hart und klein und besitzen ein mildes, sanftes Aroma. Bewährte Sorten wie 'Diablo', 'Fillbasket' und 'Seven Hills' ermöglichen vom Frühherbst bis zum Frühlingsende zahlreiche Ernten und bringen große, herzhafte, angenehm aromatische Röschen hervor, die köstlich zu knusprig gebratenem Bacon schmecken, aber auch roh in Salat gerieben werden können. Geerntet wird von unten nach oben. Gleichzeitig entfernt man sämtliche Blätter unter der jeweiligen Erntehöhe, egal ob grün oder vergilbend, um so die darüberliegenden Röschen zum Heranreifen anzuregen. *(Siehe auch Seite 190.)*

Pastinaken Der zweite klassische englische Wein aus Gartenkräutern oder Gemüsen neben Löwenzahn wird aus dem letzten Rest der Pastinakenernte bereitet, zumeist im Frühjahr, wenn die überlebenden Wurzeln wieder Blätter austreiben und einen unerwünschten Kern in der Mitte der Wurzel entwickeln. Bis dahin zählen Pastinaken jedoch unter den Wurzelgemüsen zu den Haupterzeugnissen des Gartens. Vorausgesetzt, die Entwicklungszeit ist lang genug, sind sie leicht zu ziehen – in sehr milden Regionen liefert auch eine Mitsommeraussaat noch Minigemüse –, über-

Löwenzahn

Je nach Einstellung wahlweise als schädliches Unkraut oder als vielseitiger Wildsalat betrachtet, wird Löwenzahn seit dem Mittelalter wegen seiner Blätter geschätzt: Zwischen Frühling und Herbst wird er zwei bis drei Wochen unter der Erde, Töpfen oder Tellern gebleicht und dann als stärkende, mineralienreiche Zutat für Salate geerntet. Von qualitativ hochwertigen Sorten sind Samen erhältlich, und die Qualität lässt sich im Winter durch die Zugabe von zersetztem Mist steigern.

Bevor sie im Herbst die Blätter verlieren, werden die kräftigsten Pflanzen markiert und jetzt behutsam und mit dem größtmöglichen Wurzelanteil ausgehoben. Getrocknet ergeben sie einen koffeinfreien »Kaffee« oder einen Ersatz für die Zichorie, der mit Kaffee vermischt werden kann. Gründlich die Erde entfernen, kleine Wurzeln im Ganzen belassen, große der Länge nach teilen und in einem warmen Raum (oder Gewächshaus) auf Papier zum Trocknen auslegen. Anschließend werden sie gebraten, bis sie spröde sind, und zerstoßen oder grob gemahlen. Wer das Aussamen des Löwenzahns fürchtet, schneidet die Blüten im Frühling ab und bereitet aus ihnen einen der köstlichsten Landweine.

Ernte für das Festessen

Am Weihnachtsmorgen unternehmen Gemüsegärtner gern eine besondere Pilgerfahrt in ihren Garten, um Wintergemüse für das Festmahl zu besorgen. Mitunter erfüllt es sie sogar mit besonderem Stolz, so viele verschiedene Gemüse wie nur möglich nach Hause zu bringen. Dies ist die Stunde der allerbesten Gemüse wie gleichmäßig gewachsenem makellosem Rosenkohl, preisverdächtigem Lauch und perfekt geformten Schalotten sowie der Augenblick, die Erfolge eines langen Gartenjahrs zu feiern. Vergessen Sie nicht die sorgfältig gelagerten roten Zwiebeln und neuen Kartoffeln, die Sie im Spätsommer in Töpfe gesetzt haben und die jetzt trocken unter den Stellagen lagern. Sammeln Sie Petersilie, Meerrettich und andere frische Kräuter für Füllungen und Saucen, nehmen Sie einige Blätter Pflücksalat aus dem Frühbeet hinzu und holen Sie einige Flaschen Pastinaken- oder Petersilienwein aus der Vorratskammer. Das Weihnachtsessen kann der Höhepunkt des Gartenjahres sein, eine letzte Ernte, bevor das neue Jahr seinen Anfang nimmt.

S. 59 *siehe* Zwiebelkonfitüre
S. 159 *siehe* Petersilienwein
S. 175 *siehe* Neue Kartoffeln aus der Pfanne mit Gewürzen
S. 176 *siehe* Rosenkohl mit Semmelbröseln

wintern in jedem Boden, außer in besonders steinigem oder nassem, und gewinnen im Laufe der Zeit zunehmend an Aroma, insbesondere nachdem ein oder zwei Frosttage dafür gesorgt haben, dass noch etwas Stärke in Zucker umgewandelt wird.

Die alten Sorten suchen immer noch ihresgleichen: Sie reichen von der tief wurzelnden 'Hollow Crown', ihrem überlegenen Nachfahren 'The Student' oder der krankheitsresistenten 'Tender and True', die ihrem Namen alle Ehre macht, bis zu Sorten wie 'White Gem', 'Gladiator' und 'Javelin F1'. Sie werden mit Spaten oder Gabel so behutsam herausgehoben, dass die Wurzeln nicht beschädigt werden, und lassen sich vielfältig verarbeiten: von den schmackhaften, unwiderstehlichen frittierten Pastinakenchips bis zur Pastinakensauce und einer Vielzahl klassischer ländlicher Desserts wie Pastinakenflans und Puddings. *(Siehe auch Seiten 183–184.)*

Experten-tipp

Gelagerte Kartoffeln sollte man regelmäßig auf feuchte Stellen überprüften. Diese weisen auf Fäulnis hin und können eine gesamte Partie dieses herrlichen Lagergemüses vernichten. Bei Anzeichen von Fäule sollten Sie die ganze Kiste leeren, befallene Kartoffeln wegwerfen und die restlichen so lagern, dass sie vor den anderen verbraucht werden. Leicht befallene Kartoffeln können, nachdem man die entsprechenden Stellen weggeschnitten hat, verwendet werden.

Wirsing

Die schweren festen Kohlköpfe mit den dunklen krausen Blättern sind der winterhärteste Kohl, und wer eine frühe und eine späte Sorte zur gleichen Zeit aussät, kann vom Herbst bis fast zum Ende des Frühlings ernten. Um unterschiedliche Sorten muss man sich jedoch richtiggehend bemühen: Die meisten Kataloge führen moderne Hybriden, häufig mit Weißkohl gekreuzt, um die Sorte blasser zu machen, oder ein bis zwei der älteren Sorten, wie 'Best of All', 'Early Ormskirk' oder 'Late Drumhead', würdige Überlebende aus früheren Zeiten. Im 19. Jahrhundert boten die Märkte in Paris Dutzende Sorten an: französische, belgische, italienische, flachköpfige oder röhrenförmige, blaue oder nahezu goldgelbe, glatte oder eng gekrauste. Die Stadtgärtner säten sie reichlich aus, bewahrten Exemplare aus dem Aussaatbeet auf, die sie spät und so dicht wie Salatköpfe zwischen andere Gemüse setzten und als Wildkohl oder Gemüsekohl im Winter und Frühling ernteten. Diese Tradition hätte es verdient, wiederbelebt zu werden, denn Wirsing ist die feinste unter den Kohlsorten. Er enthält mehr Mineralien und Vitamine als die anderen Sorten, ist milder im Geschmack und weniger schwefelhaltig. Wirsing ist überdies die beste Sorte zum Füllen, und mit seiner schier riesigen Blattoberfläche geradezu prädestiniert, große Mengen einer guten Bratensauce aufzunehmen. *(Siehe auch Seite 191.)*

JETZT AUF DEN TISCH

Wenn alles nach Plan verlaufen ist, sollte die Speisekammer jetzt gut gefüllt sein mit Eingemachtem aller Art und der Garten noch voller Wintergemüse. Solche Wintergemüse sind weder fad noch langweilig – Ideen und Inspirationen, wie man sie verwertet, entstehen beim Kochen. Schließlich gibt es in dieser Jahreszeit eine Vielzahl hervorragender Gemüse, etwa verschiedene Wurzelgemüse, die man braten kann, sowie herzhafte Kohlsorten für kreative Zusammenstellungen mit Zuchtpilzen, Knoblauch und Sonnenblumenkernen, abgerundet durch ein Bouquet garni aus selbst gezogenen getrockneten Kräutern. In frostgeschützten Lagen kann an milden sonnigen Tagen auch noch Salat geerntet werden, während die eingemachten Herbstfrüchte nun für eine Vielzahl von Desserts und Obstkuchen bereitstehen. *(Siehe Jetzt ernten, Seite 146.)*

REZEPTE

LAUCHSUPPE MIT SAUERAMPFER

Für 4 Personen

Eine schlichte Lauch-Kartoffel-Suppe, die auch Sauerampfer enthält, ein zu selten eingesetztes Blattgemüse, das Speisen ein Zitronenaroma verleiht. Die dicke Suppe mit dunklen grünen Flecken bildet eine nahrhafte Mahlzeit.

115 g weiße Bohnen, über Nacht eingeweicht und abgegossen

60 g Butter

1 große Handvoll Sauerampfer, gewaschen und klein geschnitten

4 große Stangen Lauch, in Ringe geschnitten

4 große Kartoffeln, geschält und in Scheiben geschnitten

1,4 l heißes Wasser

Salz und frisch gemahlener Pfeffer nach Belieben

1 EL Sahne

- Die eingeweichten Bohnen 2 Stunden ohne Salz garen. Wenn sie gar sind, die Butter in einem schweren Topf zerlassen und Sauerampfer, Lauch und Kartoffeln dazugeben. Mit heißem Wasser bedecken und 30 Minuten köcheln.
- Die Bohnen hinzugeben, die Suppe gut erhitzen und abschmecken. Die Sahne unterziehen und sofort servieren.

KOHLSUPPE

Für 4 Personen

Die dicke, würzige Suppe ist in Frankreich unter dem Namen *garbure* bekannt und existiert dort in zahlreichen Varianten. In dieser Rezept-Variante verwendet man Pökelfleisch, das der Suppe eher den Charakter eines Eintopfs verleiht und sie zu einem nahrhaften Mittagessen werden lässt.

2 EL Olivenöl

2 Zwiebeln, geschält und klein gewürfelt

3 Speiserüben, geschält und klein geschnitten

4 Kartoffeln, geschält und klein geschnitten

1/2 Weißkohl, geschnetzelt

450 g Pökelfleisch

600 ml Wasser

Salz und frisch gemahlener Pfeffer nach Belieben

Zum Servieren

8 dünne Scheiben Baguette

60 g Greyerzer, gerieben

- Das Öl in einem Topf erhitzen und die Zwiebeln darin glasig anschwitzen. Die Gemüse, das Pökelfleisch und das Wasser zugeben und zum Kochen bringen. Die Hitze reduzieren und zugedeckt köcheln lassen, bis das Pökelfleisch weich ist. Abschmecken und gegebenenfalls nachwürzen – viel Salz dürfte nicht fehlen, da das Fleisch bereits salzig ist.
- Das Pökelfleisch entnehmen und in feine Scheiben schneiden.
- Den Backofen auf die Grillstufe einstellen. Einige Scheiben Fleisch in 4 feuerfeste kleine Schalen geben und die Suppe darüberschöpfen. Jeweils 2 Scheiben Baguette auf die Suppe legen und ganz mit Greyerzer bestreuen, damit das Brot unter dem Grill nicht verbrennt. Die Schalen in den Backofen stellen, bis der Käse Blasen wirft und Farbe annimmt. Sofort servieren.

MINESTRONE

Für 4 Personen

In einem Gemüsekochbuch darf Minestrone nicht fehlen. Der Klassiker kombiniert Gemüse mit Reis oder Pasta. Zu meinem Rezept gehört auch Pesto.

115 g weiße Bohnen, über Nacht eingeweicht und abgegossen

2 EL natives Olivenöl extra

1 große Zwiebel, geschält und in Ringe geschnitten

1 Stange Lauch, nur der weiße Teil, in Ringe geschnitten

2 Knoblauchzehen, klein geschnitten

2 Möhren, geputzt und in Scheiben geschnitten

2 große Kartoffeln, geschält und gewürfelt

1 Speiserübe, geschält und gewürfelt

einige Blätter Basilikum

2 EL Tomatenmark, in einer Tasse mit heißem Wasser aufgelöst

Salz und frisch gemahlener Pfeffer

2,4 l Geflügel- oder Gemüsebrühe

1 Handvoll Reis oder Suppennudeln

1 Handvoll Spinat

2 EL Pesto *(siehe Seite 138)*

Zum Servieren

Ciabatta

1 Knoblauchzehe

natives Olivenöl extra zum Beträufeln

- Die eingeweichten Bohnen mit Wasser bedeckt 2 Stunden ohne Salz garen.
- Öl in einer Pfanne erhitzen und Zwiebel, Lauch und Knoblauch anschwitzen, bis sie glasig sind. Möhren, Kartoffeln und die Speiserübe dazugeben und das Basilikum darüberstreuen. Das verdünnte Tomatenmark angießen und salzen. In einen großen Topf umfüllen und Bohnen, Brühe, Reis oder Pasta hineingeben. 1 Stunde köcheln.
- Nach 40 Minuten den Spinat dazugeben und weiterköcheln lassen. Das Pesto erst hineinrühren, wenn alle Gemüse gar sind. Mit Salz und Pfeffer abschmecken.
- Das Ciabatta rösten, mit der aufgeschnittenen Knoblauchzehe einreiben, mit Olivenöl beträufeln und zur Minestrone reichen.

FENCHELSUPPE MIT KNOBLAUCH-CROÛTONS

Für 4 Personen

Diese ungewöhnliche Suppe wird bei jeder Einladung die Aufmerksamkeit auf sich lenken. Sie ist cremig und besticht mit leichtem Anis-Aroma.

2 EL Olivenöl

15 g Butter

4 Fenchelknollen, geputzt und in feine Scheiben geschnitten

1 Stange Lauch, geputzt und grob gehackt

1,2 l heiße Gemüse- oder Geflügelbrühe

Salz und frisch gemahlener Pfeffer nach Belieben

Croûtons

1 Knoblauchknolle, geschält

3 TL natives Olivenöl extra sowie etwas Olivenöl zum Beträufeln

4 Scheiben Ciabatta (1 cm dick)

30 g Parmesan, frisch gerieben

frisch gemahlener Pfeffer

- Den Backofen auf 200 °C vorheizen.
- Die Croûtons zubereiten. Knoblauchknolle mit 1 Teelöffel Öl beträufeln und in Folie wickeln. 45 Minuten im Ofen garen, bis der Knoblauch sehr weich ist. Ist die Knolle abgekühlt, die Zehen in eine Schüssel ausdrücken. Mit einer Gabel zerdrücken, restliches Öl untermischen und beiseitestellen.
- Das Ciabatta rösten, bis es leicht Farbe annimmt, und ebenfalls beiseitestellen.
- Nun die Suppe zubereiten: Öl und Butter in einem großen Topf erhitzen. Fenchel und Lauch darin anschwitzen, bis sie weich sind. Die Brühe angießen und zum Kochen bringen. Die Hitze reduzieren und die Gemüse köcheln, bis sie sehr weich sind.
- Die Gemüse mit einer Schaumkelle herausheben, im Mixer pürieren, zurück in die Suppe geben und erneut köcheln, bis alles warm ist. Mit Salz und Pfeffer abschmecken.
- Die Ciabatta-Scheiben mit dem Knoblauchpüree bestreichen. Die Suppe in 4 Schalen geben, je 1 Scheibe Ciabatta daraufgeben und mit Parmesan bestreuen. Mit etwas Öl beträufeln, pfeffern und servieren.

PFANNKUCHEN MIT FENCHEL UND LAUCH

Für 4 Personen

Wenn man die Pfannkuchen bäckt und nicht brät, wird die Kalorienzahl etwas reduziert. Das Gemüse wird püriert und zum Teig dazugegeben – statt des angegebenen Gemüses kann man auch andere Gemüse wie Kartoffeln und Möhren verwenden. Die Pfannkuchen passen gut als Beilage zu Suppe oder Salat.

2 TL natives Olivenöl extra

1 Fenchelknolle, geputzt und in feine Scheiben geschnitten

2 große Stangen Lauch, nur der weiße Abschnitt, in feine Ringe geschnitten

3 EL Wasser

1 großes Ei, verquirlt

250 g Naturjoghurt

115 g Weizenmehl

115 g Cheddar, gerieben

1 EL frischer Schnittlauch, in feine Röllchen geschnitten

- Öl in einer Pfanne erhitzen und Lauch und Fenchel darin anbraten, bis sie weich sind. Das Wasser angießen, damit die Gemüse nicht ansetzen und später weich genug sind zum Pürieren.
- Den Backofen auf 190 °C vorheizen.
- In einer Schüssel das Ei mit Joghurt und Mehl zu einem glatten Teig verquirlen.
- Fenchel und Lauch pürieren, das Gemüse mit dem Cheddar und dem Schnittlauch zum Teig geben. Alles zu einer glatten Masse verrühren.
- Den Teig jeweils esslöffelweise auf ein gefettetes Backblech geben, genügend Abstand zwischen den Pfannkuchen lassen und 15 Minuten backen, bis sie goldbraun sind. Heiß servieren.

FENCHEL-KRÄUTER-RISOTTO

Für 4 Personen

Durch den Zusatz von Wein zur Brühe gewinnt dieser Risotto an Raffinesse.

30 g Butter

1 EL Olivenöl

2 Knoblauchzehen, in feine Scheiben geschnitten

1/2 Zwiebel, geschält und fein geschnitten

1 Fenchelknolle, geputzt und in feine Scheiben geschnitten

350 g Arborio-Reis (oder ein anderer Risottoreis)

360 ml trockener Weißwein

900 ml heiße Gemüse- oder Geflügelbrühe

30 g Parmesan, frisch gerieben, sowie etwas Parmesan zum Garnieren

1 TL frischer Thymian, fein gehackt

1 TL frischer Majoran, fein gehackt

1 TL frische glattblättrige Petersilie, fein gehackt

frisch gemahlener Pfeffer

- Butter und Olivenöl in einem großen Topf bei mittlerer Hitze zerlassen. Knoblauch und Zwiebel darin 2–3 Minuten anschwitzen, bis sie glasig sind. Den Fenchel zugeben und 2–3 Minuten mit anschwitzen.
- Den Reis zugeben und etwas Wein angießen. Rühren, bis die Flüssigkeit fast vollständig vom Reis aufgenommen wurde, dann etwas Brühe angießen, erneut rühren, wieder etwas Wein, und so im Wechsel, bis die gesamte Flüssigkeit verbraucht und vom Reis aufgenommen ist. Anschließend den Risotto 15 weitere Minuten garen. Parmesan und Kräuter zufügen und 2–3 Minuten kräftig rühren. Der Risotto ist fertig, wenn der Reis weich ist, aber noch einen festen Kern hat.
- Den Risotto in einzelnen Schälchen servieren, mit schwarzem Pfeffer bestreuen und mit etwas Parmesan garnieren.

MAROKKANISCHE MÖHREN

Für 6 Personen

Salat aus gegarten Möhren ist ein beliebtes Gericht in Marokko und eine köstliche erfrischende Vorspeise. Für dieses Gericht werden besser keine allzu großen Möhren verwendet, da sie verholzt sein könnten: Je kleiner, desto besser!

1 EL Kreuzkümmelsamen
55 ml natives Olivenöl extra
12 Möhren, geputzt und in feine Stifte geschnitten
1/2 TL Salz
1 EL Honig
4 TL frischer Zitronensaft
12 schwarze Oliven, entkernt und fein gehackt
2 TL frische Minze, fein gehackt
frisch gemahlener Pfeffer
1 Handvoll frischer Koriander

- Die Kreuzkümmelsamen in einer schweren Pfanne 4 Minuten unter gelegentlichem Rühren rösten, dann im Mörser zerstoßen und beiseitestellen.
- Das Olivenöl in einem großen Topf erhitzen, die Möhren zufügen und 5 Minuten braten, bis sie weich und goldgelb sind. Die Pfanne dabei gelegentlich rütteln, damit die Möhren von allen Seiten anbraten. Mit Salz bestreuen.
- Die Möhren auf Küchenkrepp abtropfen lassen, dann in eine Schüssel geben. Honig, Zitronensaft, Oliven und die zerstoßenen Kreuzkümmelsamen vermischen und über die Möhren geben. Die Minze und etwas gemahlenen Pfeffer darunterühren. Vor dem Servieren mit Koriander garnieren.

HERBSTRÜBENSALAT

Für 4 Personen

Manchem mag die Kombination dieser Zutaten merkwürdig erscheinen, doch sie ergeben einen köstlichen Salat mit einem süßen und leicht säuerlichen Geschmack. Herbstrüben werden unterschätzt, diese Sauce unterstreicht ihr Aroma.

4 Herbstrüben, geschält und klein geschnitten
1 Bund Frühlingszwiebeln, geputzt und klein geschnitten
2 knackige Äpfel, geschält, Kerngehäuse entfernt, klein geschnitten
115 g extrafeiner Zucker
55 ml Sonnenblumenöl
1/2 TL Salz
1/4 TL frisch gemahlener Pfeffer

- Einen großen Topf Salzwasser zum Kochen bringen. Die Rüben hineingeben und garen, bis sie zart, aber noch fest sind. Abgießen und abkühlen lassen.
- In einer großen Schüssel die Rüben mit den Frühlingszwiebeln, Äpfeln und dem Zucker vermischen. Gut rühren, sodass sich der Zucker gut verteilt.
- Öl, Salz und Pfeffer verquirlen. Die Sauce über den Salat geben, vermischen und vor dem Servieren über Nacht ziehen lassen.

Einen Versuch wert
Selleriesalz

Gewürzsalz, das aromatisiert wurde und zum Würzen von Geflügel, Saucen und Salatsaucen verwendet wird, kann man mit fast jedem getrockneten und zerstoßenen Gewürz zubereiten. Die Samen werden in einem Mörser zermahlen. Das ist nicht ganz einfach, denn es dauert mindestens 10 Minuten, bis alle Gewürze fein zerstoßen sind. Benötigt werden 225 Gramm feines Salz, 1 Esslöffel Selleriesamen und 1 Teelöffel weiße Pfefferkörner. Alle Zutaten in einen Mörser geben und zu einer feinen Mischung verarbeiten. Damit sich das Aroma hält, bewahrt man das Selleriesalz in einem luftdichten Behälter auf.

MEG DODS' RÜBENPÜREE

Für 6 Personen

Für Speiserüben und Kohlrüben ist das Angebot an Rezepten eher begrenzt, und zumeist beschränken sie sich darauf, die Rüben zu pürieren und sie mit unterschiedlichen Aromen zu kombinieren. So auch in diesem klassischen Rübengericht, das zu Wurst – und ursprünglich zum schottischen Haggis – serviert wird. Und wer Meg Dods war? Das Pseudonym eines beliebten Kochs eines berüchtigten Esslokals im 19. Jahrhundert.

900 g Kohlrüben oder Speiserüben (am besten gelbe), geschält und gewürfelt
30 g Butter sowie etwas Butter zum Servieren
1 Prise Muskatnuss
1 großzügige Prise frisch gemahlener Pfeffer oder 1/2 TL Ingwerpulver
1 Prise Salz

- Die Rüben in einen Topf geben und mit Wasser bedecken. Zum Kochen bringen, die Hitze reduzieren und zugedeckt 30 Minuten köcheln oder bis die Rüben sehr weich sind. Abgießen.
- Butter, Muskat, Pfeffer oder Ingwer und Salz dazugeben und zu einer glatten Masse verrühren.
- In eine große Schüssel geben, die Oberfläche der Masse mit einer Gabel einritzen und mit etwas Butter garniert servieren.

ERBSEN-FRITTERS

Für 4 Personen

Seit Generationen werden die Pea-Fritters mit Carlin- oder Maple-Erbsen bereitet *(siehe Seite 189)*, doch man kann auch jede andere getrocknete Erbsensorte oder sogar eine frische mehlige Erbsensorte verwenden. Die Fritters sind eine interessante Gemüsebeilage zu Fisch oder Geflügel.

115 g Trockenerbsen, über Nacht eingeweicht und abgegossen

1½ EL natives Olivenöl extra

1 Ei

60 g Mehl

½ TL Backpulver

75 ml Milch

Salz und frisch gemahlener Pfeffer nach Belieben

Sonnenblumenöl zum Braten

- Die eingeweichten Erbsen in einen Topf geben, mit Wasser bedecken und zum Kochen bringen. Die Hitze reduzieren und 45 Minuten köcheln, bis die Erbsen gar sind.
- Abgießen und die Erbsen zerdrücken. Olivenöl, Ei, Mehl, Backpulver, Milch, Salz und Pfeffer hinzugeben und gründlich vermischen.
- Das Öl in einer Pfanne erhitzen, den Teig löffelweise in das heiße Fett geben und die Fritters auf beiden Seiten knusprig und goldbraun ausbraten. Vor dem Servieren auf Küchenkrepp abtropfen lassen.

BOSTON BAKED BEANS

Für 4 Personen

Für das Gericht kann jede Art getrockneter Bohnen verwendet werden, obwohl die Sorte 'Dutch Brown' sich als die optimale Wahl für dieses reichhaltige Gericht, von dem man kaum genug bekommen kann, bewährt hat. Es lässt sich übrigens auch gut im Backofen bei 80 °C den ganzen Tag lang oder über Nacht garen.

225 g getrocknete Bohnen, über Nacht eingeweicht und abgegossen

225 g durchwachsener Speck, klein gewürfelt

1 EL Sirup

¼ TL schwarzer Pfeffer

4 EL Ketchup

1 EL Malzessig

- Den Backofen auf 180 °C vorheizen.
- Die Hälfte der Bohnen in einer Auflaufform (mit passendem Deckel) verteilen, die Speckwürfel dazugeben, mit den restlichen Bohnen abdecken und alles knapp mit Wasser bedecken.
- Mit dem Deckel gut verschließen und 1–1½ Stunden im Ofen garen.
- Den Sirup mit der gleichen Menge Wasser vermischen, Pfeffer, Ketchup und Essig unterrühren. Über die Bohnen geben.
- Weitere 1½ Stunden garen, dabei gelegentlich rühren und prüfen, ob die Bohnen gar sind.
- Direkt aus dem Topf mit Vollkornbrot servieren.

PETERSILIENWEIN

Ergibt 4 Flaschen à 75 cl

In guten Jahren kann eine Reihe Petersilie im Übermaß heranwachsen. Dieses Rezept verwandet den Überschuss in einen leichten und erfrischenden Hauswein für sämtliche Gelegenheiten – als Aperitif, kleiner Drink am Weihnachtsfeiertag, zum Ende eines langen Tags oder auch einfach nur als Wein zu den Mahlzeiten. Sie benötigen gutes Zubehör zur Weinbereitung und gute Zutaten. Diese lassen sich leicht über das Internet, in Fachgeschäften oder sogar in gut sortierten Apotheken beschaffen. Mit etwas Glück findet sich auch einiges auf dem Flohmarkt.

450 g Petersilie, Blätter und Stiele

4,5 l kochendes Wasser

30 g frische Ingwerwurzel

Schale und Saft von 2 unbehandelten Orangen

Schale und Saft von 2 unbehandelten Zitronen

1,4–1,8 kg extrafeiner Zucker

Weinhefe (Tokay, Sauternes oder Champagne)

- Die Petersilie grob zupfen, in eine Ton- oder Plastikschüssel geben und mit dem kochenden Wasser übergießen. Mit einem Handtuch abgedeckt 24 Stunden ziehen lassen.
- In einen Kochtopf abseihen, den Ingwer und die Orangen- und Zitronenschalen dazugeben und 20 Minuten kochen.
- Die Flüssigkeit in einem Gärbottich oder einem Eimer auf den Zucker gießen (weniger für einen trockenen Wein, mehr für einen halbtrockenen). Den Orangen- und Zitronensaft dazugießen.
- Wenn die Flüssigkeit fast abgekühlt ist, nach der Anweisung auf der Packung die Hefe angären lassen und hinzufügen. Abdecken und 2 Wochen ruhen lassen, gelegentlich abschöpfen, bis die heftige Gärung endet.
- In eine Korbflasche abseihen, mit einem Gärverschluss versehen und ruhen lassen, bis der Gärprozess aufhört (6 Monate oder länger).
- In sterilisierte Flaschen filtern, verkorken und mindestens weitere 6 Monate ruhen lassen.

KLEINE ROTE-BETE-KUCHEN

Ergibt 12 kleine Kuchen

Dies sind kleine, feuchte Kuchen, die ähnlich wie Möhrenkuchen bereitet werden. Rote Beten sind nicht ganz so feucht wie Möhren. Sollte die Mischung daher etwas trocken sein, kann man etwas mehr Milch hinzufügen.

115 g brauner Zucker
5 EL Sonnenblumenöl
60 g Butter, zerlassen
3 Eier
2 EL Milch
abgeriebene Schale von 1 Orange
85 g Walnüsse, klein gehackt
85 g Sultaninen, fein gehackt
175 g Rote Bete, geschält und gerieben
175 g Mehl
3 TL Backpulver

Garnierung

300 g Frischkäse
2 EL Honig
Zesten von 1 Orange

- Den Backofen auf 200 °C vorheizen. Eine flache Muffinform (à 12 Stück) mit doppelten Papierförmchen auslegen *(siehe Seite 144)*.
- Zucker, Öl, Butter, Eier und Milch in einer Schüssel zu einer glatten Masse verquirlen. Orangenschale, Walnüsse, Sultaninen und Rote Bete hinzufügen und vermischen.
- Mehl und Backpulver sieben und unter die Masse ziehen. Nicht zu lange vermischen. Den Teig in die Papierförmchen verteilen.
- 20 Minuten backen. Dann mit einem Holzstäbchen in eines der Förmchen stechen. Die Kuchen sind gar, wenn beim Herausziehen kein Teig mehr an dem Stäbchen haftet.
- In der Form abkühlen lassen, dann auf einen Gitterrost geben und auskühlen lassen.
- Für die Garnierung den Frischkäse mit dem Honig und den Orangenzesten in einer Schüssel verrühren. Einige Zesten zum Garnieren beiseitelegen. Mit einem Messer oder der Rückseite eines Löffels über die Kuchen streichen. Jeden Kuchen mit einem winzigen Kringel Orangenzeste dekorieren.

JAMAIKA-PATTIES

Ergibt 24 Patties

Patties sind ein Schatz aus Jamaika, ihr leichter Currygeschmack erinnert an den Einfluss der Briten auf der Insel zur Kolonialzeit. Fleisch-Patties werden mittags oder abends verzehrt oder auch als willkommener Snack zwischendurch. Sie lassen sich leicht aus einer köstlich aromatischen Mischung von Lamm, Curry, Süßkartoffel, Chili und Limette zubereiten. Statt des Lammfleischs kann man auch Rinderhack verwenden. Der Teig hält sich im Kühlschrank mehrere Tage, sollte jedoch vor dem Ausrollen auf Zimmertemperatur gebracht werden. Bereiten Sie die Patties morgens vor und stellen Sie sie bis zum Backen kühl. Reichen Sie eine scharfe Sauce aus der Karibik als Dip dazu.

2 EL braune Senfkörner
350 g Weizenmehl
1 EL Currypulver
1 TL Cumin, gemahlen
1/2 TL Salz
115 g kalte Butter, gewürfelt
150 ml Eiswasser
1 EL Weinessig
1 Eigelb, verquirlt
scharfe Sauce nach Karibik-Art, als Dip

Füllung

1 EL Sonnenblumenöl
1/2 Zwiebel, geschält und gewürfelt
1/2 grüne Chilischote, Samen entfernt, fein geschnitten
1/2 TL Ingwerwurzel, geschält und klein geschnitten
1 Flaschentomate, Samen entfernt und gewürfelt
1/2 Süßkartoffel, geschält und gewürfelt
115 g mageres Lammfleisch, gewürfelt
Salz und frisch gemahlener Pfeffer nach Belieben
1 EL Limettensaft, frisch gepresst
1 Ei, verquirlt

- Zunächst den Teig zubereiten. Die Senfkörner in einer kleinen Pfanne unter gelegentlichem Rütteln erhitzen, bis sie nach 2–3 Minuten duften. Mehl, Curry, Kreuzkümmel, Salz und Senfkörner in der Rührschüssel der Küchenmaschine vermischen. Die Butter dazugeben und zu einem krümeligen Teig verrühren.
- Eiswasser, Essig und das Eigelb vermischen und nach und nach in die Schüssel geben, sodass sich ein Teigklumpen bildet. In Klarsichtfolie einschlagen und im Kühlschrank ruhen lassen.
- Den Backofen auf 180 °C vorheizen.
- Die Füllung zubereiten: Das Öl in einer Pfanne erhitzen und Zwiebel, Chili, Ingwer, Tomate und Süßkartoffel dazugeben. Anbraten, bis die Zwiebel und Süßkartoffel weich werden. Das Lammfleisch dazugeben und unter gelegentlichem Rühren etwa 5 Minuten, bis das Fleisch gar ist, braten. Mit Salz und Pfeffer abschmecken. Die Mischung abkühlen lassen, dann den Limettensaft angießen.
- Die Arbeitsfläche leicht bemehlen und den Teig 3 mm dick ausrollen. Kreise von 7,5 cm Durchmesser ausstechen. Jeweils auf eine Teighälfte 1 Esslöffel der Füllung geben. Den Teigrand mit Ei bestreichen und die Patties halbkreisförmig über der Füllung zusammenklappen, den Rand fest andrücken und verschließen. Die Oberseite mit etwas Ei bestreichen. Die Patties auf ein geöltes Backblech geben und 10 Minuten im Ofen backen. Sofort mit etwas scharfer Sauce und mit Chilistücken garniert servieren.

Spätwinter

Einstimmung

In guten Jahren ahnt man den kommenden Frühling schon ganz leicht in den letzten Spätwintertagen. Manchmal verführt er uns im blassen Sonnenlicht bei leicht ansteigenden Temperaturen zu frühen Aussaaten. In anderen Jahren wiederum bleibt einem nichts anderes übrig, als Schnee zu schaufeln oder im Gewächshaus vor beißendem Wind und hartnäckigem Regen Schutz zu suchen. Passen Sie sich dem Wetter an: Sie haben noch reichlich Zeit, im Freien einiges herzurichten, während im Gewächshaus die Dinge in aller Ruhe ihren Lauf nehmen. Nach einigen milden trockenen Tagen lässt sich vielleicht bereits ein erster Versuch im Aussaatbeet machen, in der tröstlichen Sicherheit, dass der Frühling ganz bestimmt kommen wird.

Der Spätwinter ist für alle Gemüsegärtner eine vergleichsweise ruhige Zeit, bevor im Frühjahr das Wachstum wieder einsetzt.

JETZT ERNTEN

Feldsalat, Frühlings-Barbarakraut, Chicorée, Grünkohl, Kohl (Winter), Lauch, Meerkohl (vorgetrieben), Pastinaken, Pflücksalat, Rhabarber (vorgetrieben), Rosenkohl, Salat, Sauerampfer, Schwarzwurzel, Topinambur

JETZT AUSSÄEN

Gewächshaus Dicke Bohnen, Erbsen, Erdbeeren (auch Walderdbeeren), Pflücksalat, Schalotten (Samen), Schnittlauch, Sellerie, Spargel, Tomaten

Frühbeet Dicke Bohnen, Frühlingszwiebeln, Möhren, Radieschen

Freiland Pastinaken

JETZT PFLANZEN

Rhabarber

WAS JETZT ZU TUN IST

Bodenvorbereitung Den Boden im Garten kann man fast zu jeder Jahreszeit umgraben, außer wenn die Erde gefroren, staunass oder zu trocken ist. Im Idealfall sollten die Bodenarbeiten jedoch bis zum Ende des Winters abgeschlossen sein:

- Die Niederschläge im Winter und Frühjahr füllen die Wasservorräte im Boden auf und dringen sehr leicht in gelockerten Boden ein.
- Schwere Lehmböden bestehen aus sehr feinen Körnern, die hartnäckig zusammenhängen. Wenn die gelockerten Klumpen einem Wechsel von Frost und Tauwetter ausgesetzt sind, wird auf einfache Weise die Bodenbeschaffenheit verbessert.
- Es bleibt selten genug Zeit, diese Arbeit später durchzuführen. Außerdem braucht bearbeiteter Boden mehrere Wochen, um wieder eine stabile Struktur zu entwickeln.

Umgraben ist allerdings nicht immer notwendig. Wenn der Boden gut durchlässig ist und die Pflanzen kräftig gedeihen, ist ein oberflächliches Bearbeiten meist ausreichend, besonders wenn der Boden jährlich gemulcht wird.

Das Bearbeiten von sehr leichtem Boden hat bis zum Ende des Winters Zeit. Gräbt man zu früh um, kann der Boden bei starken Regenfällen Nährstoffe verlieren. Vergessen Sie nicht, frisch bearbeitete leichte Böden vor dem Einsäen und Pflanzen leicht anzutreten.

Gründünger wird vier bis sechs Wochen vor Nutzung des Beets untergegraben, damit der Zersetzungsprozess der Pflanzenreste bereits eingesetzt hat. Schließen Sie alle größeren Bodenarbeiten ab, sodass Sie vor dem Pflanzen den Boden lediglich noch mit einer Gabel lockern oder mit einem Rechen feinkrümelig rechen müssen.

Gründünger zersetzt sich schneller, wenn man ihn zerkleinert, bevor man ihn in die oberste Bodenschicht einarbeitet.

Wintertätigkeiten im Gewächshaus In dieser Jahreszeit bringt man das Aufräumen und Säubern des Gewächshauses, mit dem man im Spätherbst begonnen hat, zu Ende. Die Arbeit im Gewächshaus kann jetzt eine wahre Freude sein, selbst die alljährliche Routine des Fensterputzens, das am besten geschieht, wenn das Gewächshaus leer ist. An einem milden Tag, wenn Türen und Belüftung geöffnet werden können, wird das Gewächshaus vollständig geleert und die Scheiben innen und außen mit warmer Seifenlauge gereinigt. Und weil alles gerade zur Hand ist, werden Frühbeete und Folientunnel gleich mitgesäubert.

Die Verwendung schmutziger Töpfe und Schilder kann die sorgfältigste Gewächshausarbeit gefährden. Waschen Sie auch Holzablagen mit warmer Seifenlauge ab und behandeln Sie sie anschließend mit einem pflanzenfreundlichen Pflegemittel. Säubern Sie die Samenschilder und entfernen Sie alte Aufschriften mit Stahlwolle. Tipp: Verwenden Sie zum Beschriften lieber einen weichen Bleistift, der sich einfach ausradieren lässt. Waschen Sie alle Töpfe aus und lassen Sie sie trocknen, bevor sie nach Größe sortiert gestapelt werden – das spart Zeit bei der späteren Nutzung. Vergessen Sie nicht, auch den Raum unter den Stellagen zu reinigen und aufzuräumen – oft findet sich dort ein Sammelsurium von alten und verloren geglaubten Gegenständen.

Lüften Sie zum Schluss das Gewächshaus, bis alles wieder trocken ist, und räumen Sie es dann wieder ein. Füllen Sie auch die Vorräte an frischer Aussaat- und Gartenerde auf. Wenn Sie sie im Gewächshaus lagern, kann sich alles etwas anwärmen. Legen Sie Zeitungen, Vlies oder alte Gardinen bereit, um später frühe Aussaaten und Sämlinge im Falle eines Kälteeinbruchs abdecken zu können. Lockern Sie die Kiesschicht auf Stellagen oder Pflanztischen, wässern Sie sie mit einem milden Desinfektionsmittel und streichen Sie sie mit einem Brett wieder glatt. Auch Kapillarmatten reinigt man jetzt mit einem Desinfektionsmittel, bevor man sie wieder auslegt.

Jäten und hacken Sie die Beete im Gewächshaus oder Frühbeet leicht. Alle zwei bis drei Jahre sollte man die oberste Bodenschicht austauschen und mit einer Mischung aus gleichen Teilen reifer Komposterde sowie mit Erde aus der obersten Bodenschicht aus dem fruchtbarsten Beet des Gartens wieder auffüllen.

Experten-tipp

Stellen Sie eine Schüssel Wasser im Gewächshaus auf und lassen Sie alle schmutzigen Blumentöpfe über Nacht darin einweichen. So lassen sich alter Schmutz und Ablagerungen am nächsten Tag spielend entfernen.

OBEN Oft vergisst man beim Putzen der Scheiben die Partien zwischen den einzelnen Scheiben, die sich überlappen: Sie sind ein sicheres Versteck für alle möglichen unerwünschten Organismen.

RECHTS Das Abwaschen der Schattierung beim Reinigen der Fenster lässt mehr Licht in das Gewächshaus herein.

OBEN Nackte Stellen mit frischem Kies abdecken und unebene Stellen ausgleichen.

LINKS Eine Kiesschicht auf Stellagen oder Pflanztischen ist ein gut durchlässiges Beet, muss jedoch jedes Jahr gesäubert und mit einem milden Desinfektionsmittel behandelt werden.

OBEN Samen für runde Möhren in Anzuchtboxen verteilen und in kleinen Gruppen auspflanzen.

OBEN MITTE Größere Samen einzeln einsetzen. Auspflanzen, sobald die Sämlinge zwei bis drei echte Blätter besitzen.

OBEN RECHTS Anzuchttöpfe aus Papier zersetzen sich nach dem Umpflanzen im Boden.

RECHTS Eine Aussaatschale mit Plastikhaube sorgt für zusätzliche Wärme. Alternativ können Sie die Aussaatschalen mit Glas und Zeitungen abdecken.

Aussaat im Gewächshaus

Zu den Gemüsesorten, die jetzt im Gewächshaus gesät werden können, zählen früher Lauch, Zwiebeln, winterharter Salat, erste frühe Erbsen, Dicke Bohnen wie 'Aquedulce Claudia' und 'The Sutton Dwarf', Rote Bete sowie runde Möhren.

Gewächshaustomaten, Erdbeeren und Stangensellerie benötigen Wärme – mindestens 15 °C – und werden am besten auf einer warmen Fensterbank ausgesät.

Die Samen der meisten Gemüse – mit Ausnahme der Wurzelgemüse – können in Töpfen oder Schalen gesät und später in tieferen Schalen auf 5 cm Abstand pikiert werden, sobald die Sämlinge groß genug sind und das Umsetzen gut überstehen. Das Pikieren kann man vermeiden, indem man zwei bis drei Samen in kleine Töpfe oder Aussaatschalen gibt. Später werden sie pikiert und auf den kräftigsten Sämling vereinzelt. Rote Bete, Lauch und runde Möhren, die in kleinen Töpfen oder Aussaatschalen gesät wurden, werden nicht ausgedünnt, sondern können später als Gruppe ausgepflanzt werden, wobei jede Gruppe in größeren Abständen zueinander gesetzt wird als normalerweise üblich.

Stellen Sie die Aussaaten bei einem Kälteeinbruch in eine abdeckbare Anzuchtschale oder in einen wärmeren Teil des Gewächshauses. Sobald die Sämlinge erscheinen, brauchen sie ideale Lichtverhältnisse. Anstatt immer wieder neue Anzuchtöpfe zu kaufen, können Sie auch Papier und leere Toilettenpapierrollen als improvisierte Anzuchttöpfe verwenden.

Expertentipp

Lauch sparsam in einem Topf aussäen und alle Sämlinge ungestört bis zu einer Höhe von 15 cm heranwachsen lassen, anschließend pikieren und einzeln einpflanzen.

Inventur

Bevor im Frühling das Arbeitspensum im Garten rasant ansteigt, sollten Sie überprüfen, ob Geräte und Werkzeuge einsatzbereit sind und ob für die neue Saison alles zur Verfügung steht, was eventuell gebraucht wird. Dazu gehören zum Beispiel frische Aussaat- und Gartenerde, Gefäße, Dünger, Stützen, Schnur und Draht. Nicht vergessen: Füllen Sie beizeiten Ihre Samen- und Pflanzenbestellungen aus!

Einen Versuch wert …

Die ältesten Bambusstöcke aussortieren und durch neue ersetzen. Von den aussortierten Stöcken die verfaulten Teile abschneiden, die gesunden in gleich große Stücke schneiden (das offene Ende nach außen) und in Mauerlöcher oder in Konservenbüchsen stecken. So sind sie eine prima Überwinterungs- und Nistmöglichkeit für Nützlinge.

Noch nicht zu spät …

Falls kein Frost mehr droht und Sie mit dem Rückschnitt von Obstgehölzen – mit Ausnahme von Steinobst wie Pflaumen und Kirschen, die bis zum späten Frühjahr warten müssen – beginnen, sollten Sie totes, schadhaftes und krankes Holz entfernen. Alte Himbeerzweige abschneiden und ein Drittel der ältesten Triebe von Schwarzen Johannisbeeren entfernen. Die Seitentriebe von Spalierobst bis auf zwei Augen zurückschneiden.

Zeit übrig?

Den Kompost umsetzen, damit etwas Luft ins Innere gelangt und der Zersetzungsprozess angeregt wird. Der Kompost sollte feucht sein (nicht nass) und kann, falls er zu trocken ist, etwas gewässert werden. Das Lockern und Umsetzen kann man vermeiden, indem Sie Papier und zerrissene Pappe dazugeben. Es sorgt für eine bessere Struktur und Belüftung.

Einen Versuch wert

Sauerampfer

Das Ampfergewächs ist ein verbreitetes Wildkraut, das bereits von den Ägyptern wegen seines erfrischenden Geschmacks geschätzt wurde. Außerdem zählt es zu den ersten Pflanzen, die nach der Winterruhe austreiben. Die besten Sorten für den Garten sind der etwas weniger saure französische oder rundblättrige Sauerampfer sowie die Variante mit schildförmigen Blättern, die beide in Eintöpfen und Suppen oder auch wegen ihres leichten Zitronenaromas in Salaten verwendet werden. Die Blätter lassen sich wie Spinat kochen und passen gut zu Bohnen und Fischgerichten. Sauerampfer wird im zeitigen Frühjahr ausgesät und auf 30 cm Abstand vereinzelt. Alle Blütentriebe entfernen und die Pflanzen alle zwei bis drei Jahre im Frühling teilen.

ERNTE DER SAISON

Knollensellerie Wenn der Bleichsellerie längst zur Neige gegangen ist, sollte es im Keller oder in der Miete noch genug Knollensellerie geben – vorausgesetzt, von den Pflanzen wurde nach der Ernte das Laub entfernt und die Knollen wurden mit einer Schicht Sand bedeckt. Knollensellerie ist immer noch die beste Quelle für frisches Selleriearoma, wenn er beispielsweise in Salate gerieben oder einer Senfmayonnaise als *céleri rémoulade* beigegeben wird. Man kann Knollensellerie auch in Suppen und Brühen garen oder zusammen mit Kartoffeln pürieren. Entfernen Sie den faserigen Wurzelansatz sorgfältig und schälen Sie die Knolle gründlich. *(Siehe auch Seite 183.)*

Grünkohl Selbst den härtesten Winter übersteht Grünkohl zumeist unbeschadet und treibt noch am Ende der kalten Jahreszeit regelmäßig junge Blätter, die geschnitten oder abgebrochen werden, wenn sie etwa 10 cm lang sind. Die krausen Sorten werden in kleinen Portionen gedünstet oder pfannengerührt, größere Mengen und glattblättrige Sorten werden wie Frühlingsblattgemüse als Hauptgericht zubereitet. Nach besonders harten Frostperioden dürfen die Pflanzen, die überlebt haben, Blüten treiben und Samen ansetzen. Diese können Sie als besonders frostharte Sorte sammeln. Seien Sie jedoch gewarnt: Die Blütentriebe sind ein Leckerbissen für Blattläuse. *(Siehe auch Seite 193.)*

Frühlings-Barbarakraut Diese Salatpflanze mit würzig-scharfen Blättern ist so frosthart, dass sie nur selten im Winter nicht zur Verfügung steht, besonders wenn sie zur Verbesserung der Qualität in einem Frühbeet oder einem unbeheizten Gewächshaus gezogen wird. In Zeiten des Überschusses können die Blätter, wie in Schweden üblich, wie Grünkohl gekocht werden. Bei den Cherokees und anderen amerikanischen Indianerstämmen wurden sie traditionell als reinigendes Frühlingsgemüse verzehrt.

Das zweijährige Barbarakraut, das häufig nur einjährig gezogen wird, entwickelt besonders in milden Perioden schon bald Blütentriebe. Die Blätter büßen dann an Qualität ein, aber die Blütenknospen können wie Brokkoli gegart werden. Die Pflanzen sollte man jetzt verbrauchen und Ersatz aussäen, der in acht bis zehn Wochen erntereif ist. *(Siehe auch Seite 191.)*

Brokkoli Wenn die Tage wieder länger werden, können bei unter Glas überwintertem Winter-Brokkoli die ersten Triebe erscheinen – doch nur bei frühen Sorten, die späteren benötigen noch mehrere Wochen bis zur Ernte.

Überprüfen Sie die Pflanzen regelmäßig und schneiden oder brechen Sie die Triebe zusammen mit einigen jungen Blättern ab, wenn sie 10–15 cm lang sind und bevor sich die Blüten öffnen.

Grünkohl 'Red Russian'

Frühlings-Barbarakraut

Anschließend sollten Sie sie rasch in der Küche zubereiten, denn die jungen Triebe welken schnell und büßen dann an Qualität ein. Ernten Sie von nun an alle paar Tage, sodass der Brokkoli nicht zur Blüte gelangt, und dehnen Sie die Erntezeit auf zwei Monate aus. Ein eventueller Ernteüberschuss lässt sich gut einfrieren. *(Siehe auch Seite 193.)*

Winterrettich Im Gegensatz zu den kleineren Verwandten, die den ganzen Sommer heranreifen, wird Winterrettich erst vom Spätherbst an geerntet. In gut durchlässigem Boden kann er in milden Regionen den ganzen Winter über in der Erde bleiben, besonders unter einer schützenden Laubschicht.

Wenn Sie das feste milde Gemüse als Hauptgericht oder in Currys oder japanischen Tempura verwenden wollen, sollte er jedoch von nun an auf dem Speiseplan stehen. Zusätzliche Rettiche können eingelegt oder im Boden belassen werden. Häufeln Sie sie dann leicht an und ernten Sie die Blätter in einigen Wochen, wie die Blätter von Speiserüben. *(Siehe auch Seite 185.)*

Violetter Brokkoli

Einen Versuch wert
Erste Aussaaten

- In milderen Gegenden und geschützten sonnigen Gärten mit leichten Böden kann es durchaus lohnend sein, einige frühe Aussaaten von Pastinaken, Salat und frostharten Erbsen zu wagen, besonders wenn der Boden zwei bis drei Wochen zuvor mit Folientunneln oder Folie erwärmt wurde. Sie können aber auch bis zum Frühjahr warten – die Samen keimen dann meist rascher. Diese Aussaaten überholen oft die früheren Versuche, die durch einen kalten Start ins Leben nur langsam gedeihen.
- Viele Gemüsesamen keimen bei Bodentemperaturen unter 5–7 °C nicht. Mit einem Bodenthermometer, das in die oberste Schicht des Aussaatbeetes (8–10 cm) gesteckt wird, kann man die Temperatur regelmäßig überprüfen.
- Früher wurde die Bodentemperatur auch grob geschätzt, etwa indem ein Eisenstab in den Boden gesteckt und anschließend an die Wange gehalten wurde oder indem man sich sogar einfach eine Weile nackt auf den Boden setzte – aber die Präzision dieser Verfahren mag zu wünschen übrig lassen. Natürliche Anzeichen wie das Keimen junger einjähriger Unkräuter oder das Anschwellen der Knospen der Wildgehölze sind etwas zuverlässigere Hinweise.

JETZT AUF DEN TISCH

Die alten, gut gemeinten Handbücher und Almanache empfahlen dem Gärtner, im Winter im Haus zu bleiben, das neue Jahr zu planen, am Kamin zu sitzen und in Samenkatalogen zu blättern oder das Werkzeug zu schärfen für den nächsten Kampf mit Unkraut und Wildnis. Die aufgeklärteren Gärtner unter uns mögen es vorziehen, im Haus zu bleiben und zu essen. Speisekammer und Keller sind noch gut gefüllt mit den Vorräten aus der reichen Ernte des Jahres: sonnengetrocknete Tomaten und geflochtene Zwiebelzöpfe, tiefgekühlte Loganbeeren, eingemachte Pflaumen, Kisten mit Möhren und Knollensellerie und reichlich wohltuende Kartoffeln zum Braten, Backen, Stampfen ...
An milden Tagen kann man frischen Rosenkohl ernten, ebenso Grünkohl und all die anderen grünen Gemüse, die im Garten ungeachtet des Wetters wunderbar weiter gedeihen. *(Siehe Jetzt ernten, Seite 162.)*

REZEPTE

KARTOFFEL-SPINAT-WINDBEUTEL

Für 6 Personen

Nein, es ist keine Spur von Brandteig in diesem Rezept, es handelt sich vielmehr um kleine aufgegangene Kartoffelkuchen, die wie Muffins gebacken werden. Schnell und einfach zuzubereiten, sind sie dennoch ein elegantes Hors-d'œuvre oder auch ein durchaus ästhetischer Gewinn in einer Suppe. Natürlich kann der Spinat durch andere Gemüse ersetzt werden, durch Brokkoli oder Möhren etwa, und wer es gern etwas pikanter mag, kann statt des Greyerzers alten Cheddar oder einen anderen herzhaften Hartkäse wählen.

4 mittelgroße Kartoffeln, geschält und geviertelt

225 g Spinat, fein gehackt

Butter zum Einfetten

90 ml fettarme Milch

7 g frische Petersilie, fein gehackt

2 EL frischer Schnittlauch, in Röllchen geschnitten

2 große Eier, leicht verquirlt

30 g Greyerzer

30 g Mehl

1½ TL Backpulver

- Die Kartoffeln weich kochen, abgießen, kalt abschrecken und beiseitestellen. Den Spinat auf mittlerer Flamme in sehr wenig Wasser zusammenfallen lassen, gründlich abgießen und erneut fein hacken – für dieses Gericht besonders fein.
- Den Backofen auf 190 °C vorheizen. Eine Muffinform (à 6 Stück) einfetten.
- Die abgekühlten Kartoffeln mit Milch, Petersilie, Schnittlauch, Eiern und Käse zu Brei stampfen. Mehl und Backpulver zusammen in den Kartoffelbrei sieben. Den Spinat hinzugeben und gut rühren, damit er gleichmäßig verteilt ist.
- Die Mischung gleichmäßig in die Vertiefungen der Muffinform geben. 30 Minuten backen, bis die Masse etwas aufgegangen und goldbraun ist. Sofort servieren.

KARTOFFEL-BLUMENKOHL-CURRY

Für 4 Personen

Ein köstliches vegetarisches Curry – das indische *aloo gobi* besteht traditionell aus Blumenkohl und Kartoffeln – kann gut als vegetarische Hauptmahlzeit serviert werden. Reis oder indisches Naan-Brot lassen es dann zu einer gehaltvollen Mahlzeit werden.

1 Blumenkohl, Strunk entfernt, in Röschen geteilt

2 EL pflanzliches Öl

450 g Kartoffeln, geschält und gewürfelt

½ TL Kurkuma

½ TL rote Chilischote, Samen entfernt und fein gehackt

½ TL Bockshornkleesamen

½ TL Schwarzkümmelsamen

½ TL schwarze Senfkörner

½ TL Kreuzkümmelsamen

½ TL Fenchelsamen

Koriander, frisch gehackt

- Den Blumenkohl garen, bis er zart ist, abgießen und beiseitestellen.
- Das Öl in einer beschichteten Pfanne erhitzen. Zuerst die Kartoffeln braten und zudecken. Regelmäßig wenden, damit sie nicht anhaften. Wenn sie halb gar sind, Blumenkohlröschen, Kurkuma, Chilischote und Gewürze dazugeben und vermischen, dann wieder zudecken. Garen, bis die Kartoffeln weich sind.
- Mit frischem Koriander garnieren und servieren.

BITTERGURKEN-CURRY

Für 4 Personen

Dieses Rezept habe ich von Jay Patel bekommen (*siehe Seite 17*). In heißen trockenen Sommern gelingt ihm die Anzucht von Bittergurken ziemlich gut. Sie sind so bitter, dass das Gericht nicht ohne Melasse oder braunen Zucker auskommt. Die Bittergurken können nach Belieben durch Zucchini ersetzt werden

1 TL Kreuzkümmelsamen

½ TL Kurkuma

1 TL schwarze Senfkörner

1 große Zwiebel, geschält und klein gewürfelt

2 EL Sonnenblumenöl

3 Knoblauchzehen, klein geschnitten

1 grüne Chilischote, Samen entfernt und klein geschnitten

½ TL Melasse oder brauner Zucker

1 kleines Stück frische Ingwerwurzel, geschält und gerieben

4 Bittergurken (Balsambirnen) oder Zucchini, in feine Scheiben geschnitten

- Die Kreuzkümmelsamen 1 Minute in einer gusseisernen Pfanne anbraten. Im Mörser zerkleinern und mit den anderen Gewürzen vermischen.
- Die Zwiebel in dem Öl anschwitzen, bis sie weich ist. Gewürze, Knoblauch, Chili, Melasse und Ingwer hinzufügen und kurz anbraten, bis die Zwiebel die Farbe der Kurkuma angenommen hat.
- Die Bittergurken hinzugeben und zugedeckt 20 Minuten sanft garen.
- Mit Reis oder indischem Naan-Brot servieren.

KARAMELLISIERTE WURZELGEMÜSE

Für 6 Personen

Gebratene Wurzelgemüse lassen sich durch eine Sauce mit Zucker auf interessante Weise verwandeln: Nach dem Garen im Ofen sind sie karamellisiert – eine perfekte Beilage zum Braten.

225 g Speiserüben, geschält und klein geschnitten

8 mittelgroße mehlige Kartoffeln, geschält und geviertelt

225 g Möhren, geputzt und klein geschnitten

225 g Kohlrüben, geschält und klein geschnitten

225 g Knollensellerie, geschält und klein geschnitten

12 Schalotten, geschält und halbiert

Ein Stängel frischer Thymian (Blättchen)

4 EL natives Olivenöl extra

4 EL Balsamico

2 TL extrafeiner Zucker

Salz und frisch gemahlener Pfeffer

- Den Backofen auf 220 °C vorheizen.
- Die Gemüse in einer Schüssel mit den übrigen Zutaten vermischen. In einer mittleren Auflaufform 45–50 Minuten garen, bis sie goldbraun sind. Prüfen Sie mit einer Gabel, ob die Gemüse weich sind.

Einen Versuch wert

Sprossen keimen

Die meisten Samen lassen sich für das Keimen von Sprossen verwenden, zum Beispiel die Samen von Alfalfa und Mungbohnen. Sie sind knackige Zutaten für Salate und belegte Brote. Die Geschmacksrichtungen variieren von scharf – etwa bei Senfsprossen – bis mild wie bei Mungbohnensprossen. Am besten verwendet man Keimautomaten. Mit ihnen kann man viele Samen auf einmal keimen lassen. Aber natürlich funktionieren bei kleinen Samen auch die Methoden aus der Kindheit – die Samen einfach auf feuchtem Küchenkrepp auf einer Untertasse auslegen.

KARAMELLISIERTE GEMÜSE-PIE

Für 6 Personen

Die gebratenen karamellisierten Gemüse aus dem vorigen Rezept werden hier in einer Pie mit einer Käsesauce gebacken – ein köstliches vegetarisches Gericht, das man mittags oder abends mit Salat servieren kann.

Die Gemüse aus dem vorigen Rezept, gebraten

50 g Butter

45 g Weizenmehl sowie etwas Mehl für die Arbeitsfläche

600 ml Milch, erhitzt

60 g Cheddar, gerieben

1 Handvoll frische Petersilie, fein gehackt

Salz und frisch gemahlener Pfeffer nach Belieben

375 g Fertig-Mürbeteig

1 mittelgroßes Ei, verquirlt

- Den Backofen auf 200 °C vorheizen.
- Nach dem vorigen Rezept die karamellisierten Gemüse zubereiten.
- Inzwischen die Käsesauce ansetzen. Die Butter im Topf zerlassen. Das Mehl dazugeben und 1 Minute rühren. Nach und nach und unter fortwährendem Rühren die heiße Milch angießen, bis die Masse eindickt. Käse und Petersilie einrühren und abschmecken. Die Sauce über das Gemüse geben und gut vermischen.
- Die Mischung in eine Pieform geben (Fassungsvermögen 2 l). Den Teig auf einer leicht bemehlten Arbeitsfläche ausrollen, etwa die Größe der Pieform mit einigen Zentimetern Spielraum nach allen Seiten ausschneiden. Den Teig über die Form legen, die Ränder passend schneiden. Mit dem Ei bestreichen und in die Mitte ein Loch schneiden, sodass der Dampf entweichen kann. Auf ein Backblech stellen und 40 Minuten backen, bis die Außenseite goldbraun und die Füllung dampfend heiß ist.
- Heiß servieren.

LAMM AUF GRIECHISCHE ART

Für 6 Personen

Mit diesem Rezept werden eingelagerte Kartoffeln und Möhren sowie Dicke Bohnen und Tomaten, die in Zeiten des Überschusses eingefroren wurden, verbraucht. Außerdem benötigt man Rosmarin und Oregano. Das Geheimnis dieses Rezepts ist die lange Garzeit im Ofen bei niedriger Temperatur – danach löst sich das Fleisch fast von allein vom Knochen. Schrecken Sie nicht vor reichlich Knoblauch zurück – gebraten wird er fast süß. Zu diesem Gericht ist Rotwein der ideale Begleiter.

1 Lammschulter à 2–3 kg

1 Knoblauchknolle

6 Rosmarinzweige

1 EL getrockneter Oregano

Je 1 TL Kreuzkümmel, Koriander, Zimt

Salz und frisch gemahlener Pfeffer nach Belieben

450 g Tomaten, grob geschnitten

450 g mittelgroße mehlige Kartoffeln, abgebürstet und geviertelt

450 g Möhren, abgebürstet, einmal längs, einmal quer geschnitten

2 Dosen Kichererbsen mit der Flüssigkeit

1/2 Flasche Rotwein

450 g Dicke Bohnen

- Den Backofen auf 150 °C vorheizen.
- Das Fleisch in einen sehr großen Bräter geben, ringsherum einschneiden und mit 4 in Stifte geschnittenen Knoblauchzehen spicken. Mit Rosmarin, Oregano, den Gewürzen, Salz und Pfeffer bestreuen. Die restlichen Knoblauchzehen hinzufügen.
- Tomaten, Kartoffeln, Möhren und Kichererbsen zum Fleisch geben, den Wein angießen.
- Den Bräter in die Mitte des Ofens schieben und 3 Stunden garen, gelegentlich begießen. Bei Bedarf etwas Wasser angießen. Die Dicken Bohnen 20 Minuten vor Ende der Garzeit zugeben.
- Das Fleisch herausnehmen und in Scheiben schneiden. Auf Teller verteilen und mit dem Gemüse und den Knoblauchzehen garnieren.

KARTOFFELBREI

Für 4 Personen

Jeder Koch ist bestrebt, den optimalen Kartoffelbrei zu bereiten: cremig, buttrig und glatt soll er sein. Wenn das Grundrezept erst einmal gelingt, können Sie zahlreiche Varianten ausprobieren.

450 g mehlige Kartoffeln, geschält und halbiert
30 g Butter
Milch nach Belieben
Salz

- Kartoffeln weich kochen. Abgießen und mit der Butter zurück in den Topf geben. Mit einem Kartoffelstampfer zerdrücken – keinen Mixer verwenden, da die Masse sonst klebrig wird. Genug Milch angießen, damit der Brei nicht zu trocken ist, sondern glatt und ohne Klumpen. Mit Salz abschmecken.

Mit Salbei & Zwiebel

- Eine leicht angeschwitzte, fein gewürfelte rote Zwiebel hinzugeben sowie 1 Teelöffel getrockneten Salbei, fein geschnitten.
- Perfekt zu Fleisch und Wurst.

Mit Süßkartoffeln

- Die Hälfte der Kartoffeln durch Süßkartoffeln ersetzen und wie oben zubereiten.
- Passt gut zu Geflügel und Räucherschinken.

Mit Kohlrüben

- Die Hälfte der Kartoffeln durch Kohlrüben ersetzen, 4 Esslöffel Olivenöl sowie gemahlenen schwarzen Pfeffer hinzufügen.
- Köstlich zu Braten und Eintöpfen.

Mit Knoblauchbutter

- 2 große zerdrückte Knoblauchzehen hinzugeben und am Schluss 3 Esslöffel gehackte Petersilie unterrühren.
- Passt gut zu gegrillem Fisch oder Huhn.

Mit Safran

- Vor dem Zerstampfen eine gute Prise Safran in der Milch auflösen.
- Passt gut zu Fisch und Eintöpfen auf Tomatenbasis.

IRISCHER COLCANNON

Für 6 Personen

Das beliebte irische Gericht wird traditionell zu Halloween serviert. Die Mischung aus Kartoffeln, Lauch und Kohl ist eine einfache Beilage zu einem schlichten Abendgericht.

450 g Grünkohl oder Weißkohl, klein geschnitten
2 kg Kartoffeln, geschält und halbiert
2 kleine Stangen Lauch, geputzt und in Ringe geschnitten
365 ml Milch
175 g Butter
Salz und frisch gemahlener Pfeffer
etwas Muskatblüte

- Kohl und Kartoffeln weich kochen. Den Lauch in der Milch köcheln, bis er weich ist. Kartoffeln abgießen und zerstampfen. Gegarten Lauch und Milch zugeben und unterrühren.
- Bei geringer Hitze den Kohl dazugeben und verrühren. In einer vorgewärmten Schüssel servieren.

IRISCHER CHAMP

Für 6 Personen

Ein weiteres klassisches irisches Gericht, dieses Mal mit fein gehacktem Schnittlauch und Petersilie. Im Sommer können auch frische Erbsen ergänzt werden, geben Sie sie aber erst ganz zum Schluss bei, da sie sonst verkochen.

10 Frühlingszwiebeln, in Röllchen geschnitten
75 ml Milch
675 g Kartoffeln, gekocht und zu Kartoffelbrei zerstampft *(siehe links)*
4 EL Butter, zerlassen
1 kleines Bund Petersilie, fein gehackt
1 Handvoll Schnittlauch, fein geschnitten

- Die Frühlingszwiebeln in der Milch weich garen. Abgießen und die Milch auffangen. Die Frühlingszwiebeln und etwas von der heißen Milch sowie die Butter zum Kartoffelbrei geben. Die Kräuter unterrühren und sofort servieren. Die Reste kann man später als kleine Kartoffelkuchen braten.

APFEL-SCHWEINEFLEISCH-PIE MIT KARTOFFELKRUSTE

Für 6 Personen

Kartoffeln mögen Ihnen als Zutat zu einem Teig seltsam erscheinen. Aus ihnen lässt sich aber eine knusprige Piedecke bereiten. Hier wird sie für eine Kombination von Schweinefleisch und Apfel verwendet. Den Teig kann man für jede Art von Pie nehmen, bei einer süßen Pie lässt man das Salz weg.

Teig
115 g Weizenmehl
1 1/2 TL Backpulver
1/4 TL Salz
450 g gekochte Kartoffeln, zerstampft und abgekühlt
Milch
60 g Butter

Füllung
900 g Schweinelende
900 g Äpfel, geschält, Kerngehäuse entfernt, in Scheiben geschnitten
2 TL Zucker
1/4 TL Piment
2 Zwiebeln, geschält und klein gewürfelt
900 ml trockener Apfelwein

- Zunächst den Teig bereiten: Mehl, Backpulver und Salz vermischen und zum Kartoffelbrei geben. So viel Milch angießen, dass ein leichter, weicher, aber trockener Teig entsteht. Ausrollen. Ein Drittel der Butter als Butterflöckchen darüber verteilen und dreifach falten. Erneut ausrollen, Butterflöckchen verteilen, zusammenfalten und noch zwei weitere Male wiederholen. Ein letztes Mal ausrollen und ein Stück ausschneiden, das etwas größer als die Pieform ist.
- Den Backofen auf 180 °C vorheizen. Die Schweinelende in kleine Stücke schneiden. Die Form mit einer Schicht Äpfel auslegen, mit Zucker und Piment bestreuen, Fleisch und Zwiebel darüberschichten. Wiederholen, bis Äpfel und Fleisch aufgebraucht sind. Den Apfelwein angießen, die Teigdecke darüberlegen und einen Schlitz oder ein Loch in die Decke schneiden. 1 1/2 Stunden backen.

KARTOFFEL-SCONES

Ergibt 12 Stück

Hier wird Kartoffelbrei für die Zubereitung von Scones, dem traditionellen englischen Teegebäck, verwendet. Das Rezept ist etwa 50 Jahre alt und bis heute unverändert gut. Für die Scones werden nicht wie üblich kleine Kreise ausgestochen, sondern der Teig wird zu drei kleinen Laiben geformt, die dann in Viertel geschnitten und auf dem Herd gegart werden. Das kleine Teegebäck zu bereiten, lohnt sich allemal, ganz besonders dann, wenn etwas ungesalzener Kartoffelbrei vom Mittagessen übrig geblieben ist.

450 g Kartoffeln, gekocht, zu Brei gestampft und abgekühlt
115 g Weizenmehl
1 Prise Salz
1/4 TL Backpulver
30 g Butter
1 EL Milch

- Mehl und Backpulver in eine Schüssel sieben. Mit der Butter vermischen, dann die Kartoffeln hinzugeben. Wenn der Teig zu trocken ist, etwas Milch angießen. Die Masse in 3 Teile teilen, auf eine bemehlte Arbeitsfläche legen und jeweils zu einer dünnen Scheibe ausrollen. Ein paarmal einstechen und in Viertel schneiden.
- Die Viertel werden am besten auf einer leicht gefetteten gerillten Pfanne gebacken oder in einer gusseisernen Pfanne. Jedes Viertel mit Mehl bestäuben und von beiden Seiten backen, bis es knusprig und fest ist. In einem Küchenhandtuch warm halten, während man die anderen bäckt. Warm mit Konfitüre oder Honig servieren.

SCHOKOLADEN-KARTOFFEL-KUCHEN

Für 8 Personen

Rote Bete, Zucchini und Möhren haben wir schon in Gemüsekuchen verwendet. Jetzt ist die bescheidene Kartoffel an der Reihe. Zusammen mit Gewürzen und Schokolade ergibt sich ein saftiger Kuchen.

115 g Butter sowie etwas Butter zum Einfetten
225 g Zucker
3 Eier, gut verquirlt
225 g Kartoffeln, gekocht, zu Brei gestampft und abgekühlt
60 g Kakao
150 ml heiße Milch
225 g Weizenmehl
4 TL Backpulver
1/2 TL Muskatnuss, gerieben
1 TL Zimt
1 Prise Salz

- Den Backofen auf 190 °C vorheizen. Zwei kleine Kuchenformen mit Butter einfetten.
- Butter und Zucker cremig schlagen. Die Eier zugeben und dann die Kartoffeln unterrühren.
- Den Kakao in heißer Milch auflösen. Alle weiteren trockenen Zutaten durchsieben und abwechselnd mit dem Kakao zur Kartoffelmasse geben.
- In die Kuchenformen gießen und 30–35 Minuten backen, bis an einem Holzstäbchen kein Teig mehr haften bleibt. Die abgekühlten Kuchen aufeinanderschichten, dazwischen eine Schicht aus Schokoladenbuttercreme, Schokoladenbrotaufstrich oder – ein Hochgenuss – steif geschlagene Crème double streichen.

NEUE KARTOFFELN AUS DER PFANNE MIT GEWÜRZEN

Für 4 Personen

Wer einige Kräuter in Töpfe umgepflanzt und auf dem Fensterbrett oder im Gewächshaus aufgestellt hat, kann so tun, als sei noch Sommer.

900 g kleine neue Kartoffeln, gewaschen und geviertelt
2 EL Olivenöl
1/2 TL Salz
1/2 TL Pfeffer
1 EL frische glattblättrige Petersilie, fein gehackt
1 EL frischer Schnittlauch, in Röllchen geschnitten
1 TL frischer Oregano, fein gehackt

- Den Backofen auf 220 °C vorheizen.
- Die neuen Kartoffeln in eine große Schüssel geben, Olivenöl, Salz, Pfeffer und Kräuter dazugeben und gut vermischen.
- Die Kartoffeln auf ein Backblech setzen, ohne dass sie einander berühren, so werden sie etwas knuspriger.
- Die Kartoffeln 40 Minuten im Ofen backen, dabei regelmäßig wenden, sodass sie von allen Seiten knusprig und braun werden. Wenn sie gar sind, lassen sie sich leicht einstechen.
- Die Kartoffeln in eine Schüssel geben und als Beilage reichen.

ROSENKOHL MIT SEMMELBRÖSELN

Für 4 Personen

Rosenkohl hat oft einen schlechten Ruf. Aber leicht gedünstet schmeckt frischer Rosenkohl aus dem eigenen Garten einfach köstlich. Noch besser schmeckt er, wenn er kurz in Knoblauch, Butter und Semmelbröseln gewälzt wird.

450 g kleiner Rosenkohl

6 EL Semmelbrösel

1 Knoblauchzehe, fein gehackt

60 g Butter

Salz und frisch gemahlener Pfeffer nach Belieben

- Den Rosenkohl 10 Minuten über heißem Wasserdampf garen, abgießen und würzen.
- Die Semmelbrösel in einer Pfanne toasten, bis sie ganz trocken sind. Rosenkohl, Knoblauch und Butter hinzugeben und anschwitzen, bis alles goldbraun ist. Sofort servieren.

GESCHMORTER CHICORÉE

Für 4 Personen

Chicorée hat ein bittersüßes Aroma und kann sowohl geschmort als warmes Gericht als auch kalt als Salat verwendet werden.

8 Chicorée

4 EL Butter

2 frische Thymianzweige

2 Knoblauchzehen, in Scheiben geschnitten

Salz und frisch gemahlener Pfeffer nach Belieben

Saft von einer 1/2 Orange

- Vom Chicorée das bittere untere Ende abschneiden und in kaltem Wasser waschen. Gut abtrocknen.
- Die Butter in einem Topf zerlassen und Chicorée, Thymian, Knoblauch, Salz und Pfeffer hinzugeben.
- Bei geringer Hitze einige Minuten anschwitzen. Dann den Thymian entfernen und den Orangensaft angießen. Weitere 20 Minuten garen. Als Gemüsebeilage servieren.

ROTKOHL

Für 6 Personen

Rotkohl ist roh und gegart eine Delikatesse. Gekocht mit Äpfeln, Essig, Zucker und Gewürzen wird er zu einer eigenen Mahlzeit, eignet sich aber auch als Beilage zu Wurst oder Koteletts.

1 Rotkohl

2 EL natives Olivenöl extra

3 saure Äpfel, Kerngehäuse entfernt, in Scheiben geschnitten

1 Zwiebel, fein gewürfelt

1 Knoblauchzehe, fein gehackt

1 EL Weizenmehl

4 EL Rotweinessig

2 EL brauner Zucker

1 TL Orangenzesten

Salz und frisch gemahlener Pfeffer nach Belieben

Muskatnuss, gerieben

- Den Rotkohl waschen, den Strunk und beschädigte äußere Blätter entfernen und den Kohl in feine Streifen schneiden. In einem großen Topf 5 Minuten in Öl anschwitzen. Äpfel, Zwiebeln, Knoblauch dazugeben, genug Wasser angießen, sodass alles bedeckt ist, und zum Kochen bringen. Abdecken, die Hitze reduzieren und etwa 15 Minuten köcheln, bis der Rotkohl zart ist, aber noch Biss hat. Abgießen und die Kochflüssigkeit auffangen.
- Das Mehl mit dem Essig und dem braunen Zucker vermischen und die Kochflüssigkeit angießen. Kochen, bis die Sauce eindickt, dabei fortwährend rühren, damit sich keine Klümpchen bilden. Den Rotkohl mit der Sauce zurück in den Topf geben, die Orangenzesten zugeben und mit Salz, Pfeffer und Muskatnuss abschmecken.

LASAGNE TRICOLORE

Für 6 Personen

In dieser Lasagne wird statt der Bechamelsauce Ricotta verwendet. Wenn sie angeschnitten wird, bietet sich ein farbenfrohes Gericht.

Sauce

1 Zwiebel, in Ringe geschnitten und fein gehackt

6 EL Olivenöl

2 Knoblauchzehen, fein gehackt

1 kleine Chilischote, fein gehackt

900 g Tomaten, klein geschnitten

3 Lorbeerblätter

Jeweils 1 Handvoll frische Petersilie und frisches Basilikum, fein gehackt

Salz und frisch gemahlener Pfeffer

1 großes Glas Rotwein

Füllung

1 Zwiebel, klein gewürfelt

1 Knoblauchzehe

2 TL Olivenöl

1,1 kg Mangold, gewaschen und abgetropft

12 Lasagneplatten

350 g Ricotta

Parmesan, gerieben

- Den Backofen auf 190 °C vorheizen.
- Für die Sauce: Die Zwiebel einige Minuten in Öl anschwitzen, Knoblauch und Chili dazugeben und mit anschwitzen, bis sie weich sind. Tomaten, Lorbeerblätter, Kräuter und Wein zugeben und würzen. Die Sauce etwas einkochen lassen.
- Für die Füllung: In einem großen Topf Zwiebel und Knoblauch in Öl anschwitzen, bis sie weich sind. Den Mangold hinzugeben und 1 Minute gut vermischen. Abgießen, grob hacken und würzen.
- Eine große rechteckige Auflaufform einfetten. Mit einer Lage Pasta auslegen, eine Schicht Sauce darübergeben, dann eine Schicht Mangold, gefolgt von Ricotta. Wiederholen und mit einer Schicht Pasta, bestreut mit Parmesan, abschließen. 40 Minuten im Ofen garen und vor dem Anschneiden 5–10 Minuten ruhen lassen.

Gemüse und Obst

Wer einen Gemüsegarten übernimmt, betrachtet Gemüse und Obst nicht länger als eine Selbstverständlichkeit. Vielmehr beginnt man, die vielen Erzeugnisse des Pflanzenreichs wirklich zu schätzen: Sie wurden ausgewählt, gezüchtet und verfeinert – manchmal über mehrere Jahrhunderte und in unterschiedlichen Kulturen. All dies geschah mit dem Ziel, dem Gaumen zu schmeicheln, Verdauungssäfte anzuregen oder ganz einfach nur den Hunger zu stillen. Die Palette der Pflanzen, die für den Anbau im Garten infrage kommt, ist immens – mitunter sogar verwirrend – und reicht von einfachem Gemüse wie Radieschen, Kartoffeln oder Grünkohl zu kostbaren und seltenen Köstlichkeiten wie Spargel und Weißen Johannisbeeren. Im Zuge des Klimawandels könnte sich das Angebot vielleicht noch erweitern, da eine längere Vegetationszeit und mildere Winter den Anbau zahlreicher Exoten in unseren Breitengraden ermöglichen könnten. Dieses Kapitel lädt zu einer Erkundung der vielen unwiderstehlichen Gemüse- und Obstarten und -sorten ein, die Sie in Ihrem Garten anbauen können.

Gemüse und Obst im Überblick

Die zahlreichen Gemüse- und Obstsorten für den eigenen Anbau kennenzulernen und auszuwählen, kann genauso anregend sein wie die Ernte selbst. Wenn Sie eine Vielfalt an Pflanzen ziehen möchten, sollten Sie auf zwei Dinge achten: auf eine sinnvolle Fruchtfolge *(siehe Seite 20)* und ein abwechslungsreiches Angebot.

Wurzelgemüse Bekannt für ihre herrliche Bandbreite an Aromen, sind Wurzelgemüse willkommene und meist gut lagerfähige und kalorienarme Lebensmittel. Sie sind leicht anzubauen und stellen keine besonderen Ansprüche an den Boden. Die beliebtesten Wurzelgemüse sind Kartoffeln, Möhren, Rote Bete, Pastinaken, Knollensellerie, Radieschen und Rettich, Kohl- und Speiserüben.

Hülsenfrüchte Einige der nahrhaftesten Gemüse, die reichlich Eiweiß und Ballaststoffe liefern, gehören zur Familie der Schmetterlingsblütler. Diese leicht anzubauende Gruppe umfasst Palerbsen, Zuckererbsen und viele unterschiedliche Bohnen wie Dicke Bohnen und Stangenbohnen.

Kohl Diese Mitglieder der Familie der Kreuzblütler sind reich an Vitaminen, Minealien und Eiweiß und liefern nahrhafte, fettarme Lebensmittel mit unterschiedlichen Aromen. In diese Familie gehören alle Kohlarten wie zum Beispiel Rosenkohl, Weißkohl, Rotkohl, Wirsing, Brokkoli, Blumenkohl, Grünkohl sowie Kohlrabi.

Lauchgewächse In der Küche suchen Knoblauch, Schalotten, Lauch- und Speisezwiebeln ihresgleichen. Sie alle gehören zur Familie der Lauchgewächse, fallen durch ihre einzigartigen Aromen auf und verstärken oft den Geschmack anderer Gemüse. Sie sind in den verschiedensten Böden leicht zu kultivieren.

Kürbisgewächse Die leicht zu ziehenden Pflanzen aus der Familie der Kürbisgewächse mit ihrem milden, oft auch durstlöschenden Fruchtfleisch kann man für herzhafte wie für süße Gerichte verwenden. Das Spektrum reicht von den kleinsten Einlegegurken bis hin zu riesigen Halloweenkürbissen. Für die Entwicklung ihrer Früchte brauchen sie alle viel Wasser und Nährstoffe. Zu den wichtigsten Vertretern zählen Zucchini, Salatgurken, Gemüsekürbisse, Melonen sowie Sommer- und Winterkürbisse.

Blattgemüse & Salate Ein buntes Angebot an Salaten und Blattgemüsen ergänzt das Angebot. Sie gehören zu den unterschiedlichsten Pflanzenfamilien. Die bekanntesten Vertreter sind Chicorée, Pflücksalat, Mangold und Spinat.

Mehrjährige Gemüse Dies ist eine weitere bunt gemischte Gruppe, zu der einige der wichtigsten Gartengemüse zählen. Diese Pflanzen bereichern die Mahlzeiten in jeder Jahreszeit mit einzigartigen Aromen. Die Gruppe umfasst Spargel, Karden, Stangensellerie, Fenchel, Artischocken, Topinambur und Rhabarber.

Sommergemüse Zu dieser Gruppe zählen einige beliebte, aber kälteempfindliche Gartengemüse aus wärmeren Gegenden, etwa Auberginen, Gemüsepaprika, Zuckermais und Tomaten.

Kräuter Die meisten Kräuter lassen sich leicht ziehen und geben sich mit gelegentlicher Pflege zufrieden. Hier finden sich Basilikum, Lorbeer, Schnittlauch, Koriander, Dill, Fenchel, Zitronenmelisse, Minze, Oregano, Petersilie, Rosmarin, Salbei, Bohnenkraut, Estragon und Thymian.

Obst Früchte sind das A und O jeder Mahlzeit: Sie eignen sich als Vorspeise ebenso wie für wunderbare Desserts. Wenn sich Obstbäume und -sträucher im Garten erst einmal eingelebt haben, sind sie leicht zu ziehen. Die meisten Pflanzen sind mehrjährig, und die Früchte lassen sich gut konservieren, sodass man sie ganzjährig verwenden kann. Zu dieser Gruppe zählen Äpfel, Schwarze Johannisbeeren, Blaubeeren, Kirschen, Stachelbeeren, Trauben, Birnen, Pflaumen, Himbeeren, Rote Johannisbeeren und Erdbeeren.

WURZELGEMÜSE

Ob sich Wurzelgemüse wirklich gut entwickelt haben, zeigt sich erst bei der Ernte, denn bis dahin sind sie in der Erde verborgen. Viele Sorten sind zweijährig und nutzen ihre Wurzeln als Speicherorgan. Dank der dort gespeicherten Nährstoffe kann die Pflanze im nächsten Jahr austreiben und blühen. Aus diesem Grund enthalten Wurzelgemüse meist reichlich Kohlenhydrate und andere Nährstoffe. Eine reiche Ernte liefern Wurzelgemüse in offenem, gut bearbeitetem, leicht saurem Boden. Kürzlich gekalkten Boden sollte man vermeiden. Je zurückhaltender man düngt und gießt, umso konzentrierter wird das Aroma der Wurzeln sein. Vermeiden Sie frischen Dünger – die Wurzeln wachsen besser, wenn sie selbst in der Erde nach Nährstoffen suchen müssen. Seltenes, aber durchdringendes Gießen führt dazu, dass die Wurzeln auf der Suche nach Wasser tiefer wachsen.

Rote Bete

Meist ist Rote Bete rot gefärbt, die Schale und das Fleisch können aber auch weiß oder gelb sein. Der Geschmack ist hingegen immer unverkennbar durchdringend und erdig. Schnell wüchsige, runde Sorten, die nicht in Blüte schießen wie **'Ägyptische Blattrunde'**, **'Boltardy'**, **'Mona Lisa'** und **'Rote Kugel'** werden für frühe Ernten angebaut, ebenso zum Einlegen und für aufeinanderfolgende Aussaaten, häufig auch als Zwischengemüse. Größere Sorten wie **'Forono'**, **'Mornonia'** und **'Cheltenham Green Top'** liefern gute lagerfähige Früchte für den Winter. Man kann auch junge Blätter sämtlicher Sorten pflücken; sie verleihen Blattsalaten etwas Farbe und ein einzigartiges Aroma. Roh und gerieben kann man Rote Bete auch als Zutat für einen Brotaufstrich verwenden. Für die meisten Rezepte müssen die Rüben jedoch gegart werden, entweder in Wasser oder im Ofen. Man schält sie erst hinterher, da sie sonst auslaufen.

Saison

Freilandaussaat Zeitiges Frühjahr bis Spätsommer **Ernte** Frühsommer bis Spätherbst oder Frühwinter

Möhren

Die ursprünglichen Möhren waren dünn und violett, heute gibt es Hunderte von orangeroten Sorten. Einige bringen nach nur wenigen Wochen süße, schlanke Bundmöhren hervor *(siehe Seite 56)*, während die Sorten der Haupternte vier Monate oder länger brauchen, bis ihre großen schweren Wurzeln erntereif sind. Ihr ausgeprägtes kräftiges Aroma passt gut zu Eintopfgerichten. Gelegentlich werden auch asiatische Sorten mit weißer, gelber oder golde-

Rote Bete 'Boltardy'

Möhre 'Camestra'

ner Rinde angeboten, die auch in Mischungen wie **'Harlequin Mix F_1'** vorkommen. Alle Möhrensorten enthalten reichlich Zucker und Carotin, die Vorstufe von Vitamin A, und haben zudem einen ausgeprägten Geschmack, der meist von der Schale stammt. Wenn ihr Aroma ein Gericht nicht dominieren soll, dürfen Möhren nur in Maßen verwendet werden.

Schnell wüchsige Sorten (sieben bis zehn Wochen bis zur Reife) eignen sich sowohl für frühe wie auch für aufeinanderfolgende Aussaaten und umfassen Sorten wie **'Early Nantes'**, **'Almaro'**, **'Mokum F_1'** und **'Frühbund'**. Runde Möhren wie **'Pariser Markt'** sind noch früher reif und können in kleinen Gruppen in Aussaatschalen gesät und später umgesetzt werden. Eine Aussaat dieser Sorten nach Mittsommer weckt nicht länger das Interesse der Möhrenfliege. Ersatzweise können auch resistente Hybriden wie **'Flyaway F_1'** und **'Resistafly F_1'** angebaut werden.

Möhren der Haupternte wie **'Rotin'**, **'Chantenay'** und die klassische **'Lange rote stumpfe ohne Herz'** können oft gegen Hochsommer geerntet werden, legen danach aber noch an Gewicht zu, bis sie im Herbst oder sogar erst Frühwinter geerntet und gelagert werden. Dies sind die besten Sorten zum Saften und für viele herzhafte Wintergerichte wie Möhrenpfannkuchen, Bratlinge und Suppen sowie für Desserts wie Möhrenkuchen.

Saison
Frühe Sorten Freilandaussaat Zeitiges Frühjahr bis Spätsommer Ernte Frühsommer bis Frühherbst
Haupternte Freilandaussaat Spätfrühling Ernte Spätsommer bis Spätherbst

Knollensellerie

Wenngleich er häufig als Wurzelgemüse betrachtet wird, ist der essbare Teil von Knollensellerie genau genommen die verdickte Basis des Stiels. Die dicke Schale wird mit einem scharfen Messer entfernt, darunter befindet sich das glatte weiße Fleisch, das ein leichtes Selleriearoma besitzt. Knollensellerie ist leichter anzubauen als Stangensellerie, vor allem auf trockenen Böden, und lässt sich gut lagern. Die Vitamin-C-haltigen Knollen können roh geraspelt, mit anderem Wintergemüse gebraten oder einem Eintopf verwertet werden. Sorten wie **'Prinz'** oder **'Dolvi'** frühzeitig und unter einem Schutz aussäen, die Pflanzen nach den Frösten in nährstoffreichen feuchten Boden umsetzen und mit einer großzügigen Mulchschicht bedecken, unter der große Knollen heranwachsen.

Saison
Gewächshausaussaat Spätwinter bis zeitiges Frühjahr Umpflanzen Spätes Frühjahr Ernte Spätherbst bis Frühwinter

Knollensellerie 'Prinz'

Pastinaken

Das Wintergemüse par excellence hat – besonders nach etwas Frost – duftende süße Wurzeln, die sich sowohl für süße Gerichte mit Gewürzen, Ingwer oder Honig als auch für Suppen, Eintöpfe und zum Braten eignen.

Wenngleich Pastinaken eine alte Gemüsepflanze sind, wurden nur relativ wenige Sorten gezüchtet. Die meisten Neueinführungen konzentrieren sich darauf, sie gegen Sellerieschorf resistent zu machen, der besonders auf sauren Böden verbreitet ist. An Standorten, an denen die Krankheit verbreitet ist, können Sorten wie **'Avonresister'** und **'Gladiator'** ausprobiert werden. Alle Sorten besitzen das gleiche einzigartige Aroma – das auch das Jäten um die Blätter herum zu einem Genuss macht. Pastinaken können bis zum Verzehr im Boden bleiben. Die Aussaatzeit ist lang – ein sehr früher Start bringt die größten Wurzeln hervor, wenngleich es manchmal »ewig« dauert, bis die Sämlinge den Boden durchstoßen. Kleine Pastinaken, die im Ganzen gegart werden, stammen aus späten Aussaaten, etwa Mitte des Sommers, und haben eine noch längere Erntezeit.

Saison

Freilandaussaat Zeitiges Frühjahr bis Frühsommer Ernte Frühherbst bis zeitiges Frühjahr

Kartoffel 'Red Duke of York'

Kartoffeln

Manche Gärtner bauen gern den gesamten Jahresbedarf an, andere nur ein bis zwei Reihen mit frühen Sorten für besondere Feste mit neuen Kartoffeln im Sommer. Selbst im magersten Boden bringt jede Pflanze eine ansehnliche Menge Knollen hervor. Kartoffeln sind zudem als Vorkulturpflanzen bekannt, die neuen oder vernachlässigten Boden aufbrechen. Die Erträge steigern sich drastisch, je besser der Boden wird.

Frühkartoffeln wie **'Frühgold'**, **'Gloria'** und **'Christa'** sind am beliebtesten – **'Annabelle'** und **'Adretta'** sind besonders frühe Sorten, die in guten Jahren nur zehn Wochen bis zur Ernte benötigen. Meist sind sie auch rechtzeitig abgeerntet, um Folgekulturen wie Lauch oder Kohl anzubauen. Bei sorgfältiger Vorbereitung *(siehe Seiten 39–40)* können die gleichen Sorten im Hochsommer für eine zweite, später Ernte erneut gesetzt werden.

Frühkartoffeln wie **'Sieglinde'**, **'Gala'** und **'Wilja'** reifen einen Monat vor der Haupternte heran. Es kann lange dauern, bis ihre reichen Erträge erntereif sind. Mittelfrühe Sorten kann man auch lagern. Ein Blick auf die Sorten lohnt sich immer, da sie für unterschiedliche Gerichte genutzt werden: **'Desirée'** und **'Bintje'** etwa für Kartoffelpüree und Bratkartoffeln, **'Maris Piper'** zum Kochen, **'Picasso'** für Pommes frites und Ofenkartoffeln. Salatkartoffeln wie **'Cilena'** und **'Nicola'** sind festkochend.

Auch einige der weniger verbreiteten Sorten sind es wert, wegen ihrer besonderen Eigenschaften und Verwendungen ausprobiert zu werden: die krankheitsresistente **'Exempla'** für den Bioanbau; die vorwiegend festkochende **'Blauer Kongo'** mit tintenblauer Schale, **'Golden Wonder'** für Pommes frites oder die nussige, knubbelige **'Champion'** – eine aromatische klassische irische Sorte.

Saison

Frühsorten Pflanzen Zeitiges (unter Folie) bis spätes Frühjahr Ernte Früh- bis Spätsommer

Haupternte Pflanzen Spätes Frühjahr Ernte Spätsommer bis Spätherbst

Radieschen und Rettich

Die meisten Sorten zeigen den Ansatz ihrer Wurzeln an der Oberfläche, selbst die langen weißen Sorten zeigen etwas »nackte Schulter«, sodass man sich aussuchen kann, welche zuerst geerntet werden soll. Die runden oder olivenförmigen Wurzeln der Sommer- oder Salatradieschen wachsen rasch heran – in nur 30 Tagen nach der Aussaat –, und Sorten wie **'Sparkler'** und **'French Breakfast'** sind hervorragend als Zwischenkultur geeignet. **'Rudi'** und **'Saxa Treib'** sind kältetaugliche Sorten für besonders frühe und für Winterernten unter Schutz.

Lange Rettiche wie der weiße **'Eiszapfen'** und der rote **'Hilds roter Nekarruhm'** brauchen etwas länger zum Heranreifen, während japanische Rettiche (Daikon-Rettiche) wie **'Minowase'** und **'April Cross'** lang und schwer werden. Man sät sie nach dem Hochsommer und lässt sie im Boden, bis sie verzehrt werden. Richtige Winterrettiche *(siehe Seite 169)* wie **'Runder schwarzer Winter'** und **'China Rose'** überleben den ganzen Winter bis zur Ernte in einem Frühbeet. **'Münchner Bier'** bringt lange, dicke Früchte hervor, die als erfrischende, würzige Zwischenmahlzeit genossen werden.

Saison

Freilandaussaat Zeitiges Frühjahr bis Frühherbst Ernte Spätfrühling bis Frühwinter

Kohl- und Speiserüben

Beide Gemüse zählen zu den Kohlarten und sind Ursprungsformen des modernen Raps. Gelegentlich werden sie verwechselt, im Boden und sogar auf dem Teller: Die Speiserübe **'Golden Ball'** hat zum Beispiel goldgelbes Fruchtfleisch wie eine Kohlrübe. Doch hier enden die Gemeinsamkeiten. Kohlrüben werden meist als Gemüse für die Haupternte mit langer Wachstumszeit angebaut und im Winter verwendet, insbesondere große Sorten wie **'Virtue'** und **'Best of All'**. Mairüben werden gern unter Folientunneln gesät oder zwischen andere Gemüse – zu den frühesten zählen **'Primera F_1'** und **'Market Express F_1'**. Herbstrüben wie **'Agressa'** und **'Plessis F_1'** werden im frühen Herbst gesät und können auch gute Erträge als Blattstielgemüse *(siehe Seite 43)* liefern. **'Rapa Senza Testa'** ist ein italienischer Klassiker, der bereits vier Wochen nach der Aussaat und bis weit in den Spätherbst hinein milde Speiserübenblätter hervorbringt.

Saison

Kohlrüben Freilandaussaat Spätfrühling Ernte Frühherbst bis Spätherbst

Speiserüben Freilandaussaat Zeitiges Frühjahr bis Frühherbst Ernte Spätes Frühjahr bis Spätherbst

Weitere Wurzelgemüse

Es gibt zahlreiche weitere Wurzelgemüse, die zu Unrecht im Schatten ihrer bekannteren Verwandten stehen.

Chufa *(Cyperus esculentus)* Die kleinen unterirdischen Sprossknollen dieses Zyperngrasgewächses werden manchmal auch unter dem Namen »Erdmandel« aufgeführt. Einige Sorten der fast winterharten Pflanzen bilden eher Blüten als Knollen aus, doch die besten Sorten (insbesondere *Cyperus esculentus* var. *sativa*) bilden beständig weitere Wurzeln aus. In Spanien wird Chufa zermahlen als Getränk – *horchata di chufa* – angeboten.

Knollige Kapuzinerkresse oder Mashua *(Tropaeolum tuberosum)* Die fast winterharte, rankende Verwandte der Kapuzinerkresse bringt rote und gelbe Blüten hervor sowie unterirdische Knollen. Diese haben einen sehr hohen Vitamin-C-Gehalt und in rohem Zustand ein scharfes Aroma. Sie werden am besten gekocht, frittiert oder gebacken.

Schwarzwurzel (*Scorzonera* spec.) In gegartem Zustand sollen Schwarzwurzeln wie Austern schmecken, aber ihr zart nussiger Geschmack erinnert auch an Spargel. Man sollte ihn pur genießen – ohne konkurrierende Aromen. Die schlanken Wurzeln sind nicht leicht zu schälen, meist werden sie erst gegart und dann geschält, sodass ihr rein weißes Fruchtfleisch sichtbar wird. Man sät sie zur selben Zeit wie Pastinaken und gräbt vom Herbst an nach Bedarf die Wurzeln aus.

Süßkartoffel *(Ipomoea batatas)* Sie ist nicht mit der Kartoffel verwandt, sondern mit der Prunkwinde und bringt dicke Knollen mit weißer, gelber, rötlich brauner oder purpurroter Schale und süßlichen, gelben, stärkehaltigen Fleisch hervor. Diese eignen sich gut als Püree oder zum Braten. Im zeitigen Frühjahr keimende Stücke einer gekauften Knolle 15 cm tief in große Töpfe oder Beete unter Glas pflanzen. Ernte vom Frühherbst an.

Yam (*Dioscorea* spec.) Von dieser tropischen Kletterpflanze gibt es zahlreiche Sorten. Am einfachsten lässt sich die chinesische Yam anbauen – ein fast winterhartes Gemüse mit bis zu 1 m langen Wurzeln mit mildem mehligem Aroma. Die Rankpflanzen werden an einem vollsonnigen Standort oder unter Glas an einem stabilen Gerüst gezogen, die dünne Wurzelspitze wird für weitere Ernten wieder eingepflanzt.

Zuckerwurzel *(Sium sisarum)* Die alte europäische Nutzpflanze, die heute nur noch selten zu finden ist, wird aus Samen oder Frühlingsablegern der besten Pflanzen gezogen. Die Wurzeln sind schlank und blass, werden in Bündeln geerntet und schmecken gegart süß und mehlig. Sie gedeihen am besten auf feuchten schattigen Flächen.

S. 144 *siehe* Süßkartoffel-Muffins

HÜLSENFRÜCHTE

Zu den Hülsenfrüchten zählen Erbsen und Bohnen, die in vielen Kulturen nicht nur für Vegetarier eine wertvolle Eiweißquelle sind. Nach Getreide sind sie weltweit das zweitwichtigste landwirtschaftliche Erzeugnis. Zusammen mit Getreide liefern sie alle wesentlichen Aminosäuren für eine gesunde Ernährung, außerdem eine beeindruckende Menge an Mineralien und Vitaminen. Die meisten Hülsenfrüchte verbessern außerdem den Boden für nachfolgende Ernten, weil sich an ihren Wurzeln Knöllchenbakterien ansiedeln, die Stickstoff aus der Atmosphäre in Dünger umwandeln. Wenn die Wurzeln abgeernteter Pflanzen im Boden verbleiben und sich zersetzen, stehen diese Nährstoffe den anderen Pflanzen zur Verfügung. Hülsenfrüchte benötigen deshalb auch kaum Dünger, bevorzugen aber tiefen, feuchtigkeitsspeichernden und leicht alkalischen Boden. Man kann die Erde vor der Aussaat durch Zugabe von reichlich verrottetem Kompost verbessern.

Dicke Bohnen

Das auch als Puffbohnen oder Große Bohnen bekannte Gemüse zählt zu den ältesten Kulturpflanzen überhaupt. In Europa wird es häufig als ärmliches Essen abgetan, im östlichen Mittelmeerraum zählt es jedoch zu den wichtigsten Gemüsen. Dicke Bohnen besitzen zweimal so viel Eiweiß wie Weizen und zählen im Frühling zu den ersten Gartengemüsen. Die meisten Sorten wachsen hoch und bringen stark duftende schwarze und weiße Blüten – **'Karmesin'** ist eine bunte Ausnahme – und dicke Hülsen mit großen weißen, grünen oder gelbbraunen Samen hervor. Lange Hülsen enthalten acht Samen, etwa **'Frühe Weißkeimige'** – die erste bei Frühlingsaussaat –, **'Aquadulce Claudia'** – die winterhärteste bei Herbstaussaat – und **'Piccola'**; oder vier Kerne in den aromatischeren, aber weniger winterharten **'Windsor'**-Sorten. **'The Sutton Dwarf'** ist ein schneller und ertragreicher Zwerg. Braune Bohnen, die in Europa als Tierfuttermittel und Gründünger gezogen werden, besitzen kleine, fast runde, braune Samen. In Nordafrika – wo sie *ful medames* heißen – sind sie die Grundlage für die beliebten Gerichte *Ful* und *Falafel*.

Die reifen jungen Dicken Bohnen werden mit den Hülsen gegart.

Saison
Gewächshausaussaat Spätwinter **Umpflanzen** Zeitiges Frühjahr **Freilandaussaat** Zeitiges bis spätes Frühjahr, in sehr mildem Klima auch Spätherbst bis Frühwinter **Ernte** Spätfrühling bis Spätsommer

Gartenbohnen

Gartenbohnen werden wegen ihrer schlanken zarten Hülsen oder wegen ihrer Samen – oder wegen beidem – angebaut und können sowohl als Buschbohnen wie auch als Kletterbohnen gezogen werden. Die Hülsen sind schlank und zylindrisch oder flach sowie grün, gelb oder kastanienbraun gefärbt, manchmal auch in einer Mischung dieser Farben, manchmal auch schwarz gesprenkelt. Sie enthalten nierenförmige Samen in verschiedenen Farben, die von Weiß bis Schwarz reichen . Da alle keinen Frost vertragen und empfindliche Blätter haben, werden sie an einem warmen, sonnigen und geschützten Standort gezogen. Geerntet wird nach acht bis zwölf Wochen, was zu viel ist, kann eingefroren werden. Die meisten heutigen Sorten wurden auf Ertrag gezüchtet – **'Cupidon'** trägt zahlreiche Filetbohnen –, auf Leistung – viele sind gegen einige verbreitete Krankheiten resistent – oder auf Wuchsverhalten – **'Opera'** und **'Maxi'** etwa, sind »Tipi«-Sorten, die Hülsen stehen über den Blättern. In der kulinarischen Qualität variieren sie nur noch wenig. Ältere Sorten lohnen einen Versuch wegen der unterschiedlichen Geschmacksrichtungen oder Verwendungen: **'Marie Louise'** ist eine mehlige Sorte für Eintöpfe, mit **'Brown Dutch'** lassen sich die besten »Boston Baked Beans« zubereiten, rote Kidneybohnen sind die Grundlage für Chili con Carne, die gesprenkelten Pinto-Bohnen und Borlotti-Bohnen passen gut zu Reisgerichten, und schwarze Bohnen werden in *refried beans* verwendet, einem Bohnenpüree.

Saison
Gewächshausaussaat Frühlingsmitte **Umpflanzen** Spätfrühling unter Folientunnel **Freilandaussaat** Spätfrühling bis Sommer **Ernte** Hochsommer bis Frühherbst

Gartenbohne 'Cobra'

Weitere Hülsenfrüchte

Adzukibohne *(Vigna angularis)* Eine kleine asiatische Bohne, rot mit weißen Streifen und köstlich süßem Geschmack. Die buschigen Pflanzen lassen sich bei früher Aussaat im Gewächshaus ziehen.
Erdnuss *(Arachis hypogaea)* Gute Erträge dieser zu den Hülsenfrüchten zählenden Pflanze kann man nur im Gewächshaus erzielen, da die Erdnuss zum Gedeihen mindestens mediterrane Bedingungen benötigt. Nach der Bestäubung verlängern sich die gelben Blüten und schieben die jungen Hülsen unter die Erde, wo sie sich rasch entwickeln. Bei der Ernte nimmt man die Pflanzen vollständig heraus und hängt sie an einem trockenen luftigen Ort auf, wo die Hülsen heranreifen. Schimmelige Hülsen entfernt man, da der Verzehr oder schon das Berühren gefährlich sein können.
Helmbohnen *(Lablab purpureus)* In der alten und dekorativen, rankenden Gewächshauspflanze, auch Faselbohne genannt, wachsen Hülsen mit je drei bis sechs Samen. Die Bohnen werden getrocknet. Unreife Hülsen (als Ganzes), junge grüne Samen und junge Blätter sind ebenfalls essbar.
Kichererbsen *(Cicer arietinum)* Frostempfindliche Einjährige für das Gewächshaus. Fiedriges Laub und kurze stumpfe Hülsen mit ein bis zwei großen Samen *(siehe Abbildung, unten links)*. Ihr Geschmack ist schwächer und sie sind weniger nahrhaft als Linsen. Man verarbeitet sie zu Kichererbsenmehl und Hummus.
Limabohnen *(Phaseolus lunatus)* Die frostempfindliche rankenden Limabohnen zieht man in kühleren Gegenden besser unter Glas. Die jungen Hülsen sind zwar essbar, die eigentliche Ernte bilden aber die getrockneten ausgepalten »Butterbohnen«.
Linsen *(Lens culinaris)* Die hübschen kleinen Einjährigen, die wie Gartenbohnen angebaut werden, sind eine Grundzutat von Dhal. Da sie nur zwei Samen pro Hülse liefern, muss man größere Mengen ziehen. Ein hervorragendes Aroma besitzen die grünen Puy-Linsen.
Sojabohnen *(Glycine max)* Aufrecht wachsende, buschige Einjährige *(siehe Abbildung, unten rechts)* für warme Gärten. Sie bringt zahlreiche kurze Hülsen mit je zwei bis drei öligen Samen hervor.
Spargelbohnen (*Vigna unguiculata* ssp. *sesquipedalis*) Die langen Bohnen mit sehr dünnen Hülsen zieht man im Gewächshaus, wo sie spät im Jahr tragen.
Straucherbsen *(Cajanus cajan)* Eine Art Gartenbohne, die leicht im Freiland zu ziehen ist. Die runden, auffallend zweifarbigen Samen verwendet man getrocknet für Bohneneintopf und ähnliche Gerichte.
Urdbohnen & Mungbohnen (*Vigna mungo* und *Vigna radiata*) Beide Arten baut man im Gewächshaus an. Urdbohnen sind trockenheitsresistente buschige Einjährige mit langen Hülsen und winzigen Samen, die für Dhal und als Bohnensprossen verwendet werden. Mungbohnen verwendet man ähnlich.

Erbsen

Frisch geerntet und leicht gedünstet oder roh in Salat gegessen, sind Erbsen wegen ihres feinen Aromas einfach unwiderstehlich. Palerbsen werden wegen der Samen gezogen, von großen Sorten wie **'Kleine Rheinländerin'** – die man zum Trocknen erntet, wenn sie reif und stärkehaltig sind, oder, solange sie noch süß und unreif sind, zum sofortigen Verzehr und zum Einfrieren – bis zu den kleinen *Petit-pois*-Sorten wie **'Waverex'**. Zucker- oder Kaiserschoten wie **'Norli'**, **'Zuccola'**, **'Oregon Sugarpod'** oder **'Ambrosia'** werden mit Hülsen verzehrt.

Robuste Schalerbsen mit runden Samen – **'Feltham First'**, **'Allerfrüheste Mai'** – sind für die Aussaat im zeitigen Frühjahr geeignet, während die Sorten mit süßeren, runzeligen Samen wie **'Grandera'** vom Frühling bis etwa zum Frühsommer ausgesät werden.

Niedrige Formen (45–75 cm hoch) werden von Reisern gestützt, halb blattlose Sorten wie **'Markana'** stützen sich nahezu selbst. Hohe Sorten (**'Alderman'**, **'Telephone'**) werden 1,5 m und höher, sie tragen reichlicher und brauchen eine stabile Kletterhilfe. Bis zur Ernte benötigen sie 60–100 Tage.

Saison

Gewächshausaussaat Zeitiges Frühjahr Umpflanzen Frühjahr Freilandaussaat Frühjahr bis Spätsommer Ernte Frühsommer bis Spätherbst

Stangenbohnen

Das beliebte Sommergemüse ist genau genommen eine mehrjährige Pflanze, die wegen ihrer unreifen grünen Hülsen wie eine frostempfindliche einjährige Pflanze gezogen wird, wenngleich die reifen, nahrhaften Samen für Wintereintöpfe und Suppen auch getrocknet werden können. Die meisten Sorten werden sehr hoch (4–5 m), wenn sie nicht entspitzt werden, und bilden einen dekorativen Sichtschutz mit roten, weißen oder zweifarbigen Blüten. Zwergformen wie **'Hestia'** wachsen buschig und sind etwas früher reif. Stangenbohnen werden jung geerntet, bevor sie hart und zäh werden – regelmäßiges Durchpflücken verlängert die Erntezeit. Ältere Sorten wie **'Neckarkönigin'** und **'Weiße Riesen'** sind besonders aromatisch, **'Marga'** und **'Red Flame'** reifen früh, die weiß blühenden **'Czar'** und **'White Emergo'** gedeihen häufig gut bei trockenem Wetter.

Saison

Gewächshausaussaat Zeitiges Frühjahr Umpflanzen Spätfrühling Freilandaussaat Spätfrühling bis Frühsommer Ernte Spätsommer bis Frühherbst

Zuckererbse 'Oregon Sugarpod'

Trockenerbsen

Die meisten Sorten können an der Pflanze ausreifen und werden dann – ausgepalt und getrocknet – in Erbsensuppe und Püree verwendet. Bis zum 18. Jahrhundert wurden Erbsen ausschließlich zu diesem Zweck angebaut. Trockenerbsen schmecken ausgepalt und frisch eher wenig intensiv, sind aber getrocknet ertragreich und mehlig. Vor der Verwendung werden sie über Nacht eingeweicht. Eine klassische Sorte ist **'Kleine Rheinländerin'**. Auch **'Carlin'**-Erbsen sind einen Versuch wert: eine in Großbritannien seit dem Mittelalter tradierte, weiche Sorte, die in Nordengland traditionell zu *pease pudding* und *pea fritters* verarbeitet oder an Carlin Sunday (dem Sonntag vor Palmsonntag) frittiert verzehrt wird. Die purpurrot und weiß blühende Sorte wird etwas weniger als 2 m hoch.

KOHL

Die große Pflanzenfamilie der Kreuzblütler, früher als *Cruciferae* bekannt, wird heute als *Brassicaceae* bezeichnet. Die typischen Blüten besitzen vier Blütenblätter, die in der Form eines Kreuzes angeordnet sind. Zu ihr gehören viele Gemüse und Kräuter, die in der kühleren Jahreszeit geerntet werden. Sie gedeihen am besten in feuchtem, nahrhaftem Boden. Da sie allesamt einen eher basischen Boden (pH-Wert 7 oder höher) bevorzugen und für die gleichen Krankheiten und Schädlinge anfällig sind, werden sie meist zusammen angebaut und im folgenden Jahr im nächsten Beet angesiedelt. Kohl enthält viele Ballaststoffe, Mineralsalze, Vitamin C sowie Schwefel, der beim Garen den typischen Kohlgeruch entstehen lässt. Je dunkler die Blätter sind, desto mehr Carotin enthalten sie, eine Vorstufe von Vitamin A.

Rosenkohl

Frühe Sorten des beliebten winterharten Gemüses wie **'Diablo'** oder **'Maximus'**, die zu Jahresbeginn gesät werden, können ab Hochsommer geerntet werden. Moderne F_1-Hybriden liefern hochwertige Röschen an kräftigen Stielen, die man vollständig abschneiden, lagern und später verwerten kann. Ältere Sorten werden immer noch wegen ihres Aromas oder ihrer Farbe geschätzt (die rote **'Rubin'** oder die besonders frostfeste **'Hilds Ideal'**) oder auch wegen anderer besonderer Eigenschaften – die kompakte **'Early Half Tall'** eignet sich zum Beispiel gut für windige Lagen. Die verschiedenen Sorten reifen zu unterschiedlichen Zeiten: Frühe Sorten von Spätsommer bis Herbstmitte, Haupternte von Herbstmitte bis Frühwinter und späte Sorten von Wintermitte bis zum zeitigen Frühjahr. Die Blätter kann man als Blattgemüse garen.

Saison

Gewächshausaussaat Zeitiges bis spätes Frühjahr **Umpflanzen** Frühsommer **Ernte** Spätsommer bis zeitiges Frühjahr

Kopfkohl

Die riesige Gruppe mit Kopfkohl und Blattkohlsorten stammt vom Wildkohl ab, der im Mittelmeerraum sowie an der Westküste Europas bis nach Südengland verbreitet ist. Durch die Wahl geeigneter Sorten und Aussaatzeiten kann man die verschiedenen Sorten fast ganzjährig ernten. Durch lange Garzeiten bei niedriger Temperatur oder Dünsten bleiben die typischen Aromen erhalten.

Rasch wachsende Sommerkohlsorten wie **'Marnes Allfrüh'** und **'Hispi'** sind mild und saftig, während Winterkohl, der vom Herbst

Rosenkohl 'Red Delicious'

Wie alle Kohlsorten wird auch Kopfkohl mit Netzen geschützt.

an geerntet wird, kräftigere Aromen aufweist und langsamer wächst. Die besten Sorten sind **'Kilaxy F_1'**, **'Winnigstadt'** und **'Lennox'**. Wirsingsorten wie **'Clarissa'**, **'Celtic'** und **'Best of All'** sind mild, kräftig grün und nahrhaft und ergeben ein wohlschmeckendes Gemüse. Frühlingskohl wie **'Matsumo F_1'** und **'Butterkohl Goldberg'** besitzt lockere Blätter, wenngleich manche Sorten wie **'Durham Early'** und **'Pixie'** schließlich doch feste Köpfe bilden. Als Blattgemüse kann der Spitzkohl **'Duncan F_1'** im Lauf des Jahres wiederholt ausgesät werden. Rotkohl hat einen einzigartigen Geschmack und eine tief magentarote Farbe. Etwas Essig im Kochwasser erhält die Farbe. Der blasse Weißkohl lässt sich gut lagern und zu Sauerkraut verarbeiten.

Saison

Frühlingskohl Freilandaussaat Spätsommer Umpflanzen Frühherbst Ernte Zeitiges Frühjahr bis Frühsommer

Sommerkohl Freilandaussaat Spätwinter bis Spätfrühling Umpflanzen Spätfrühling bis Frühsommer Ernte Frühsommer bis Frühherbst

Herbstkohl Freilandaussaat Zeitiges bis spätes Frühjahr Umpflanzen Spätfrühling bis Frühsommer Ernte Früh- bis Spätherbst

Winterkohl Freilandaussaat Spätfrühling Umpflanzen Früh- bis Spätsommer Ernte Spätherbst bis zeitiges Frühjahr (nur in sehr mildem Klima)

Brokkoli

Das beliebte Sommergemüse – auch Spargelkohl genannt – wird wegen seiner großen Köpfe, die aus mehreren grünen Blütenständen bestehen, angebaut. Als eine der nahrhaftesten und saftigsten Kohlsorten muss er rasch heranwachsen können – idealerweise ohne Umpflanzen, also in Töpfen oder im Freiland. Schneidet man die Köpfe ab, treiben wieder neue nach. Dieser Kohl muss regelmäßig auf die Raupen des Kohlweißlings überprüft werden. Brokkoli sollte nie zu lange gegart werden: mit etwas Biss schmeckt er am besten. Die meisten Sorten sind F1-Hybriden und sind sich in Qualität und Leistung ähnlich. Unterschiedlich ist die Reifezeit, manche benötigen nur zehn Wochen, zum Beispiel die Sorte **'Milady F_1'**. Im Spätsommer kann eine frühe Sorte zum Überwintern im Frühbeet ausgesät und im Frühling geerntet werden. **'Chevalier F_1'** und **'Green Sprouting'** liefern bis zum ersten Frost große Mengen der kleinen, zarten, aromatischen Blütenknospen.

Saison

Freilandaussaat Zeitiges Frühjahr Umpflanzen Spätes Frühjahr bis Frühsommer Ernte Spätsommer bis Spätherbst

Weitere Kreuzblütler

Es gibt noch weitere Kohlsorten, die aber selten als solche gelten: Kohlrüben, Speiserüben und Weiße Rüben zählen beispielsweise zu den Kohlarten, obwohl sie zu den Wurzelgemüsen gerechnet werden *(siehe Seiten 182–185)*. Folgende Arten können in derselben Fruchtfolgefläche mit Kohl angebaut werden:

Brunnenkresse *(Nasturtium officinale)* Obwohl sie meist in fließendem Wasser wächst, gedeiht Brunnenkresse auch in einem Becken mit sehr feuchter Erde. Sie lässt sich aus Samen ziehen oder aus gekauften bewurzelten Sprossen.

Gartenkresse *(Lepidium sativum)* Weitverbreitete Einjährige mit gefiederten Blättern, die im Gewächshaus zusammen mit Senfsaat oder Raps als Keimlinge heranwachsen.

Meerkohl *(Crambe maritima)* Staude mit kohlartigen Blättern und sehr großen Blüten und Samenköpfen, die man zu Dekorationszwecken trocknen kann. Die Sprossen werden unter Stroh oder in Töpfen angetrieben, gebleicht und im Frühling geerntet.

Meerrettich *(Armoracia rusticana)* Ausdauernde Pflanze mit langen grünen oder bunten Blättern und langen weißfleischigen riemenartigen Wurzeln, die man zu einer scharfen Sauce verarbeitet. Die sich stark ausbreitende Pflanze wird ausgegraben und alljährlich im Frühjahr als Einjährige gesetzt.

Rauke *(Eruca sativa)* Einjährige Pflanze mit würzigem Aroma, die als Keimlinge, Salat und Beilage zu gegrilltem Fleisch oder Fisch verwendet wird. Kulturrauke hat ein intensives würziges Aroma, wilde Rauke schmeckt pfeffrig.

Winterkresse *(Barbarea vulgaris)* Sie ist der Brunnenkresse ähnlich, aber sehr früh erntereif *(siehe Abbildung)*.

Fernöstliche Kohlsorten

Zu den Kohlsorten aus Fernost zählen meist milde Blattgemüse, von denen viele nach dem Hochsommer gesät werden, damit sie nicht schießen. Moderne Sorten sind etwas toleranter gegenüber Hitze und langen Tagen. Pak Choi und Chinakohl sind besonders beliebt.

Chinakohl Die auch Pe-Tsai genannte Pflanze bildet lockere Rosetten wie etwa **'Maruba Santoh'** oder kompakte hochovale Köpfe wie die Sorten **'Green Rocket'**, **'Osiris F$_1$'** und **'Nagaoka'**. Die fein aromatischen, zarten Blätter werden am besten gedünstet, pfannengerührt oder in einer heißen Pfanne kurz gebraten.

Pak Choi Der chinesische Senfkohl bildet kein Herz aus, sondern löffelförmige, spiralförmig angeordnete Blätter. Die Blattstiele und Mittelrippen können einzeln als Gemüse verwertet werden. Die Blätter eignen sich für Suppen und pfannengerührte Gerichte, werden aber nur selten roh gegessen. Eine hervorragende Sorte ist **'Joy Choi'**.

Weitere fernöstliche Kohlsorten Zu ihnen zählen Komatsuna (Senfspinat), ein mildes und frisches Blattstielgemüse, das man auch als Keimlinge verwenden kann; Mizuna ist als Salat und für pfannengerührte Gerichte geeignet; Chinesischer Brokkoli ähnelt einem milden Brokkoli; Choisum besitzt gesägte Blätter, violette Mittelrippen und zahlreiche zarte Blütentriebe.

S. 140 *siehe* Pfannengerührtes Gemüse

Winter-Brokkoli Dieses in England sehr beliebte Gemüse gedeiht bei uns nur im milden Weinbauklima oder im Gewächshaus. Bei uns bekommt man die Samen nur bei Spezialversendern. Es zählt zu den am einfachsten anzubauenden Kohlsorten und liefert, bevor sich die Blüten öffnen, lange Zeit reiche Erträge, solange die blattreichen Seitentriebe regelmäßig geschnitten werden. Auch in mildem Klima im Winter mit Vlies oder Folie schützen. Moderne Sorten wie **'Red Arrow'** sind sehr früh und zuverlässig, während **'Perennial Nine Star'** eine große mehrjährige weiße Sorte ist. Violetter Brokkoli ist besonders in Italien beliebt, wo er häufig mit Anchovis oder Knoblauch gebraten oder frittiert wird. Brokkoli sollte jung, zart und frisch geerntet werden – alles hervorragende Gründe, ihn selbst anzubauen.

Saison
Freilandaussaat Spätfrühling Umpflanzen Frühsommer Ernte Spätwinter bis Spätfrühling

Blumenkohl

Als eines der anspruchsvolleren Gemüse erfordert Blumenkohl nährstoffreichen, feuchten, festen Boden, um große, feste Köpfe auszubilden. Die Sommersorten (**'Fremont F$_1$'**, **'Erfurter Zwerg'**, **'Wallaby'**) können bis zum Spätherbst geerntet werden, es folgen

Kohlrabi 'White Delicacy' (syn. 'Green Vienna')

die Herbstsorten wie **'Neckarperle'**, **'Chambord'** und **'May Star'**. Außerdem sind violette Sorten (**'Purple Cape'**, **'Violetta Italia'**), goldgelbe (**'Marmelade'**) und grüne, spitz zulaufende (**'Romanesco'**) erhältlich. Um Farbe und Qualität zu erhalten, werden in heißen Sommern ein bis zwei Blätter nach innen über die heranwachsenden Köpfe geknickt. Blumenkohl kann gekocht, gedünstet, pfannengerührt oder roh zu Salaten gegeben werden.

Bei weniger geeignetem Boden werden die Sämlinge im Abstand von 15 cm gesetzt. Nach drei bis vier Monaten entsteht ein Mini-Blumenkohl von etwa 8 cm Durchmesser. Aussaat für aufeinanderfolgende Ernten alle drei bis vier Wochen von Mitte Frühling bis Hochsommer.

Saison
Sommerblumenkohl Gewächshausaussaat Zeitiges Frühjahr Umpflanzen Spätfrühling Ernte Spätsommer bis Spätherbst
Herbstblumenkohl Freilandaussaat Frühsommer Umpflanzen Spätsommer Ernte Spätherbst

Grünkohl

Es gibt verschiedene Sorten Grünkohl, von der groben, glattblättrigen Sorte **'Thousand Head'** und den dekorativen rötlichen **'Redbor'** oder **'Red Russian'** bis zu den beliebten und zart gekräuselten Sorten wie **'Halbhoher Grüner Krauser'**. Sie sind alle frostharte Winter- und Frühlingsgemüse, leicht anzubauen und verlässlich. Junge Blätter werden vom Herbst an geerntet. Für die Nachernte wartet man, bis im Frühling die jungen Seitensprossen erscheinen.

Saison
Freilandaussaat Spätfrühling Umpflanzen Frühsommer Ernte Spätherbst bis Spätfrühling

Kohlrabi

Die nicht nur als Zwischenkultur bewährten Kohlrabi entwickeln grüne, weiße oder violette Knollen sowie Blätter, die wie die der Speiserübe gegart werden können *(siehe Seite 43)*. Kohlrabi wurde bereits im Mittelalter in Europa nachgewiesen und ist nach wie vor dank seines feinen Aromas als delikates Gemüse begehrt. Kohlrabi sät man am besten im Freiland aus und erntet ihn, solange die Knollen noch nicht allzu groß sind. Die harte Außenhaut mit dem Küchenmesser entfernen und die Knollen garen, bis sie zart sind.

Saison
Freilandaussaat Zeitiges Frühjahr (unter Folie) bis Spätsommer Ernte Frühsommer bis Spätherbst

Schwarzkohl aus der Toskana, auch bekannt als *Nero di Toscana* und *Cavolo nero*. Das heute wieder begehrte Blattgemüse ist eine alte italienische Sorte mit dunklen, schmalen, stark gerunzelten Blättern und mutet an wie eine Mischung zwischen Kohl und Grünkohl. Er ist leicht anzubauen und treibt aus der Mitte zahlreiche kleine zarte Blätter – später auch von den Seitentrieben aus, die als Blattgemüse, in Suppen oder gebraten mit Chilischoten serviert werden können. *Cavolo nero* übersteht milde Winter und bildet, wie Brokkoli, essbare Blütentriebe.

LAUCHGEWÄCHSE

Zwiebeln und verwandte Gemüse aus der Familie der *Alliaceae* erfreuen sich weltweiter Beliebtheit und sind vielleicht die vielseitigsten und unentbehrlichsten Zutaten in der Küche. Seit Jahrtausenden werden sie zu kulinarischen und medizinischen Zwecken angebaut. Allen gemeinsam ist ein hoher Gehalt an ätherischen schwefelhaltigen Ölen, die den typischen Duft und Geschmack – von zart bis tränentreibend scharf – entstehen lassen. Sie gedeihen willig auf den meisten Böden, und wenn mehrere Sorten zusammen gesetzt werden, etwa Zwiebeln mit Lauch und Frühlingszwiebeln, sind ihre unterschiedlichen Aromen stets verfügbar und bereichern selbst das schlichteste Gericht. Das Aroma ist ihr wichtigster Beitrag in der Küche, wenngleich sie auch mit einem unterschiedlichen Gehalt an Mineralien und Vitaminen aufwarten.

Speisezwiebel **'Sturon'**

Speise- und Gemüsezwiebeln

Die große Bandbreite umfasst flach runde, runde oder länglich schmale Zwiebeln mit braunen, bläulich roten oder silberweißen Schalen. Speise- und Gemüsezwiebeln wachsen aus Samen oder Steckzwiebeln (unreife kleine Zwiebeln), die meisten Sorten beginnen im Frühling und werden im Herbst geerntet. Einige wie **'Weiße Frühlingszwiebel'**, **'Radar'** und **'Senshyu'** können auch überwintern und reifen früh im folgenden Sommer heran. Gelbe runde Sorten wie **'Zittauer Gelbe'** gelten als die schärfsten; blasse Sorten wie **'Alisa Graig'**, **'Walla Walla'** und verschiedene spanische Sorten zählen zu den mildesten. Rote Zwiebeln besitzen eine milde süße Fruchtigkeit, längliche Sorten (**'Birnförmige'**, **'Owa'**) lassen sich leicht schneiden, während große Sorten wie **'The Kelsae'** riesige Zwiebeln bilden und entsprechend schöne Zwiebelringe ergeben. Die besten Zwiebeln gedeihen bei einer langen Wachstumsphase auf sehr festem Boden.

Schnittlauch in Blüte

Saison

Sommerzwiebeln Freilandaussaat Spätwinter bis Spätfrühling Pflanzen Zeitiges bis spätes Frühjahr Ernte/Trocknen Frühherbst

Zwiebeln zum Überwintern Freilandaussaat Spätsommer Pflanzen Frühherbst Ernte/Trocknen Frühsommer

Schnittlauch

Das Kraut wächst in Büscheln und bildet dichte Gruppen mit schlanken Zwiebeln und hohlen Blättern mit frischem Aroma. Die rosa bis malvenfarbigen Blüten locken Bienen an. Schnittlauch ist leicht aus Samen zu ziehen oder kann im zeitigen Frühjahr geteilt werden und beansprucht nur wenig Platz. Alle drei Jahre neu aussäen oder teilen, um Aroma und Wuchskraft zu erhalten. Er kann gut eingefroren, aber nicht getrocknet werden. Für die Verwendung im Winter wird ein Teil nach der Blüte eingetopft und vor dem Frost ins Gewächshaus gestellt. Die Sorte **'Grolau'** treibt auch bei wenig Licht unter Glas oder auf der Fensterbank und kann ganzjährig geerntet werden. Schnittknoblauch (China-Lauch) besitzt Blattstiele, die nach Knoblauch riechen, und liefert eine zusätzliche Ernte: die ungeöffneten Blütenknöpfe, die als pfannengerührtes Gemüse verzehrt werden.

Saison

Aussaat/Pflanzen Spätfrühling Ernte Frühsommer bis Spätherbst

Knoblauch

In den Küchen vom Mittelmeer bis Indien und China ist Knoblauch – mit dem intensivsten aller Zwiebelaromen – eine wichtige Zutat. Er gedeiht am besten auf gut durchlässigem Boden in voller Sonne oder – in feuchten oder kühlen Sommern – unter Glas. Eine einzelne Zehe bringt jeweils eine von papierartigen Schalen umgebene Knolle mit zahlreichen Zehen hervor. Zum Verzehr gekaufter Knoblauch sollte möglichst nicht gepflanzt werden, da er Viruskrankheiten übertragen kann. Empfehlenswert sind Sorten, die für den jeweiligen Standort gezüchtet wurden. So sind für das britische Klima zum Beispiel Sorten wie **'Early Wight'**, **'Solent Wight'**, **'Thermidrome'** und **'Printanor'** (nur im Frühling pflanzen) besser geeignet als französische oder italienische. Und bauen Sie viel Knoblauch an: Er besitzt wertvolle medizinische und schädlingsbekämpfende Eigenschaften und kann in der Küche als Gewürz- und Gemüsepflanze eingesetzt werden, so etwa bei dem klassischen provenzalischen Huhn mit 40 Knoblauchzehen.

Saison

Pflanzen Frühherbst bis zeitiges Frühjahr **Ernte/Trocknen** Früh- bis Spätsommer

Knoblauch 'Early Wight'

Weitere Kulturzwiebeln

Verschiedene andere Kulturzwiebeln haben ebenfalls ihre Fans. Samen und Steckzwiebeln sind leicht zu bekommen.

Luftzwiebeln *(Allium x proliferum)* Die Ägyptische Zwiebel oder Catawissazwiebel entwickelt an ihren Stielen statt Samen eine Gruppe kleiner Zwiebeln. Sie werden gepflanzt, die Hauptzwiebel geerntet. Das scharfe Aroma erinnert an Knoblauch und Schalotten.

Rakkyo *(Allium chinense)* Er erinnert an Schnittlauch, ist in der chinesischen und japanischen Küche beliebt und wird häufig eingelegt exportiert. Meist wird er als Pflanze oder Zwiebel verkauft, selten als Saatgut.

Riesenknoblauch *(Allium ampeloprasum)* Die auch Sommerlauch oder Elefantenknoblauch genannte Pflanze ist genau genommen eine Wildart, die aus dem Mittelmeerraum stammt und schon im alten Ägypten verwendet wurde. Sie besitzt riesige Knollen von bis zu 450 g und unterirdische Brutzwiebeln. Die einzelnen Zehen sind pflaumengroß und besitzen einen sehr milden Geschmack.

Winterzwiebeln *(Allium fistulosum)* Die grünen mehrjährigen Zwiebeln können aus Samen gezogen werden und wachsen allmählich zu dichten immergrünen Büscheln heran, die am besten alle drei bis vier Jahre geteilt werden *(siehe Abbildung)*. Die Blätter dienen als Gewürz, die Zwiebeln sind ein Ersatz für Küchenzwiebeln.

Wild- und Zierzwiebeln

Einige Zierknoblauch-, Lauch und Zwiebelgewächse kann man in einer Ecke zusammen mit Wildblumen setzen. Sie besitzen dekorative Blüten, von denen viele essbar sind. Für Bienen und Schmetterlinge, besonders für den Kleinen Fuchs, sind sie unwiderstehlich.

Bärlauch *(Allium ursinum)* Er breitet sich gern unter Hecken und Bäumen aus und besitzt sternförmige weiße Blüten. Die breiten Blätter werden gegart und riechen nach Knoblauch.

Rosenlauch *(Allium oreophilum)* Die Pflanze treibt rosaweißliche Blüten und häufig auch Brutzwiebeln. Die gesamte Pflanze kann wie eine Lauchzwiebel verwendet werden.

Schlangenlauch *(Allium scorodoprasum)* Die Zwiebeln und Stiele dieser schlanken Art, die gern an sandigen, steinigen Standorten wächst, können wie Knoblauch verwendet werden.

Schopf-Traubenhyazinthe *(Muscari comosum)* Die engen Verwandten der Zwiebeln bilden bunte Blüten und breiten sich gern aus, was man durch das Ernten einiger Zwiebeln etwas in Schach halten kann *(siehe Abbildung)*. In Deutschland zählen die Pflanzen zu den geschützten Arten. In Italien und Griechenland werden sie in kochendem Wasser mit etwas Essig gegart, was ihnen die Bitterkeit nimmt, und anschließend beispielsweise in Antipasti verwendet.

Weinberglauch *(Allium vineale)* Er wächst gern im Gras und hat Blätter mit Knoblaucharoma. Die Köpfe aus Blüten und Brutzwiebeln passen in Suppen und Eintöpfe.

Lauch

Im Gegensatz zu anderen Mitgliedern der Gattung *Allium* bildet Lauch keine zwiebelartige Verdickung aus und selbst bei gut entwickelten Stangen ist die rundliche Basis des essbaren gebleichten Schafts keine wirkliche Bulbe. Es gibt eine ganze Reihe von guten Sorten – von traditionellen wie **'Herbstriesen'** und **'Blaugrüner Winter'**, die durch Anhäufeln gebleicht werden, bis zu den modernen wie **'Pancho'** (früh), **'Porbella'** (Saisonmitte) und **'Poristo'** (spät), die von allein weiße Schäfte entwickeln. Zahlreiche Sorten stammen aus Frankreich, etwa **'Blue Solaise'** und **'Carentan'**, wo Lauch zu den Hauptgemüsearten zählt und sehr beliebt ist. Die Wahl der richtigen Sorte ist wichtig, da die Winterhärte sehr unterschiedlich ist. Wer besonders lange Schäfte ziehen will, sollte die Pflanzen alle drei bis vier Wochen anhäufeln; hervorragender Lauch für den Kochtopf ist eher dick als lang. Lauch schmeckt frisch nach der Ernte, kann aber auch gut gelagert werden: Den größten Teil des grünen Abschnitts wie auch die Wurzel schneidet man ab, die Stangen werden der Länge nach halbiert und die schmutzige, eher faserige äußerste Lage zieht man ab.

Saison

Gewächshausaussaat Zeitiges Frühjahr Umpflanzen Frühsommer Freilandaussaat Spätfrühling Umpflanzen Spätsommer Ernte Frühherbst bis Spätfrühling

Lauch 'Swiss Giant'

Lauchzwiebeln **'Purplette'**

Lauchzwiebeln und Zwiebeln zum Einlegen

Diese Gemüse sind bereits acht bis zehn Wochen nach der Aussaat erntereif. Sie bringen wie Miniaturlauch mehrere dünne röhrenförmige Blätter hervor, obwohl einige Sorten (**'White Lisbon'**, **'Purplette'**) schließlich auch kleine Bulben bilden, die eingelegt werden können. Rote Sorten wie **'Toga'** und **'Lange weiße Milda'** verleihen Salaten etwas Farbe. **'Elody'**, **'Guardsman'** und **'White Lisbon Winter Hardy'** können im Herbst gesät und bei kaltem Wetter geerntet werden. Weil schnell und anspruchslos, sind sie hervorragend als Zwischenkultur geeignet, die zwischen anderen Gemüsen gesät wird. Richtige Einlegezwiebeln bleiben im Boden, bis sich das Laub gelb färbt. Die Sorte **'Paris Silverskin'** bildet runde knackige Zwiebeln, die im Ganzen, gegart oder auch roh verzehrt werden können.

Saison

Freilandaussaat Spätwinter bis Spätsommer Ernte Zeitiges Frühjahr bis Frühherbst

Schalotten **'Longor'**

Schalotten

Sie wachsen aus einer einzigen Bulbe heran und teilen sich in eine lockere Gruppe von fünf bis sechs oder mehr birnenförmigen Zwiebeln. Die Sorten unterscheiden sich in der Farbe der Schale (rot, goldgelb oder braun) und der Form – **'Golden Gourmet'** ist groß, dekorativ und fast symmetrisch, während französische Sorten wie **'Longor'** schlank und länglich sind. Sie sind leicht zu ziehen und aus beiseitegelegten Bulben auch immer wieder anzubauen: Standardsorten wie **'Topper'** und **'Golden Gourmet'** werden um den kürzesten Tag des Jahres gepflanzt, mit französischen Sorten und Hybriden wie **'Red Sun'** wartet man besser bis zur Mitte des Frühlings. Schalotten möchten mit Respekt behandelt werden: Sie besitzen ein leichtes, süßes Aroma, das sich sehr von dem der Zwiebeln unterscheidet – und von manchen Menschen bevorzugt wird.

Saison

Pflanzen Frühwinter bis zeitiges Frühjahr Ernte/Trocknen Spätsommer

KÜRBISGEWÄCHSE

Selbst Experten geben zu, dass es bei den Kürbisgewächsen *(Cucurbitaceae)* oft ein Durcheinander gibt, wenn es um die Namen geht. Viele Arten dieser Familie sind frostempfindlich – in unseren Breitengraden werden sie ab Anfang Mai im Freiland gesät oder in Töpfen auf der Fensterbank vorkultiviert. Alle haben eine Vorliebe für äußerst nährstoffreichen, feuchtigkeitsspeichernden, aber gut durchlässigen Boden und regelmäßiges Wässern, und alle besitzen das typische Fruchtfleisch, das vor allem aus Wasser und großen Samen besteht sowie viel Vitamin C enthält. Von einigen Sorten sind die öl- und eiweißhaltigen Kürbiskerne sehr beliebt und werden roh, geröstet oder frittiert als Snack verzehrt.

Zu den Sommerkürbissen zählen alle Früchte mit weicher Schale, die in unreifem Zustand geerntet werden. In Katalogen werden sie unterschiedlich aufgelistet, umfassen zumeist aber Zucchini, Spaghettikürbisse, Patisson-Kürbisse u. Ä.

Die Stiele und Blätter der Winterkürbisse sind meist nicht so stachelig wie jene der Gemüsekürbisse, und die Früchte haben weniger eckige Stiele. Ihr Fleisch ist fester mit einem ausgeprägteren, manchmal nussigen Aroma, das durch langes, langsames Heranreifen noch besser wird.

Gurken und Melonen sind roh sehr erfrischend, Sommerkürbisse liefern kalorienarme Mahlzeiten und die Gartenkürbisse der Winterzeit liefern viele Kohlenhydrate. Die männlichen und weiblichen Blüten von Zucchini und anderen großblumigen Gemüsekürbissen können geerntet und gefüllt, in Teig ausgebacken oder klein geschnitten einem Risotto beigegeben werden. Auch die Blätter und Triebe zahlreicher Kürbisgewächse sind essbar.

Zucchini

Ursprünglich waren dies einfach kleine Gemüsekürbisse – das französische *courgette* bedeutet nichts anderes als » kleiner Kürbis«. Bei Zucchini im eigentlichen Sinne handelt es sich um eine dunkelgrüne schlanke italienische Sorte, die etwa 30 cm lang wird. Moderne Zucchini umfassen mehrere Sorten, die auf kompakten Wuchs und große Erträge gezüchtet wurden. Wenn sie nicht vorzeitig geerntet werden, reifen auch sie zur Größe von Gemüsekürbissen heran, sind ihnen aber im Aroma unterlegen. Die Früchte können zylindrisch sein (**'Diamant F_1'**), rund (**'Rondo di Nizza'**) oder gebogen (**'Trombolino'**). Die Farben reichen von Grüntönen (blass **'Genovese'**, dunkel und glänzend **'Patriot'**) bis Goldgelb (rund **'Floridor'**, lang **'Gold Rush'**).

Saison

Gewächshausaussaat Zeitiges bis spätes Frühjahr Umpflanzen Spätfrühling bis Frühsommer Freilandaussaat Frühsommer Ernte Frühsommer bis Frühherbst

Zucchini 'Parador'

Salatgurke 'Carmen'

Salatgurken

Einer der besten Gründe für den biologischen Anbau ist, dass Salatgurken, die ohne chemische Hilfsmittel und übermäßigem Wässern gezogen werden, ein weitaus besseres Aroma besitzen. Die Früchte werden unreif verzehrt – in reifem Zustand sind sie bitter und müssen geschält, gesalzen und gewässert werden, um genießbar zu sein.

Wenngleich ihr Nährwert gering ist – die Schale enthält aber Vitamin C und Carotin –, sind sie doch wichtige Gemüse für Sommersalate und viele weitere Rezepte: Mit Joghurt vermischt entsteht Gurken-Raita, das ein feuriges Curry etwas abmildert, man kann sie mit Schnittlauch und Paprika kombinieren wie in Ungarn oder mit Minze zu einer erfrischenden Suppe.

Treibgurken sind lang und schlank und entwickeln sich ohne Befruchtung – deshalb bilden sie keine Samen. Klassische Sorten wie **'Telegraph'** und **'Conqueror'** werden auf männliche Blüten überprüft, die dann entfernt werden (bestäubte Früchte sind missgebildet und bitter). Ausschließlich weibliche Hybriden wie **'Sudica F_1'** und die kleine Sorte **'Rawa F_1'** bringen lediglich unter schlechten Bedingungen männliche Blüten hervor. Ansonsten sind sie robust und häufig sehr krankheitsresistent.

Freilandgurken wie **'Marketmore'**, **'La Diva F_1'** sowie **'Bimbostar F_1'** mit blassgrüner Schale bilden 12–15 cm lange, dickere Früchte aus und liefern im Freiland oder in Folientunneln reiche Erträge. Mit Ausnahme der ausschließlich weiblichen Sorten müssen Freilandgurken von Insekten oder von Hand bestäubt werden *(siehe Seite 201)*. Die kriechenden Gewächse breiten sich gern am Boden oder auf Stroh aus. Japanische Sorten und Hybriden mit längeren Früchten wie **'Muncher'** und **'Bono'** werden besser an einem Rankgerüst gezogen. Sorten wie **'Crystal Lemon'** sind Freilandsorten mit runden Früchten und dicker Schale.

Einlegegurken aus europäischem Anbau sind eine Gruppe mit kleinen Früchten und großen Erträgen. Verwendet werden sie zum Einlegen und für die Bereitung von Saucen: **'Venlo Pickling'** und **'Vert Petit de Paris'** sind klassische leicht stachelige Sorten, **'Adam'** ist eine ergiebige Hybride mit glatter Schale. Einlegegurken der Westindischen Inseln – Gherkin *(Cucumis anguria)* – sind eine stachelige Sorte, die an ganz besonders dekorativen Trieben gedeiht.

Saison

Treibgurken Aussaat Spätwinter bis zeitiges Frühjahr Umpflanzen Zeitiges bis spätes Frühjahr Ernte Hochsommer bis Spätherbst
Freilandgurken Gewächshausaussaat Zeitiges Frühjahr Umpflanzen Spätfrühling Ernte Spätsommer bis Frühherbst

Weitere Kürbisgewächse

Bittergurke *(Mormodica charantia)* Eine 4 m hohe Kletterpflanze mit weinartigen Blättern und nach Vanille duftenden, gelben Blüten. Die orangfarbenen Früchte sind oval, gerippt und haben eine scharlachrote Innenseite. Man wässert sie vor der Zubereitung, um die Bitterstoffe zu neutralisieren. Verwendet werden sie in der indischen oder chinesischen Küche.
Chayote *(Sechium edule)* Mehrjährige Kletterpflanze mit essbaren jungen Trieben und knollenartigen Wurzeln. Die gefurchten birnenförmigen Früchte werden gewürzt oder gesüßt in Suppen, Salaten und Desserts verwendet. Die schlanken faserigen Triebe werden getrocknet und zu Stricken verwebt.
Feigenblattkürbis *(Cucurbita ficifolia)* Kräftige mehrjährige Pflanze, die als Einjährige gezogen wird. Die Blätter, Triebe und die riesigen dekorativen gelben Blüten sind essbar. Die großen grünen oder weißen Früchte werden jung wie Salatgurken verzehrt oder reifen weiter und werden dann zu Süßigkeiten oder alkoholischen Getränken verarbeitet.
Kiwano *(Cucumis metuliferus)* Die einjährige Kletterpflanze – auch als Hornmelone oder Stachelgurke bekannt *(siehe Abbildung)* – wird im Gewächshaus an Netzen gezogen. Die stacheligen orangen Früchte besitzen grünes Fruchtfleisch, das geschmacklich an Bananen und Limetten erinnert.
Luffa *(Luffa aegyptiaca)* Eine Rankpflanze für Gewächshaus oder Folientunnel mit großen gelben Blüten und zylindrischen Früchten. Jung werden sie in der chinesischen Küche verwendet, reife Luffas nutzt man getrocknet als Naturschwamm.
Schlangengurke *(Trichochantes cucumerina* var. *anguina)* Die frostempfindliche mehrjährige Kletterpflanze gedeiht gut in einem warmen Gewächshaus. Sie bildet verdrehte bis zu 90 cm lange »Gurken«, die in indischen Currys Verwendung finden. Ki-karasu-uri ist ein japanischer Verwandter mit gelben eiförmigen Früchten und stärkehaltigen Knollenwurzeln.

S. 171 *siehe* Bittergurken-Curry

Markkürbisse

Gleich ob es sich um kriechende Sorten (**'Long Green Trailing'**) oder um buschige Pflanzen handelt (**'Green Bush'**, **'Minipak'**), bringen Markkürbisse zylindrische grüne, cremefarbene oder gestreifte Früchte hervor, die bei einer Länge von etwa 30 cm für den frischen Verzehr geerntet werden. Sie können auch noch größer werden und lassen sich dann bis zu zwei Monate lagern. Frische Markkürbisse werden gedünstet oder gefüllt, etwa mit Fleisch, Zwiebeln und Tomaten, was dem etwas faden Fruchtfleisch Würze verleiht. Aus reifen Markkürbissen lassen sich – mit Ingwer oder aromatischen Früchten wie Zwetschen – hervorragende Konfitüren zubereiten. Wie alle Gemüsekürbisse benötigen sie reichlich Nährstoffe und in trockenen Perioden auch viel Wasser. Nach englischem Gärtnerbrauch bleiben die größten Markkürbisse für den Gärtnerwettbewerb reserviert.

Saison

Gewächshausaussaat Zeitiges Frühjahr Freiland Spätes Frühjahr Umpflanzen Frühsommer bis Spätsommer Ernte Früh- bis Spätherbst

Melonen

Melonen wachsen an leicht behaarten Trieben, die im Gewächshaus in Netzen wachsen oder im Frühbeet auf Stroh. An Standorten mit langen warmen Sommern können einige Sorten auch unter Folientunneln oder an einem Rankgerüst an einem sonnigen Zaun oder an einer Wand des Gartenschuppens angebaut werden. Wie Kürbisse werden auch Melonen nach Fruchtarten gruppiert, wenngleich Hybriden die genaue Zuordnung erschweren. Sorten mit rosa oder orangefarbenem Fruchtfleisch besitzen einen höheren Gehalt an Vitamin C als andere Sorten und sind meist aromatischer – der Duft beim Heranreifen im Gewächshaus ist unvergesslich. Melonen lassen sich zu Obstsalat, Sorbets oder Eis verarbeiten. Obwohl manchmal Ingwer empfohlen wird, sollten Sie Melonen nicht mit anderen Aromen kombinieren: Am besten schmecken diese Früchte in dicken Scheiben mit ein wenig Zucker.

Wassermelonen sind kriechende, sich verzweigende tropische Kletterpflanzen, die große glatte Früchte von bis zu 75 cm Länge hervorbringen. Sie sind mit knackigem erfrischendem rotem Fruchtfleisch und unterschiedlichen Mengen an Kernen gefüllt. Letztere können getrocknet oder geröstet verzehrt werden. In den hiesigen Breitengraden ist nur der Anbau im Gewächshaus lohnend, in einem hellen nährstoffreichen Beet mit häufiger Bewässerung. Aussaat im zeitigen Frühjahr, Anzucht bei 21 °C, Auspflanzen nach vier bis sechs Wochen. Pro Pflanze belässt man zwei bis vier Früchte. Überschüssiges Blattwerk wird entfernt, sodass den Früchten alle Nährstoffe zur Verfügung stehen.

In Netzen reifen Melonen gleichmäßig heran.

Asiatische Melonen Gerippte Früchte, ähnlich Gurken, 90 cm oder länger. Sie werden als Gemüse zubereitet oder frisch verzehrt.
Cantaloupmelonen Typische dicke, warzige oder schuppige Schale und satt orangefarbenes Fruchtfleisch. Zu dieser Gruppe gehören die Charentais-Melonen.
Honigmelonen Relativ glatte, dicke, gelbe Schale und grünes Fruchtfleisch. Zu ihnen zählen die Honigmelone **'Honey Dew'** sowie spanische Melonen.
Netzmelonen Die Schale ist mit einem Netz weißer Adern überzogen, das sehr aromatische Fruchtfleisch ist grün oder lachsrosa.
Ogenmelonen Kleine Früchte, gelb oder orange mit grünen Rippen, aromatisch-süßes grünes Fruchtfleisch.

Saison

Gewächshausaussaat Spätfrühling bis Frühsommer Umpflanzen Früh- bis Spätsommer Ernte Früh- bis Spätherbst

Weitere Kürbisse

Neben Zucchini und Markkürbissen gibt es zahlreiche weitere Gemüsekürbisse, von denen einige überaus Aufsehen erregende Früchte hervorbringen. Zu dieser Gruppe zählen etwa Patissons wie **'Custard White'** und **'Scallopini'**, weiß oder gelb, und mit an Ufos erinnernder Form. Kleinere Kürbisse wie **'Jack Be Little'** und **'Tom Fox'** sowie sämtliche Butternuss- oder Moschuskürbisse haben süßes Fleisch und sind lagerfähig. Spaghettikürbisse bilden dicke, blockförmige gelbe Früchte, die im Ganzen gekocht werden und sich dabei in einzelne süße Stränge auflösen.

Saison

Gewächshausaussaat Zeitiges bis spätes Frühjahr Umpflanzen Spätfrühling bis Frühsommer Freilandaussaat Frühsommer Ernte Frühsommer bis Frühherbst

Garten- oder Winterkürbisse

Kürbisse mit harter Schale können nach der Ernte mehrere Monate gelagert werden, besonders wenn sie in der Sonne ausgehärtet wurden. Kriechende Sorten werden an einem Rankgerüst erzogen, an dem die Früchte von allen Seiten belüftet werden und so eine haltbare Schale ausbilden. Zu den verschiedenen Gruppen zählen:

Bananenkürbisse Zartes gelbes Fruchtfleisch und in ausgereiftem Zustand eine rosa Schale. Lohnend ist **'Nice Long'**.

Butternuss Längliche Früchte mit dickerem Ende und besonders zartem Fruchtfleisch. Einen Versuch wert ist **'Waltham'**.

Halloween-Riesenkürbisse Die Fratzen und der grinsende Mund werden zumeist in große Ausstellungskürbisse geschnitzt, die ausgehöhlt und dann von einer Kerze beleuchtet werden. Einen Versuch wert sind **'Atlantic Giant'** oder zum Dekorieren von Zaunpfosten oder Tischen die kleineren **'Jack-O-Lantern'**-Sorten.

Hubbard-Kürbisse Leichte Birnenform, sehr dicke Schale und hervorragende Qualität. Einen Versuch wert: **'Blue Kuri'**.

Turban-Kürbisse Der Form nach sehen sie aus wie eine Eichel in der Schale – sehr dekorativ und aromatisch. Probieren Sie **'Turk's Turban'**.

Kenner unterscheiden noch zahlreiche weitere Gruppen von Winterkürbissen (Cushaw, Kabocha, Delicata) und viele Sorten, die zusammen ein wahres Herbstfestival an Farben und Aromen im Garten entstehen lassen.

Zu den hervorragenden und beliebtesten Sorten zählen **'Bon Bon'** mit abgeflachten kastenförmigen Früchten, die wegen ihres Aromas bereits ausgezeichnet wurden; der leuchtend orange Hokkaido-Kürbis **'Uchiki Kuri'**, süß, nussig und dekorativ; der französische Klassiker **'Sucrine du Berry'**, würzig und aromatisch; und die genarbte **'Marina di Chioggia'**, eine warzige Kugel voller üppiger Aromen mit guter Lagerfähigkeit.

Und bauen Sie – zu guter Letzt – auch einige rein dekorative nicht essbare Kürbisse an: die Amphoren, Kalebassen und anderen bizarren Formen lassen sich trocknen, lackieren oder aushöhlen und als Gefäße, Vasen und Kuriositäten verwenden.

Saison

Gewächshausaussaat Zeitiges bis spätes Frühjahr Umpflanzen Spätfrühling bis Frühsommer Freilandaussaat Frühsommer Ernte/Aushärten Früh- bis Spätherbst

Kürbisse werden im Winter an einem kühlen Ort gelagert.

Kürbisgewächse befruchten

Die Blüten der Kürbisgewächse sind entweder männlich oder weiblich, und bei der Befruchtung von Melonen und – gelegentlich – anderen Kürbisgewächsen muss man sie unterscheiden können. Männliche Blüten haben einfache gerade Stiele, weibliche sitzen auf einer winzigen unreifen Frucht. Zur Befruchtung einer weiblichen Blüte pflückt man am Morgen eine völlig geöffnete männliche Blüte, entfernt die Blütenblätter und streift die mit Pollen versehenen Staubbeutel über die Narbe der weiblichen Blüte. Die Befruchtung gelingt zuverlässiger, wenn man den Pollen mehrerer männlicher Blüten für eine weibliche Blüte verwendet.

BLATTGEMÜSE & SALATE

Die Zutaten für einen Salat sind zahlreich und vielfältig, von Löwenzahnblättern und Zweigen der Vogelmiere bis zu den Blüten der Kapuzinerkresse – und alle können im eigenen Garten angebaut werden. Einige Blattgemüse sind Grundnahrungsmittel, als junge Gemüse bilden sie die Grundlage vieler Salate oder können, in vielen Fällen, weiterreifen und dann gekocht oder gedünstet verwendet werden. Auch einige Verwandte der Kohlpflanzen, die normalerweise zu den Gemüsen gezählt werden, sind als Zutaten im Salat lohnend, so etwa Garten-, Winter- und Brunnenkresse sowie Rauke. Sie sind auf *Seite 191* beschrieben.

Chicorée & Endivie

Eine Gruppe verschiedener Salate, die mitunter in ihrer Vielfalt etwas verwirrend sind.

Wurzelzichorie Staude mit einer Pfahlwurzel und ansprechenden hellblauen Blüten, die Insekten anziehen und in einer naturbelassenen Gartenecke einen Platz verdient haben. Kulturformen mit besonders großen Wurzeln wie **'Magdeburg'** werden getrocknet und gemahlen als Kaffee-Ersatz oder -Zusatz verwendet.

Chicorée Die Salatzichorie hat eine dicke Wurzel und breite grobe Blätter, die im Freiland gezogen werden. Im Herbst werden die Blätter entfernt und die rübenförmigen Wurzeln im Keller dicht an dicht in einem Kübel mit feuchtem Sand gelagert. Dort treiben die knackigen, eng aufgerollten Knospen aus. **'Zoom'** muss zum Treiben nicht abgedeckt werden.

Radicchio 'Grumolo Rossa'

Blattzichorie **'Zuckerhut'** bildet dichte konische Köpfe. Die reifen Blätter sind knackig, können aber, solange sie jung sind, auch als Pflücksalat geschnitten werden. **'Grumolo'** ist ein typischer Vertreter einer Gruppe winterfester Sorten, die dunkelgrüne Blattrosetten und essbare Blüten bilden.

Radicchio – die italienische Bezeichnung für Chicorée im Allgemeinen – zeichnet sich durch rote oder weiß-rote Blätter sowie deutliche Mittelrippen aus. Am bekanntesten sind **'Radicchio di Treviso'** mit länglicher Form (kann angetrieben werden), **'Rossa di Verona'** mit lockeren runden Blättern wie ein kleiner Kohlkopf und **'Castelfranco'**, ein dichter Kopf mit dekorativen gekräuselten Blättern (auch gut zum Antreiben).

Endivien sind den Blattzichorien ähnlich, bilden aber glatte, unbehaarte Blätter und größere Köpfe aus. Krause Sorten wie **'My-lady'** und **'Fine Maraichere'** haben reizvolle, tief gezahnte Blätter, während die winterharten Escariol-Sorten (**'Blonde Full Heart'** und **'Bubikopf'**) breite bittere Blätter haben, die vor der Verwendung – etwa in einem Wintersalat mit Walnüssen und knusprigem Speck – am besten blanchiert werden.

Saison

Freilandaussaat Spätfrühling bis Frühherbst Ernte Zeitiges Frühjahr bis Frühwinter

Blattsalate

Für viele sind Blattsalate die wichtigsten Salate aus dem Garten. Sie werden in unzähligen Varianten angeboten, alle stammen sie jedoch von einem einzigen unbekannten frühen ägyptischen Vorfahren ab. Zu den Blattsalaten zählen beispielsweise Kopfsalat, Eisbergsalat, Pflücksalat und Römischer Salat.

Salat wird immer unmittelbar nach der Ernte verwendet, da er sonst seine Knackigkeit verliert und welkt. Ein unversehrter Kopfsalat hält sich 1–2 Tage in einem zugedeckten Topf, wenn der Stielansatz in etwas Wasser steht, oder in eine Plastiktüte eingewickelt im Kühlschrank. Ein schlaffer Salat wird kurz in kaltes Wasser getaucht, das Wasser abgeschüttelt und dann leicht in ein feuchtes Küchentuch eingeschlagen, bis er wieder knackig ist.

Kopfsalat Der zu dieser Gruppe zählende grüne Salat (Butterkopfsalat) besitzt weiche Blätter, die zumeist grün sind, aber auch unterschiedliche rote Färbungen aufweisen können (**'Roxy'**, **'Marvel of Four Seasons'**). Manchen Gärtnern gilt er als der am wenigsten interessante Salat, weil sein Geschmack nicht sehr intensiv ist. Klassische Sorten wie **'Buttercrunch'** und die Zwergform **'Tom Thumb'** sind jedoch deutlich aromatischer als manch andere Sorten.

Eisbergsalat hat blassere Blätter und dichte Herzen, die saftig und knackig sind, besonders in heißen Sommern. Mit Ausnahme der älteren Sorten wie **'Webb's Wonderful'** und der Batavia-Salate wie dem dekorativen **'Grazer Krauthäuptel'** mit roten Rändern ist er nicht sonderlich aromatisch.

Pflücksalate bilden keinen Kopf aus, haben dafür aber unzählige dicht gedrängte Blätter, die im Gartenbeet sehr dekorativ wirken können, wie etwa der grüne **'Frillice'**, der rot-getönte **'Oakleaf'** und der dunkle **'Lollo Rossa Solsun'**. Pflücksalate sorgen für die schnellste und auch längste Ernte, besonders zu Beginn und gegen Ende der Saison, wenn andere Sorten mitunter etwas unwilliger sind, einen Kopf auszubilden.

Römischer Salat Romana- oder Römischer Salat ist bei uns auch unter dem Namen Sommerendivie bekannt. Er ist hoch und zumeist groß – **'Little Gem'** und **'Tintin'** sind beliebte Miniaturen – und besitzt dichte, schmackhafte Herzen, die von kräftigen, süßen und sehr aromatischen Außenblättern umgeben sind. **'Counter'** verbindet das Aroma von **'Little Gem'** mit der typischen Romana-Form und gedeiht selbst in feuchten Sommern gut. **'Baby Star'** ist ebenfalls eine Minizüchtung mit sehr gutem Geschmack. Die Außenblätter sind dunkelgrün und ansprechend glänzend, die Salatherzen sind dagegen goldgelb. Diese Sorte kann ganzjährig angebaut werden und ist resistent gegen Krankheiten.

Saison
Freilandaussaat Zeitiges Frühjahr bis Herbstmitte Ernte Spätfrühling bis Frühwinter

Mangold

Mangold ist nahe mit der Zuckerrübe verwandt. Mit seinen kräftigen Blattformen kann er als eine anspruchslose und länger zu erntende Alternative zu Spinat *(siehe rechts)* angebaut werden, dem er geschmacklich ähnlich ist. Man unterscheidet Blatt- oder Schnittmangold und Stielmangold. Die meisten Mangoldsorten können sehr lange geerntet werden – im Sommer und Herbst aus der Frühlingsaussaat und im Frühling aus der Spätsommeraussaat (evtuell im Frühwinter mit Laub oder Vlies schützen). Mangold hat fleischige weiße Blattstiele, die auch gern einzeln als Gemüse gereicht werden. Bunte Sorten wie rotstieliger Mangold (**'Canary Yellow'**, **'Rhubarb Chard'**) verleihen dem Garten etwas Glanz und werden häufig in Sortenmischungen kombiniert wie etwa **'Rainbow Chard'**.

Saison
Freilandaussaat Zeitiges Frühjahr bis Spätsommer Ernte Bis Frühwinter

Rotstieliger Mangold

Spinat

Eine Reihe von saftigen Blattgemüsesorten werden wie Spinat angebaut und zubereitet, von der weitverbreiteten Gartenmelde – auch als spanischer Spinat bekannt – bis zur tiefroten Melde, einer hohen einjährigen Pflanze. Auch richtiger Spinat ist eine nahrhafte einjährige Pflanze, die rasch wächst und bei großer Hitze auch schnell in Blüte schießt. Spinat wird nach Aussaatterminen unterteilt: in Sommerspinat mit runden Samen und den größeren, winterfesten Winterspinat mit eckigeren Samen.

Beide Varianten können nur kurze Zeit geerntet werden, deshalb ist eine wiederholte Aussaat wesentlich. Alternativ kann man im Sommer auch eine schossfestere Art wie beispielsweise Neuseeländer Spinat *(siehe Seite 92)* anbauen oder auch Mangold *(siehe links)*, der ganzjährig geerntet werden kann
Die Sorten **'Matador'**, **'Medania'** und mehrere moderne F1-Hybriden wie **'Lazio'** und **'Tornado'** schießen in heißen trockenen Sommern nicht so schnell in Blüte. Ältere Sorten wie **'Holländischer Breitblättriger'** bringen oft längere Erträge. **'Winterriesen'** ist immer noch die beste Spinatsorte für kaltes Wetter. **'Monnopa'** enthält weniger Oxalsäure und ist nicht so bitter. Ernten Sie Spinat in großen Mengen, mindestens 250 g pro Person, da er beim Dünsten sehr stark zusammenfällt.

Saison
Freilandaussaat Zeitiges Frühjahr bis Frühsommer (Sommerspinat); Frühherbst (Winterspinat) Ernte Frühsommer bis Spätherbst (Sommerspinat); Frühwinter bis Spätfrühling (Winterspinat)

MEHRJÄHRIGE GEMÜSE

Dies ist eine Gruppe der verschiedenartigsten Gemüse, von denen einige auch ausdauernde Pflanzen sind und mehrere Jahre am selben Standort gedeihen. Sie wachsen rasch heran und bilden saftige Stiele, benötigen einen nährstoffreichen Boden, der jährlich mit Komposterde oder Stallmist angereichert und bei Trockenheit auch regelmäßig gewässert wird. Diese ausdauernden Gemüse werden häufig in einem eigenen Beet gesetzt, da sie nicht in das übliche Fruchtfolgeschema passen, gedeihen aber ebenso gut an frei gebliebenen Stellen im Garten oder in großen Töpfen, vorausgesetzt, sie werden ausreichend gewässert.

Spargel

Spargel ist nicht länger das Luxusgemüse von früher. Die Pflanze mit dem fein gefiederten Laub kann in Beeten, einzelnen Reihen oder in tiefen Kästen mit sandiger Erde angebaut werden. Gute Bodendurchlässigkeit ist jedoch unerlässlich. Man zieht die Pflanzen aus Samen oder setzt sie als ein oder zwei Jahre alte Pflanzen. Nach dem Pflanzen muss man sich zwei Jahre gedulden. Danach kann man sich alljährlich und eine Generation lang an der Ernte erfreuen. Die Spargelzeit ist kurz, etwa zehn Wochen, sie zählt aber zu den Höhepunkten des Gartenjahres. Nach dem 24. Juni wird das Stechen bei uns eingestellt, damit die Pflanzen Kraft für das nächste Jahr sammeln können.

Damit die begehrten Stangen weiß bleiben, werden etwa 30 cm hohe Erdwälle aufgeschüttet, in dem der Spargel vor Licht geschützt heranwächst. Man erntet, sobald die Stangen die Erdoberfläche erreichen. Gedüngt wird alljährlich im zeitigen Frühjahr und Spätsommer. Männliche Hybriden wie **'Grolim'** und **'Jersey Knight'** bringen die dicksten Stangen und keine konkurrierenden Sämlinge hervor, der Wuchs traditioneller Sorten (**'Huchels Leistungsauslese'**, **'Martha Washington'**) ist unterschiedlicher. Grüner Spargel (**'Amarus'**) treibt schlanke, aromatische Stangen aus, die in Suppen oder auch kalt zubereitet werden.

Saison

Freilandaussaat/Pflanzen Spätfrühling Ernte Zeitiges Frühjahr bis Mittsommer

Cardy (Karde)

Die nahe Verwandte der Artischocke *(siehe Seite 208)*, die ihr auch sehr ähnlich sieht, könnte mit ihren silbergrauen, tief eingeschnittenen Blättern auch aus einem Blumengarten stammen. Die gesamte Pflanze wird gebleicht, indem von Spätsommer bis Frühherbst die Blätter in braunes Papier oder Stroh eingewickelt, mit Bast zusammengehalten und dann mit Erde angehäufelt werden. Nach sechs bis acht Wochen wird die ganze Pflanze wie Stangen-

Zarte Spargelspitzen im Frühling

Selbstbleichender Sellerie 'Victoria'

sellerie geerntet. Zum Verzehr geeignet sind die Blattstiele, die geschält und dann gekocht oder gebraten oder auch als Rohkost mit einer klassischen Anchovis-Knoblauch-Öl-Sauce gereicht werden.

Karden sind frostempfindliche Pflanzen, die bei uns im Gewächshaus vorkultiviert werden. Im 2. Jahr bringen sie kleine, artischockenähnliche Blütenköpfe hervor. Eine ausgezeichnete Sorte ist **'Gigante di Romagna'**.

Saison
Gewächshausaussaat Zeitiges Frühjahr Umpflanzen Spätes Frühjahr Ernte Herbstmitte

Stangensellerie

Das besonders aromatische Gemüse kann als knackige und appetitanregende Rohkost in Salaten verzehrt werden. Suppen und Eintopfgerichten verleiht es ein unvergleichliches Aroma. Grüne Sorten werden während des Wachstums angehäufelt, sodass sie bleichen und die Stangen zarter werden. Auch selbstbleichende Sorten schätzen etwas Lichtschutz und können zum Beispiel im Abstand von 20–23 cm in einem leeren Frühbeet mit festen Seitenwänden gesetzt werden. Ein kräftigeres Aroma liefern grüne Sorten wie etwa **'Darklet F_1'** oder auch die Blätter des wilden oder chinesischen Selleries.

Saison
Aussaat Zeitiges Frühjahr Umpflanzen Frühsommer Ernte Frühherbst bis zum Frost (obwohl der frosthärtere Sellerie nach dem ersten Frost besser schmeckt)

Knollenfenchel

Das Gemüse ist mit dem Gewürzfenchel verwandt, aber dennoch anders – es bildet dicke knackige weiße zwiebelähnliche Knollen, die etwa in der Größe von großen Äpfeln geerntet und als Rohkost, geschmort oder gebacken serviert werden. Die Knollen erntet man am besten kurz vor der Verwendung, die feinen Blättchen mit Anisaroma können jederzeit als Beigabe zu Fischgerichten gepflückt werden. Zu den besten Sorten zählen **'Fino'** (süß und angenehm), **'Amigo'**, **'Zeva Fino'** und der weniger in Blüte schießende **'Finale'** für frühe Aussaaten. Ältere Sorten neigen zum Schießen, wenn sie vor Mitte des Sommers gesät werden. Angehäufelt bringen sie zartere Knollen hervor.

Saison
Freilandaussaat Früh- bis Spätsommer Ernte Spätherbst bis Frühwinter

Fenchel wird mithilfe eines kleinen Kragens gebleicht.

Artischocke 'Purple Globe'

Artischocken

Die Stauden erinnern an kleine Karden *(siehe Seite 206)*, besitzen aber grünere Blätter und größere Blütenköpfe. Sie gedeihen an vollsonnigen Standorten. Die Pflanzen sind bei uns jedoch nicht winterhart, besonders jüngere Pflanzen und einzelne Sorten müssen unbedingt vor Frost geschützt werden. Artischocken zieht man aus Samen, die im Frühling im Freiland ausgesät werden, oder aus Ablegern, die im Spätwinter und zeitigen Frühjahr von den besten Pflanzen genommen wurden. Grüne Sorten wie **'Green Globe'** haben größere Köpfe, violette Sorten (**'Globe Romanesco'**, **'Violetta di Chioggia'**) sind kleiner, aber qualitativ hochwertiger, wenn sie an einem heißen trockenen Standort angebaut wurden. Geerntet werden die Blütenköpfe im Knospenstadium.

Saison

Freilandaussaat/Pflanzen Zeitiges bis spätes Frühjahr Ernte Frühsommer bis Frühherbst

Topinamburknollen

Topinambur

Die Verwandten der Sonnenblumen werden wegen ihrer großen, süßlichen und zart aromatischen Knollen angebaut, die wie Kartoffeln zubereitet und verwendet werden. Hinweise zum Anbau und empfohlene Sorten, *siehe Seite 42*.

Saison

Pflanzen Zeitiges Frühjahr Ernte Ab Spätherbst bis zeitiges Frühjahr

Rhabarberstiele dreht man vorsichtig am Wurzelhals ab.

Rhabarber

Die robuste Pflanze ist, selbst wenn sie sich selbst überlassen bleibt, absolut verlässlich. Sie ist begehrt, weil sie die ersten Früchte des Jahres hervorbringt. Rhabarber ist zum einen eine sehr dekorative Erscheinung im Garten, zum anderen kann er für die verschiedensten Rezepte verwendet werden. Vorgetriebene Stangen sind ausgesprochen zart und haben ein feines Aroma, die Stiele der Haupternte schmecken intensiver. Alle Sorten kann man aus Wurzelstücken ziehen (Pflanzen und Verjüngen von Rhabarber, *siehe Seite 132*).

Ernten kann man im Jahr nach der Pflanzung. Rhabarber wird traditionell vorgetrieben *(siehe Seite 133)*, die Ernte erstreckt sich dann bis Mitte des Sommers. Anschließend sind die Pflanzen für eine Ruhepause dankbar. Zu den leuchtend roten Sorten zum Vortreiben zählen **'Vierländer Blut'**, **'Holstein Blut'**, **'Frambozon Rood'** und die grünstielige **'Esta'**.

Saison

Pflanzen Frühjahr oder Herbst **Ernte** Zeitiges Frühjahr bis Ende Frühsommer

Knollenziest

Das Feinschmeckergemüse ist besonders in Frankreich und China beliebt. Die Pflanzen werden etwa 45 cm hoch und bilden unterirdische Rhizome, an deren Enden sich 4–6 cm lange Knollen bilden. Diese werden im Frühjahr in einen großen Topf oder in ein Beet mit humoser Erde gepflanzt und in voller Sonne aufgestellt, bis der überirdische Teil der Pflanze im Herbst abstirbt. Der Topf wird geleert und die schmackhaften Knollen kurz blanchiert, dann heiß oder kalt serviert. Knollenziest wird möglichst kurz nach der Ernte verzehrt, da er relativ schnell trocknet.

Weitere mehrjährige Gemüse für die Küche

Naturfreunde können auch einige Wildstauden anbauen. Sie ermöglichen zwar keine übermäßig große, aber doch regelmäßige Ernte.

Engelwurz *(Angelica archangelica)* ist eine vielseitige zweijährige Pflanze, die aber auch mehrere Jahre gedeiht, wenn man die Blüte verhindert, indem man die Blütenstiele um die Hälfte einkürzt, sobald die Knospen erscheinen. Wenngleich sie für ihre leuchtend grünen kandierten Blattstiele am bekanntesten ist, werden auch andere Teile der Pflanze genutzt: die Blätter in Fischgerichten, die jungen Triebe zum Mildern der Säure von Früchten. Außerdem steuern sie ein feines Lakritz-Aroma bei. Die Wurzeln setzt man bei der Bereitung von Gin und die Samen in Wermut und Chartreuse (Benediktinerlikör) ein. Die Pflanzen werden meist aus der Herbstaussaat im Freiland gezogen; sie sind Frostkeimer und nur ganz frische Samen keimen. Die wilde Engelwurz ist etwas einfacher und weniger aromatischer als die Erzengelwurz, in Erscheinung und Verwendung aber ähnlich.

Guter Heinrich *(Chenopodium bonus-henricus)* Die Pflanze ist auch als Großer Gänsefuß oder Bergspinat bekannt. Von dem aus Europa stammenden Gemüse verzehrt man Blätter und Triebe *(siehe Seite 56)*.

Liebstöckel *(Levisticum officinale)* Die wuchsfreudige Staude mit Sellerieаroma trägt auch den Namen Maggikraut. Essbar sind die Blätter und Stiele (nur gedünstet). Die Pflanze braucht feuchten, nährstoffreichen Boden.

Meerfenchel *(Crithmum maritimum)* besitzt salzige, fleischige, zylindrische Blätter, die traditionell als Zutat für Salate eingelegt oder als aparte Beilage zu Fisch gegart werden. Er wächst auf sandigem oder felsigem Boden aus Samen oder gekauften Pflanzen.

Orientalische Zackenschötchen *(Bunias orientalis)* Eine dem Raps ähnliche, bei uns eingeschleppte Pflanze, die aber leicht zum unausrottbaren Unkraut wird. Junge Blätter kann man, solange sie noch mild sind, als Zutat für Salat pflücken. Ältere Blätter werden wie Spinat gekocht.

Taglilien *(Hemerocallis)* Sie werden in Fernost häufig angebaut. Dort verwendet man die Blüten und Knospen getrocknet und zum Eindicken von Suppen; sehr junge Triebe kocht man als Gemüse. Auch die Wurzeln einiger Sorten werden verzehrt oder zu medizinischen Zwecken genutzt.

Winter-Brokkoli Die wuchtige Pflanze wird 1,20 m hoch und breit und bringt eine einzige zentrale blumenkohlartige Blüte hervor, gefolgt von zahlreichen weiteren an den Seitentrieben. Sie ist nicht frosthart und muss bei uns im Gewächshaus kultiviert werden. Regelmäßig auf Kohlschädlinge und Krankheiten kontrollieren.

SOMMERGEMÜSE

Planen Sie auch einige wichtige kälteempfindliche Gemüse für Ihren Garten ein. In guten Jahren – heiß und sonnig im Freiland, mild und hell unter Glas – können sie eine gute Ernte bringen.

Auberginen

Die auch als Eierpflanzen bekannten Auberginen tragen unglaublich schöne Früchte. Sie können tief purpurfarben, rosa oder weiß sein, die Formen rund oder lang und dünn. Auberginen können einen leicht bitteren Geschmack haben, der jedoch durch etwas Salzen vor dem Kochen verschwindet. Die Früchte sind die Grundzutaten für Ratatouille, Moussaka, Caponata und zahlreiche Gerichte aus dem Nahen Osten. Geerntet werden sie, wenn sie dick und glänzend sind. Lange Sorten (**'Little Finger'**, **'Long Purple'**) sind trockener und eher zum Braten geeignet.

Saison

Gewächshausaussaat Zeitiges Frühjahr Umpflanzen Spätfrühling bis Frühsommer Ernte Hochsommer bis Frühherbst

Gemüsepaprika sind reif, wenn sie glänzend und tiefrot sind.

Gemüsepaprika

Gemüsepaprika sind buschige Pflanzen aus der Gattung *Capsicum*. Wie die Tomaten stammen sie aus dem tropischen Amerika, wo sie bereits vor der Ankunft der Spanier jahrtausendelang kultiviert wurden. Heute gibt es Sorten, die an unser gemäßigtes Klima angepasst sind. Die Pflanzen bringen große, milde, hohle Früchte hervor (Gemüse- oder Süßpaprika) oder kleinere runde, sich verjüngende oder längliche Früchte von unterschiedlicher Schärfe (Chilischoten und Gewürzpaprika).

Die Früchte gibt es in einer Vielzahl von Farben – von Grün bis Rot – und Formen: Sie können fast rechteckig, länglich oder eiszapfenförmig, bananen- oder kirschförmig sein. Die meisten grünen Früchte werden, wenn sie Zeit zum Reifen haben, gelb oder rot, wenngleich das Ernten der grünen milden Früchte die Ernte verlängert. Es gibt Hunderte Sorten Gemüsepaprika (**'Golden Bell'**, **'Jumbo'** und die langen gebogenen **'Corno di Toro Rosso'**, scharfe fruchtige Paprika wie **'Hungarian Yellow Wax'**, Chilischoten (**'Red Peter'**), Peperoncinis (**'Robustini'**), Jalapeño-Paprika (**'Mucho Nacho'**), Serrano-Paprika (**'Serrano del Sol'**), Habanero-Paprika (**'Caribbean Red'**) und Chilischoten (**'Tabasco'**) – in unterschiedlichen Schärfestufen.

Zum Heranreifen benötigen Gemüsepaprika etwas mehr Zeit als Tomaten, und bis auf die frühesten Sorten werden alle im Gewächshaus gezogen.

Saison

Gewächshausaussaat Spätfrühling Umpflanzen Frühsommer Ernte Spätsommer bis Frühherbst

Zuckermais

Zuckermais enthält einen hohen Zuckeranteil anstelle von Stärke und wird unreif geerntet, wenn die Körner noch feucht und milchig sind, also nicht reif und trocken. Mais stammt vermutlich aus dem warmen Mexiko und benötigt mitunter bis zu 140 Tage zum Heranreifen. Für kältere Gegenden wurden Sorten gezüchtet, die es in nur 80 Tagen schaffen. Die meisten modernen Sorten sind F1-Hybriden mit konzentriertem Zuckergehalt – normalsüße und extrasüße Sorten und Sweet-gene-Hybriden. Die Hybriden müssen weit entfernt von normalen Sorten angebaut werden, damit das Aroma nicht durch Kreuzbestäubungen abgeschwächt wird.
Zuckermais muss möglichst rasch nach der Ernte verzehrt oder eingefroren werden, die Qualität der Kolben bleibt nur zwei bis drei Tage erhalten, wenn man sie in einer Plastiktüte im Kühlschrank aufbewahrt.

Zuckermais wird am besten frühzeitig im Gewächshaus in Töpfe ausgesät – die Pflanzen mögen keine Wurzelbeeinträchtigung – und nach den letzten Frösten und sobald die Bodentemperaturen

Aus der Tomatenfamilie

Die folgenden Früchte sind nur einige der zahlreichen Pflanzen aus der Familie der Nachtschattengewächse *(Solanaceae)*, zu der auch die Tomaten sowie Kartoffeln und die giftige Tollkirsche gehören.

Erdkirsche *(Physalis grisea)* Sie gleicht der Kap-Stachelbeere, ist aber etwas süßer. Die Verwendung ist ähnlich, außerdem nimmt man sie püriert als Basis für eine Tarte.

Kap-Stachelbeere *(Physalis peruviana)* Die goldgelben Beeren der Physalis wachsen in einer lampionförmigen papierähnlichen Hülle an einem buschigen Nachtschattengewächs. Die Beeren sind belebend und süßsäuerlich. Sie werden frisch und getrocknet verwendet, können zu Konfitüre gekocht oder in Zartbitterschokolade getaucht als kleine Petits-Fours gereicht werden.

Tomatillo *(Physalis ixocarpa)* Die mehrjährige Pflanze aus warmen Gegenden bringt tomatenähnliche Früchte hervor. Sie haben ein deutliches Apfelaroma und sind eine beliebte Zutat für mexikanische Saucen, Eintöpfe und Salsa.

um die 10 °C betragen, ausgepflanzt. Liegen die Temperaturen niedriger, können die Pflanzen nicht wachsen.

'Kelvedon Glory' ist eine besonders frühe Sorte, **'Challenger F_1'** wurde für Aroma und Zartheit ausgezeichnet, **'Landmark'** ist sehr kälteresistent und **'Extra Early Sweet'** ist windresistent, **'Minipop'** ist eine Sorte mit sehr süßen kleinen Kolben, **'Red Strawberry'** hat kompakte Kolben, die für Mikrowellenpopcorn verwendet werden.

Saison

Gewächshausaussaat Zeitiges bis spätes Frühjahr **Umpflanzen** Spätfrühling bis Frühsommer **Freilandaussaat** Frühsommer **Ernte** Spätsommer bis Spätherbst

Tomaten

Nach dem Erscheinen der Tomate in Europa im 16. Jahrhundert vergingen viele Jahrzehnte, bevor sich ihr Ruf von der Gift- zur Genusspflanze wandelte. Heute gibt es jährlich Dutzende neuer F1-Hybriden, und Kenner schwärmen von Tausenden alten Sorten.

Die Vielfalt ist umwerfend: Die Farben reichen von Weiß, Hellgrün und Zitronengelb über Gold, Orange und Pfirsichfarben bis Purpurrot – einige sind auch gestreift – und natürlich klassisch tiefrot. Form und Größe variieren: Einige erinnern an Johannisbeeren und Trauben, andere an Kirschen oder Pflaumen (sie sind am besten zum Kochen, Trocknen und Pürieren geeignet). Massive Fleischtomaten wiederum wiegen bis zu 450 g.

Praktisch betrachtet ist der wichtigste Unterschied zwischen den Sorten der Wuchstyp. Er bestimmt die Art, wie die Pflanzen gezogen werden. Die meisten Tomaten wachsen hoch und werden wie ein Kordon erzogen, während buschige Sorten sich ohne Haupttrieb, sondern mit Seitentrieben buschig verzweigen. Die meisten Sorten gedeihen genauso gern im Gewächshaus wie im Freiland. In feuchteren Gegenden wählt man gegen Mehltau resistente Sorten wie **'Alicante'** oder gegen Kraut- und Braunfäule resistente wie **'Vitella F_1'**.

Über Geschmack lässt sich streiten, er ist eben Geschmackssache und wird genauso von den Wachstumsbedingungen bestimmt wie auch von der Sortenwahl. Wichtig sind reichlich Sonne, mäßiges, fast knappes Wässern, und nicht zu viel Stickstoff. Jede Sorte hat ihr individuelles Säure-Zucker-Verhältnis, das ein bestimmtes Aroma entstehen lässt, wenngleich die Süße heute in modernen Sorten wie **'Supersweet 100'** das wesentliche Qualitätsmerkmal zu sein scheint. Kenner meinen, die »kartoffelblättrigen« Sorten (**'Matina'** und die meisten **'Brandywine'**-Sorten) hätten das intensivste Tomatenaroma.

Saison

Freiland Gewächshausaussaat Zeitiges bis spätes Frühjahr Umpflanzen Spätfrühling bis Frühsommer Ernte Spätsommer bis Spätherbst

Gewächshaus Aussaat Spätwinter bis zeitiges Frühjahr Umpflanzen Zeitiges bis spätes Frühjahr Ernte Frühsommer bis Spätherbst

KRÄUTER

Die Auswahl an Kräutern, die man im Garten anbauen kann, ist fast endlos, besonders wenn man unter Kräutern jede Pflanze versteht, die dem Menschen nützlich sein kann. Oft wurden ganze Gärten thematisch spezialisierten Sammlungen gewidmet. Beispiele sind Pflanzen zum Färben (Waid, Färberröte oder Heidekraut), Heilkräuter (Lavendel, Rosmarin, Ackermennig und Deutsche Schwertlilie) oder Kräuter, die hausgemachte Weine und Liköre aromatisieren (Alant, Ysop, Wacholder, Nelken, Liebstöckel, Muskatellersalbei und Engelwurz).

In den meisten Gärten liegt der Schwerpunkt auf dem kulinarischen Wert, zum Beispiel auf Salatkräutern wie Schnittlauch, Kapuzinerkresse und Zitronenmelisse, sowie auf stärker würzenden Kräutern wie Meerrettich, Dill, Salbei, Thymian, Koriander oder Knoblauch. Bauen Sie Ihre Lieblingskräuter in einem Beet oder in einer Gartenecke an. Oder verteilen Sie sie als einzelne Stauden oder Reihen in den Gemüsebeeten.

Küchenklassiker

Auf diese Kräuter kann kein Koch verzichten. Und in den meisten Gartenböden zeigen sich Kräuter als verlässliche Pflanzen.

Basilikum *(siehe Kasten gegenüber)*

Lorbeer Der immergrüne *Laurus nobilis* hat feste wachsartige Blätter. Sie werden getrocknet oder frisch für Brühen und Suppen verwendet.

Schnittlauch *(siehe Seite 194)*

Koriander Die scharfe Sorte (oft aufgeführt als Blattkoriander **'Cilantro'**) ist für die Blatternte am besten geeignet, während **'Morocco'** viele nach Orangen duftende Samen hervorbringt. Mehrfach aussäen, da die Wachstumsphase der zarten Pflanze nur kurz ist.

Dill Die Blätter und besonders die Samen würzen Lamm-, Fisch- und Reisgerichte. Wiederholt aussäen und nicht in der Nähe von Fenchel anbauen, da Kreuzbestäubung die Aromen vermischt.

Fenchel Grüner und bronzefarbener Fenchel sind winterharte Stauden und für die Blatt- und Samenproduktion gleichermaßen

Kräuterfamilien

Viele Kräuter sind eng verwandt, was bei der Frage, wo sie angebaut werden sollen, hilfreich sein kann: Schließlich haben sie oft dieselben Vorlieben.

Doldenblütler Die Samen bildenden Mitglieder der Familie *Apiaceae* bevorzugen feuchten, aber gut durchlässigen Boden und volle Sonne. Sie haben alle ein starkes Aroma. Zu den Doldenblütlern zählen Kümmel, Koriander, Kreuzkümmel, Dill und Fenchel. Die Doldenblütler, die man wegen ihrer Blätter zieht – Petersilie, Kerbel, Liebstöckel, Engelwurz –, mögen schwerere Böden, gleichmäßige Feuchtigkeit und etwas Sommerschatten.

Lippenblütler (*Lamiaceae*) sind mediterrane Pflanzen mit typischen Aromen. Sie stehen bevorzugt an sonnigen Standorten auf trockenen, leichten Böden. Zu dieser Gruppe zählen Oregano, Majoran, Thymian, Basilikum, Bohnenkraut, Zitronenmelisse, Lavendel und Rosmarin. Pfefferminze und Grüne Minze (Spearmint) brauchen dagegen feuchten, nahrhaften Boden.

Korbblütler Zur Familie der Korbblütler (*Asteraceae*) zählen Rainfarn, Kamille, Frauenminze, Currykraut und alle Pflanzen aus der Gattung *Artemisia* wie Estragon und Eberraute. Um ihre flüchtigen ätherischen Öle in möglichst hoher Konzentration bilden zu können, benötigen sie unbedingt die Wärme eines vollsonnigen und windgeschützten Standorts.

Frostempfindliche Kräuter

Im Gewächshaus können frostempfindliche Kräuter in Töpfen mit gut durchlässigem Substrat gezogen werden. Einen Versuch wert sind Ingwer, Zitronenverbene, Duftpelargonien, Kurkuma und der herrliche spät blühende Ananassalbei. Niedrige Temperaturen oder zu feuchter Boden im Winter werden schlecht vertragen.

wertvoll. Die großen Pflanzen fordern viel Platz und sollten nicht in der Nähe von Dill stehen *(siehe gegenüber)*.

Zitronenmelisse Die winterharte ausdauernde Staude bietet in all ihren Erscheinungsformen – grün, goldgelb, panaschiert – ein köstliches Zitronenaroma und passt zu Fisch sowie Desserts. Als Tee hilft Zitronenmelisse gegen Blähungen und Stimmungstiefs.

Minze Die Gruppe der Minzen umfasst verschiedene, zumeist winterharte Sorten, die nach Pfefferminze, Ananas, Zitrone, Orange und vielen anderen Aromen riechen. Da Minze sich gern ausbreitet, wird sie in versenkten Kübeln oder Töpfen gepflanzt.

Majoran und Oregano Die mediterranen Kräuter besitzen unterschiedliche Aromen: Majoran ist am besten für Suppen und Eintöpfe geeignet, während Oregano – er entwickelt nur in heißen Sommern sein volles Aroma – ein unverzichtbares Pizzagewürz ist.

Petersilie Krause Sorten sind zwar dekorativ, die meisten Köche ziehen aber wegen des intensiveren Aromas glatte Varianten vor. Jedes Jahr an einen anderen Platz säen.

Rosmarin Der immergrüne Mittelmeerstrauch hat hellblaue Blüten, die Bienen anlocken. Die aromatischen Blättchen passen gut zu Lamm, Brot, Reis und Fisch oder können auch einfach leicht angeröstet werden und dem Raum ihr Aroma verleihen. Wichtig: Rosmarin braucht bei uns einen Winterschutz; noch besser zieht man ihn als Kübelpflanze.

Salbei Echter Salbei ist für die Verwendung in der Küche am besten geeignet. Er braucht heiße, trockene Standorte. Die aromatischen Blätter können ganzjährig geerntet werden.

Bohnenkraut Ziehen Sie beide Sorten: das frostempfindliche einjährige Sommerbohnenkraut und das ausdauernde halbimmergrüne Bergbohnenkraut, das sich jedoch gern selbst aussät. Beide verleihen Gerichten eine pfeffrige Wärme, sollten aber nur behutsam kombiniert werden.

Estragon Der französische Estragon benötigt einen geschützten, warmen, nicht allzu trockenen Standort und in rauen Lagen Winterschutz. Damit das frische belebende Aroma erhalten bleibt, wird Estragon alle drei bis vier Jahre geteilt oder erneuert.

Thymian Die große Auswahl an Sorten erfreut Sammler und Experimentierfreudige. Für die Küche reicht zumeist der normale Thymian aus. Winterhart, immergrün, dekorativ und aromatisch bietet Thymian alles, was das Herz begehrt.

Basilikum-Sorten

Während von einigen Kräutern lediglich eine Sorte oder Variante existiert, bieten andere (wie Thymian oder Minze) eine große Auswahl verschiedener Sorten. Basilikum hat vielleicht die größte Bandbreite an Züchtungen, die sich je nach Sorte geringfügig oder auch deutlich ausgeprägt im Aroma und Erscheinungsbild unterscheiden. Basilikum stammt aus heißen Gegenden und sein warmes Aroma erinnert an die Sommersonne. Es erfordert nährstoffreichen, gut durchlässigen Boden in windgeschützter, vollsonniger Lage. Tontöpfe mit Basilikum vor einem sonnigen Fenster laden zum Ernten ein und halten darüber hinaus Fliegen ab.

Anisbasilikum Es zeichnet sich durch grünlich dunkelrote Blätter, purpurrote Stiele und ein scharfes Anisaroma aus.

Großblättriges Basilikum Der Stammvater zahlreicher weiterer Sorten stammt ursprünglich aus Italien – ein Muss zu Knoblauch, Pasta und Tomaten.

Kleinblättriges Basilikum Es zeichnet sich durch kleinere Blätter und ein deutlich süßeres Aroma aus. Griechisches Basilikum ist noch kleiner und gut im Topf zu ziehen. Die kleinen Blätter werden im Ganzen verwendet.

Rotblättriges Basilikum Eine satte Farbe, die gut zu Reisgerichten passt. Sein Duft ist sehr stark, im Geschmack ist es aber weniger intensiv.

Zimtbasilikum Die aus Mexiko stammende Pflanze hat bräunlich grüne Blätter und rosa Blüten. Es verleiht Salaten und Gerichten der Tex-Mex-Küche eine würzige Note.

Zitronenbasilikum Dies Basilikum ist blasser als die anderen, hat aber ein intensives Zitronenaroma. Eine etwas launische Sorte, die viel Sonne und Wärme braucht.

S. 138 *siehe* Basilikumpesto
S. 138 *siehe* Pasta mit grünen Bohnen, Kartoffeln und Pesto

OBST

Früchte runden das Angebot aus dem eigenen Garten ab. Sie benötigen für Obstgehölze nicht unbedingt viel Platz, sondern können sie auch zwischen und um die Gemüsebeete setzen, wenn Sie kompakte Sorten oder Spindelbüsche wählen. Nahezu alle gängigen Obstsorten sind mehr oder weniger ausdauernde Pflanzen, von Erdbeeren, die drei bis vier Jahre am selben Platz bleiben, bis zu Äpfeln und Pflaumen, die mitunter auch noch der nächsten Generation Früchte liefern. Dies bedeutet, dass die Auswahl der Sorten und des Standorts wie auch das Pflanzen mit etwas Bedacht geschehen sollten. Die meisten Obstgehölze sind pflegeleicht, und ihre Früchte – in manchen Jahren tragen sie im Überfluss – sind frischer und aromatischer, wenn man sie auf dem Höhepunkt der Reife noch sonnenwarm pflückt.

Ob bei der Übernahme vorhandener Pflanzen aus einem bestehenden Garten oder einer Neupflanzung – die Liste der in der engeren Wahl stehenden Obstsorten wird sich vermutlich auf gängige Sorten konzentrieren, die bewährt sind, gut zum jeweiligen Klima passen und hochwertiges Obst tragen.

Bei der Auswahl sollte man beachten, dass die Sorten an die jeweiligen Boden- und Lichtverhältnisse des Gartens angepasst sind. Wuchsfreudigkeit, Größe und Form der Pflanze und des Wurzelbereichs sollten sich für den vorgesehenen Standort eignen, und falls nur wenig Platz zur Verfügung steht, wählt man Sorten, die vielseitig und zuverlässig sind und deren Früchte nur selten im Handel erhältlich sind. Kaufen Sie ausschließlich bei Baumschulen namentlich gekennzeichnete Sorten und Pflanzen, die nachgewiesenermaßen krankheitsresistent sind. Überprüfen Sie auch die Anforderungen bei der Befruchtung, da manche Bäume zwei verschiedene Sorten zur Befruchtung benötigen. Eine Zusammenstellung von frühen, Hochsommer- und späten Obstsorten sorgt dafür, dass Sie fast ganzjährig Nachschub an frischem Obst haben.

Äpfel

Außer in sehr feuchten oder heißen Gegenden, wo Schädlinge und Krankheiten ein leichtes Spiel haben, gedeihen Äpfel fast überall. Die Palette der Sorten ist groß: Manche eignen sich mehr zum sofortigen Verzehr, andere zum Kochen und Backen, wieder andere sind nur für die Verarbeitung zu Apfelwein geeignet. Je nach Platz wählen Sie die entsprechende Wuchsform: Hoch-, Halbstamm, Spindelbusch oder Spalier. Es gibt viele Geschmacksrichtungen, die selten im Handel zu finden, aber für den eigenen Anbau lohnend sind.

Am besten wählt man sowohl Sorten, die sich zum Frischessen und für die Küche eignen, als auch Sorten, die man lagern kann. Frühe Äpfel wie **'Klarapfel'** und **'Piros'** beispielsweise müssen bald gegessen werden und sind nicht lagerfähig. Ein Baum genügt meist, um den Bedarf zu stillen. **'Blenheim Orange'** ist für beide Verwendungen geeignet und bis zu drei Monate lagerfähig, und selbst der **'Winterglockenapfel'** reift nach langer Lagerung zu guter Qualität heran. Spezielle Sorten sind im Handel häufig teuer oder nicht erhältlich, bieten aber eine große Bandbreite an Verwendungsmöglichkeiten, sei es als Kompott, Apfelmus für Kuchen oder Aufläufe. Robuste vielseitige und gängige Sorten sind **'Boskoop'**, **'Topaz'** und **'Pinova'**.

Saison
Pflanzen Herbst oder Frühling (Containerpflanzen ganzjährig) Ernte Spätsommer bis Spätherbst

Schwarze Johannisbeeren

Die köstlichen Schwarzen Johannisbeeren werden nur selten im Handel angeboten. Die Sträucher benötigen nährstoffreichen Boden und tragen üppig, wenn sie alljährlich mit Kompost versorgt werden und man regelmäßig ein Drittel der ältesten Triebe entfernt. Empfehlenswert sind kompakt wachsende Sorten wie **'Ben Sarek'** sowie bewährte Sorten wie **'Ometa'** und **'Titania'**.

Saison
Pflanzen Herbst oder Frühjahr (Containerpflanzen Frühling bis Herbst) Ernte Hochsommer bis Frühherbst

Kultur-Heidelbeeren

Auf saurem Boden bringen Blaubeeren üppige Erträge hervor. Eine hohe Sorte wie **'Earliblue'** ermöglicht eine Unterpflanzung mit Zwergsorten wie niedrig wachsenden Waldheidelbeeren, Preiselbeeren oder Moosbeeren. In der herbstlichen Laubfärbung setzen Blaubeersträucher im Garten feurig rote Akzente.

Saison
Pflanzen Herbst oder Frühling (Containerpflanzen ganzjährig) Ernte Hochsommer bis Frühherbst

Kirschen

Früchte mit vollem Aroma bieten Kirschen aus eigenem Anbau, so etwa **'Burlat'**, die gelbe **'Dönnisens Gelbe Knorpelkirsche'** oder die **'Schwarze Königin'**, die aber zur Befruchtung in der Nähe einen weiteren Baum brauchen. **'Sunburst'** und die Sauerkirschen **'Morellenfeuer'** und **'Schattenmorelle'** sind selbstfruchtbar.

Saison
Pflanzen Herbst oder Frühling (Containerpflanzen ganzjährig) Ernte Hoch- bis Spätsommer

Stachelbeeren

Stachelbeeren liefern häufig reiche Erträge und zwei Ernten: früh ausgedünnte Früchte kann man zum Kochen verwenden, reife Beeren werden frisch gegessen. Bewährte Sorten sind **'Hönings Früheste'**, **'Rote Triumph'** oder **'Invicta'**. Schnittmaßnahmen sorgen für ein luftiges Zweiggerüst, das die Anfälligkeit für Mehltau etwas verringert. Die Sträucher können auch als Kordon oder Fächer bzw. als Hochstamm erzogen werden.

Saison

Pflanzen Herbst oder Frühling (Containerpflanzen Frühling) Ernte Frühsommer (ausgedünnte Beeren), Spätsommer (Haupternte)

Trauben

In Gegenden mit mildem Klima können Sie Trauben sowohl zum Verzehr als auch für die Herstellung von Wein anbauen (**'Siegerrebe'**, **'Roter Gutedel'**, **'Regent'**). In kalten Regionen weichen Sie auf das Gewächshaus aus: Solche Sorten benötigen zur Reifezeit zusätzliche Wärme, aber die pilzresistenten Robusta-Sorten oder **'Phonix'** und **'Romulus'** tragen auch an einer sonnigen Hauswand gut. Sorgfältige Schnittmaßnahmen und Erziehung halten die Größe in Schach, steigern die Erträge und bieten darüber hinaus eine angenehme Schattierung des Gewächshauses.

Saison

Pflanzen Herbst oder Frühling (Containerpflanzen ganzjährig) Ernte Freiland Spätsommer bis Herbstmitte Gewächshaus Frühherbst bis Frühwinter

Birnen

Birnen sind etwas schwieriger zu kultivieren als Äpfel. Gegenden mit starkem Niederschlag, kühlen Sommern und Spätfrost sind für Birnen ungeeignet. Die besten Ergebnisse werden erzielt, wenn man Birnen als Fächer oder Spalier an einer warmen Mauer, an einem Zaun oder der Wand eines Schuppens zieht. Birnen brauchen zur Bestäubung stets einen Partner – Vorsicht: Nicht alle Sorten sind geeignete Pollenspender. Manche Sorten wie **'Conference'** und **'Seckle'** sind zum Teil selbstfruchtbar. Zu den Sorten, die gleichermaßen für den sofortigen Verzehr wie auch für die Verwendung in der Küche geeignet sind, zählen **'Conférence'** und **'Williams Christbirne'** (**'Bartlett'**).

Saison

Pflanzen Herbst oder Frühling (Containerpflanzen ganzjährig) Ernte Spätsommer bis Herbstmitte

Traube 'Black Hamburgh'

Die ertragreiche 'Conférence' zählt zu den beliebtesten Birnen.

Einen Versuch wert: was nicht jeder hat

Man kann zahlreiche weitere Früchte mit Erfolg anbauen, wenn hinreichend Platz und die entsprechenden Wachstumsbedingungen gegeben sind.

Aprikosen Man behandelt sie wie Pfirsiche. Eine vitaminreiche Sorte ist **'Moorpark'**, eine Zwergform ist **'Aprigold'**. Die festfleischigen, überaus saftigen Früchte lassen sich gut kochen, für Tartes oder Knödel verwenden oder trocknen.

Feigen Der Baum mit den attraktiven Blättern gedeiht nur in Regionen mit mildem Klima und benötigt einen Schutz vor Frost. **'Violetta'** ist relativ winterfest, **'White Marseilles'** am aromatischsten. Im Freiland darf eine Ernte pro Jahr erwartet werden, im Gewächshaus zwei.

Granatäpfel Die Früchte der großen Sträucher, die in unseren Breitengraden Laub abwerfend sind, können nur an einem warmen frost- und windgeschützten Standort reifen. Es gibt verschiedene Sorten mit attraktiven weißen oder roten Blüten.

Haselnüsse Selbst junge Sträucher tragen bereits Nüsse, während der jährliche Rückschnitt zudem noch zahlreiche starke Zweige als Rankhilfen für Erbsen liefert.

Japanische Mispel Der Wärme liebende Baum bringt im Frühsommer gelbe oder orange Früchte hervor *(siehe Abbildung, oben rechts)*. Frisch schmecken sie etwas fad, lassen sich aber gut mit einigen Samen, die Mandelaroma besitzen, zu Konfitüren und Saucen verarbeiten.

Olive Ein langsam wachsender, immergrüner Sonnenanbeter, den man bei uns auch im Weinbauklima nur an sehr geschützten warmen Standorten, die mehr oder weniger frostfrei sind, im Kübel ziehen kann. Er muss regelmäßig geschnitten werden.

Pfirsiche Geeignet für warme geschützte Standorte im Freien oder im Gewächshaus. Pfirsiche sind selbstfruchtbar, so kann ein Versuch mit einem einzelnen Baum unternommen werden, etwa mit der Zwergform **'Bonanza'**. Die Anforderungen von Nektarinen wie die Zwergsorte **'Nectarella'** sind ähnlich.

Quitten Die Früchte des leicht zu ziehenden Baums *(siehe Abbildung, rechts)* reifen beim Lagern und werden zu Konfitüre und Gelee verarbeitet. Empfehlenswert sind **'Vranja'** oder **'Portugal'**.

Schwarzbeeren (*Solanum × burbankii, S. melanocerasum*). Die einjährige Verwandte der Tomate bringt purpurrot-schwarze Beeren hervor, die sich zu Pies und Konfitüren verarbeiten lassen. Reiche Erträge in warmen Sommern.

Walderdbeeren Sie bilden fortwährend Früchte und besitzen ein verführerisches Aroma – eine perfekte Randbepflanzung, die sich durch Teilung oder Samen erneuern lässt. Alle Sorten, einschließlich der gelben, sind gut.

S. 141 *siehe* Marokkanische Tajine mit Huhn und Quitten

Zwetschen wachsen in Schrebergärten auch gern wild.

Pflaumen

Pflaumen sind in Obst- und Gemüsegärten sehr verbreitet – in Großbritannien häufig als einzelner Baum der beliebten Sorte **'Königin Victoria'**. Sie gedeihen an Standorten mit schwerem feuchtem Boden und Schutz vor kaltem Wind während der Blütezeit. Durch Ausdünnen erhält man Früchte von guter Größe; dies verhindert auch, dass überladene Äste abbrechen. Pflaumenbäume lassen sich nur schwer klein halten, wenngleich eine gute Erziehung das Wachstum in Schach hält. Zu den Sorten, die zum Frischessen ebenso geeignet sind wie für die Verwendung in der Küche, zählen **'Königin Victoria'**, **'Hanita'** und **'Yellow Pershore'**. Die **'Hauszwetsche'** ist die beste Sorte für kalte und windige Standorte, wo sie als Windschutz dienen kann.

Saison

Pflanzen Herbst oder Frühling (Containerpflanzen ganzjährig) Ernte Hochsommer bis Frühherbst

Himbeeren

Himbeeren sind beliebte Sommerfrüchte, wenngleich Sorten wie **'Autumn Bliss'** und **'Himbotop'** die Erntezeit noch bis zum Frost verlängern. Gelbe (**'Golden Everest'**, **'Fallgold'**), purpurrote (**'Glencoe'**) und schwarze Sorten (**'Malling Jewel'**) bieten farblich und geschmacklich Abwechslung. Die biegsamen Ruten werden an einem stabilen Drahtgestell geführt. Ausläufer, die in nahe gelegene Beete auswandern, reißt man aus.

Saison

Pflanzen Herbst oder Frühling Ernte Hoch- bis Spätsommer (Sommersorten), Spätsommer bis Herbstmitte (Herbstsorten)

Die Weiße Johannisbeere 'White Grape' hat ein einzigartiges Aroma.

Rote und Weiße Johannisbeeren

Rote Johannisbeeren sind aromareiche und attraktive Früchte, die in Sonne und Halbschatten gleichermaßen gedeihen und relativ lange Zeit am Strauch hängen bleiben können. Einen Versuch wert sind die **'Weiße Versailler'** und die moderne **'Rovada'**. Weiße Johannisbeeren bieten interessante Geschmacksnuancen.

Saison

Pflanzen Herbst oder Frühling (Containerpflanzen ganzjährig) Ernte Hoch- bis Spätsommer

Erdbeeren

Ein Spitzenreiter unter den Sommerfrüchten sind Erdbeeren, besonders ältere Sorten wie **'Mieze Schindler'** oder **'Königin Luise'**, die zu weich und saftig für die kommerzielle Nutzung sind. Die Erdbeerzeit kann durch den Anbau früher und später Sorten und das Setzen von wiederholt tragenden Monatserdbeeren wie **'Aromel'** bis zum Frost gestreckt werden. Für eine besonders frühe Ernte können die Pflanzen leicht angetrieben werden.

Saison

Pflanzen Spätsommer bis zeitiges Frühjahr Ernte (Sommererdbeeren) Spätfrühling bis Spätsommer; (Monatserdbeeren) Frühsommer bis Herbstmitte; (Walderdbeeren) Hochsommer bis Spätherbst

Glossar

Ableger Jungpflanze, die auf natürliche Weise an Trieben der Elternpflanze entsteht und sich leicht bewurzelt.
Anbau, biologisch-dynamischer Biologische Anbaumethode, die auf gesundes Bodenleben setzt und die Wirkung kosmischer Kräfte (*dynamos* = Kraft), beispielsweise der Mondzyklen, miteinbezieht. Sie verzichtet auf chemische Pflanzenschutzmittel und schnell lösliche mineralische Dünger.
Anbau, organisch-biologischer Methode, die bei der Anzucht von Pflanzen auf chemische Pflanzenschutzmittel und mineralische Dünger verzichtet und stattdessen naturnahe Methoden und Mittel verwendet.
Ausdünnen Einzelne schwächere Sämlinge werden aus zu dicht stehenden Gruppen entfernt, um ein besseres Wachstum der verbleibenden Pflanzen zu ermöglichen. Das Verfahren wird auch bei zu dicht stehenden Früchten in Obstgehölzen angewandt.
Aussaat, aufeinander folgende Wiederholte Aussaaten in regelmäßigen zeitlichen Abständen, die eine verlängerte und fortwährende Ernte ermöglichen.
Aussaat, breitwürfige Aussaat über die gesamte Fläche und nicht in Rillen.
Begleitpflanzen Verschiedene Gewächse, die zusammengepflanzt werden und sich gegenseitig günstig beeinflussen.
Bleichen Verfahren, durch das Pflanzen wie Chicorée blass, zart und weniger bitter werden. Selbstbleichende Sorten tun dies auch bei Lichteinwirkung.
Boden, krümeliger Optimale feinkrümelige Bodenstruktur als Folge guter Bearbeitung, zumeist für die Aussaat geeignet.
Bodentest Im Fachhandel erhältliches Testset zur Messung des pH-Werts im Boden *(siehe auch pH-Wert).*
Flächendüngung Ausbringen von Materialien wie Mist, Kalk oder Dünger auf der Bodenoberfläche.
Einjährige Pflanze, die ihren gesamten Lebenszyklus innerhalb von höchstens zwölf Monaten vollendet und danach abstirbt *(siehe auch Zweijährige, Staude)*
F1-Hybride Aus der Kreuzung zweier unterschiedlicher Elternpflanzen entstandene Sorte, in der die einzigartigen Eigenschaften beider erhalten wurden.
Fächer Erziehungsform für Bäume mit mehreren Trieben, die fächerförmig von einem kurzen Haupttrieb abgehen.
Folientunnel oder Haube Haube oder Abdeckung aus Folie oder Glas, die jungen oder empfindlichen Pflanzen als Kälteschutz dient.
Gründünger Pflanzen, die ausschließlich gezogen werden, um untergegraben zu werden und so den Boden zu verbessern.
Humusschicht Oberste Bodenschicht, meist fruchtbarer und dunkler als die darunterliegende Mineralschicht und Hauptwurzelraum der meisten Pflanzen.
Hydrokultur Pflanzen, die in Wasser und einer verdünnten Lösung von Nährstoffen ohne Erde gezogen werden.
Johannisbeergallmilbe Krankheit, durch die ungewöhnlich verdickte Knospen an Schwarzen Johannisbeeren entstehen. In den verdickten Knospen leben die Milben; diese übertragen Viruskrankheiten.
Kordon (Schnurbaum) Pflanzen, wie etwa Tomaten und zahlreiche Obstbäume, die mit einem, zwei oder drei Trieben gezogen werden.
Krebs Unterschiedliche Pilzinfektionen, insbesondere Baumkrebs – aber kein Krebs im eigentlichen Sinne –, die Obstbäume, aber auch Tomaten und Pastinaken befallen.
Kupfersulfat Eines der wenigen Mittel, das im biologischen Anbau zur Bekämpfung von Pilzerkrankungen zugelassen ist.
Laubkompost Ansatzweise zersetztes Material aus einem reinen Laubkomposthaufen, enthält einige Nährstoffe, besonders wertvoll zur Bodenverbesserung und als Torfersatz.
Monokultur Großflächiger Anbau eines einzigen Gemüses oder einer einzigen Sorte.
Mulch Schicht aus natürlichem oder nichtorganischem Material, die zum Schutz auf dem Boden ausgebreitet wird. Folienmulch wird zum Säubern von verkrauteten Flächen eingesetzt.
Nematoden Winzige, wurmähnliche, im Boden lebende Parasiten. Manche fügen Gemüse Schaden zu, etwa Kartoffeln, andere dienen der Schädlingsbekämpfung. Nematoden werden auch Fadenwürmer oder Älchen genannt.
Permakultur Gartenbaumethode, die ohne Umgraben auskommt und von organisch-biologischen Prinzipien ausgeht, um die Standortbedingungen, die natürlichen Ressourcen und die jeweiligen Ziele so miteinander in Einklang zu bringen, dass die Umwelt erhalten bleibt.
Pflanzholz Stiftförmiges Werkzeug zum Eindrücken statt Ausheben von Pflanzlöchern beim Umsetzen von Sämlingen und Jungpflanzen.
Pfropfen das künstliche Verbinden zweier unterschiedlicher Pflanzen oder Pflanzenteile, die dann als eine Pflanze weiterwachsen.
pH-Wert Messwert für den Säuregehalt einer Substanz, im Garten für den Säuregehalt des Bodens.
Rispe Mehrere entlang einer Hauptachse angeordnete verzweigte Nebenachsen, an denen Blüten und Früchte sitzen, wie etwa bei Tomaten.
Schnurbaum *siehe Kordon*
Spalier Erziehungsform für Bäume mit einem einzigen aufrechten Haupttrieb und einem oder mehreren Paaren waagerechter Seitentriebe.
Spatentief Angabe für die Tiefe beim Umgraben, die der Länge eines Spatenstichs entspricht (ca. 25 cm).
Staude Pflanze, die mindestens drei Wachstumsperioden lang, meist aber viel länger lebt *(siehe auch Einjährige, Zweijährige).*
Umgraben, Verzicht auf Verschiedene Anbaumethoden, die das traditionelle Umgraben reduzieren oder ganz darauf verzichten.
Verjüngen Maßnahmen, die Pflanzen zu einem starken Neuaustrieb anregen, beispielsweise durch Teilen oder einen Rückschnitt.
Unterlage, schwach wachsende Unterer Teil eines gepfropften Obstbaums, der Wachstum und Größe des Baums begrenzt. Die Unterlage stammt meist von einer anderen Sorte oder Art als die aufgepfropfte Edelsorte.
Vermehren Gewinnung von neuen Pflanzen mit geeigneten Methoden, etwa durch das Entnehmen von Stecklingen, durch Teilen oder durch die Aussaat von Samen.
Vorkeimen von Kartoffeln Saatknollen vor dem Pflanzen zum Keimen anregen.
Vorkulturpflanzen Eine erste Aussaat oder Pflanzung, die eher dazu dient, neuen oder vernachlässigten Boden aufzubrechen, als eine ernst zu nehmende Ernte zu erbringen.
Vortreiben Künstliches Antreiben von Pflanzen, beispielsweise unter Folie oder unter Glas, um rascheres oder früheres Wachstum zu bewirken.
Zweijährige Pflanze, die zwei Wachstumsperioden lang lebt, im zweiten Jahr – nach der Winterruhe – blüht und sich aussamt *(siehe auch Einjährige, Staude)*
Zwischenkultur Rasch wachsendes Gemüse, das nach der Ernte eines Hauptgemüses und vor dem Anbau des nächsten gezogen wird.

Bezugsquellen und Informationen

SAMEN

Carl Sperling & Co. Saatzucht
Postfach 2640
21316 Lüneburg
www.sperli.de

prime factory GmbH & Co. KG
Abteilung Schneckenprofi
Itzehoer Straße 10
25581 Hennstedt
www.schneckenprofi.de

Samenshop24
Kirchdorfer Straße 177
26605 Aurich
www.samenshop24.de

Felix Kursch
Buchenstraße 18
35745 Herborn
www.samenwunder.de

Dreschflegel
In der Aue 31
37213 Witzenhausen
www.dreschflegel-saatgut.de

Gärtner Pötschke
Beuthener Str. 4
41561 Kaarst
www.poetschke.de

Bruno Nebelung GmbH & Co.
Kiepenkerl Pflanzenzüchtung
Postfach 1263
48348 Everswinkel
www.kiepenkerl.de

Dieter Kursch
Fockenbachstraße 12
56589 Niederbreitbach
www.blumen-samen-zwiebeln-kraeuter-blumenzwiebeln-gemuesesamen.de

Allerleirauh GmbH
Kronstraße 24
61209 Echzell
www.oekoseeds.de

HILDsamen gmbH
Postfach 1161
71666 Marbach/Neckar
www.hildsamen.de

Syringa
Bachstr. 7
78247 Hilzingen-Binningen
www.syringa-pflanzen.de

Keller GmbH & Co KG
Konrad Straße 17
79100 Freiburg
www.biokeller.de

Raritätengärtnerei Treml
Eckerstraße 22
93471 Arnbruck
www.pflanzentreml.de

L. Chrestensen, Erfurter Gartenversandhaus
Postfach 1000
99079 Erfurt
www.gartenversandhaus.de

Österreich und Schweiz
Eifler Samen
Petersplatz 11
A-1010 Wien

Verein Arche Noah
Obere Straße 40
A-3553 Schloss Schiltern
www.arche-noah.at

Samen Mauser
Eric Schweizer AG
Industriestr. 24
CH-8404 Winterthur
www.samen-mauser.ch

PFLANZEN

Gärtnerei Helion
Hof Vogelsang
OT Schmölln
17291 Randowtal
www.helenion.de

Bakker Holland
22922 Ahrensburg
www.bakker-holland.de

Bioland Gärtnerei Strickler
Lochgasse 1
55232 Alzey-Heimersheim
www.gaertnerei-strickler.de

BALDUR-Garten GmbH
Elbinger Straße 12
64625 Bensheim
www.baldur-garten.de

Dehner GmbH & Co. KG
Donauwörther Straße 5
86641 Rain
www.dehner.de

OBSTGEHÖLZE

Pomologen-Verein e.V.
Bundesgeschäftsstelle
Brünlasberg 52
08280 Aue/Sachsen

Hermann Cordes
Lülanden 4
22880 Wedel
www.cordes-apfel.de

Bund deutscher Baumschulen e.V.
Bismarckstr. 49
25421 Pinneberg
www.bund-deutscher-baumschulen.de

Klaus Ganter Baumschule
Baumstr. 2
79369 Whyl am Kaiserstuhl
www.ganter-baden.de

GARTENZUBEHÖR

Gartenfreuden
Zeppelinstraße 12
25451 Quickborn
www.gartenfreuden.com

Manufactum
Hiberniastraße 5
45731 Waltrop
www.manufactum.de

Bauer & Menzel GbR
Marienstraße 4
72131 Ofterdingen
www.blickfang-alte-zeiten.de

Staudengärtnerei und Terra-Cottage Gräfin von Zeppelin
Weinstraße 1
79295 Laufen
www.terra-cottage.com

Gartenbedarf-Versand Richard Ward
Günztalstraße 22
87733 Markt Rettenbach
www.gartenbedarf-versand.de

Schlegel & Co. Gartenprodukte GmbH
Göffinger Straße 40
88499 Riedlingen
www.gartencenter-shop24.de

GardenaManufacturing
Hans-Lorenser-Straße 40
89079 Ulm
www.gardena.com

In Österreich
Dr. Reinhard Schmidl e.U.
Produktion & Handel
Rechbauerstraße 23
8010 Graz

ORGANISATIONEN

NABU - Naturschutzbund Deutschland e.V.
Charitéstraße 3
10117 Berlin
www.nabu.de

Bund für Umwelt und Naturschutz (BUND) e.V.
Am Köllnischen Park 11
10179 Berlin
www.bund.net

Bundesverband Deutscher Gartenfreunde e. V.
Platanenallee 37
14050 Berlin
www.kleingarten-bund.de

Bioland e.V.
Verband für biologisch-organischen Landbau
Kaiserstr. 18
55116 Mainz
www.bioland.de

Demeterbund und Forschungsring für biologisch-dynamische Wirtschaftsweise
Brandschneise 2
64295 Darmstadt
www.demeter.de

Staatliche Forschungsanstalt für Gartenbau Weihenstephan
Informationsstelle
Am Staudengarten 9
85354 Freising
www.fh-weihenstephan.de/fgw

WEBSITES

www.bio-gaertner.de
www.gartenfreunde.de (mit großem Marktplatz mit Bezugsquellen)
www.gartenbauvereine.de
www.hausgarten.net
www.kleingartenbund.de
www.pflanzenschutzdienst.de
www.biogartenversand.de

BRITISCHE LEBENSMITTEL

Die in einigen Rezepten erwähnten typisch britischen Produkte wie Clotted Cream oder Golden Syrup erhalten Sie in Spezial-Geschäften bzw. über das Internet. Eine Auswahl:

Broken English
Körte Str. 10
10967 Berlin
Broken English
Leonhardtstr. 23
14057 Berlin
www.brokenenglish.de

British Shopping
Hegestr. 30
20251 Hamburg - Eppendorf
www.british-shopping.de

A Taste of Britain
Oeder Weg 34
60318 Frankfurt/Main
www.a-taste-of-britain.de

Pomeroy & Winterbottom
Reichenbachstraße 38
80469 München
www.pomeroy-winterbottom.de

BÜCHER

Johnny Acton und Nick Sandler: **Das Duchy Originals Kochbuch. Kompromisslos gutes Essen.** Christian Verlag, München, 2007

Richard Bertinet: **Brot und Gebäck für Genießer. 50 neue Rezepte.** Christian Verlag, München, 2008

Clarissa Dickson Wright und Johnny Scott: **Sonntagsbraten.** Christian Verlag, München, 2007

Marie-Luise Kreuter: **Der Biogarten**. BLV Verlag München, 2007

Domitille und Michel Langot: **Schmeckt gut, tut gut. Wohlfühlrezepte mit Nüssen, Linsen, Bohnen, Erbsen, Körnern.** Christian Verlag, München, 2009

Delphine de Montalier: **Gemüse & Gemüse. 120 saisonale Rezepte.** Christian Verlag, München, 2008

Toby Musgrave: **Bauerngärten – Cottagegärten.** Christian Verlag, München 2005

John Scarman: **John Scarman's Alte Rosen. Auswahl – Begleitpflanzen – Kultur & Schnitt.** Christian Verlag, München, 2008

Waltraud Witteler und Christian Meier: **Kochen mit Wildkräutern. Neue Aromen – neue Rezepte.** Christian Verlag, München, 2008

ZEITSCHRIFTEN

kraut & rüben
Deutscher Landwirtschaftsverlag, München
www.krautundrueben.de

Natürlich Gärtnern
Organischer Landbau Verlag, Xanten
www.natuerlichgaertnern.de

Lebendige Erde
Forschungsring für biologisch-dynamische Wirtschaftsweise, Darmstadt
www.lebendigeerde.de

Register

Halbfett gesetzte Einträge verweisen auf Rezepte, halbfett gesetzte Seitenzahlen auf Abbildungen.

Register

Register

Danksagung

Der Autor Ein praktisches Buch diesen Umfangs bezieht seine Informationen und Erfahrungen immer aus zahlreichen Quellen. Ich möchte all meinen Garten-Mentoren, -Tutoren und Kollegen danken, die ihre Erfahrungen mit der Kunst des eigenen Anbaus häufig in großem Detail mit mir geteilt haben – jeder Gärtner weiß es selbst am besten und gibt sein Wissen gern spontan weiter.

Seit ich *The Allotment Book* geschrieben habe, haben die Menschen in meiner Heimat in Mid-Wales die Herausforderung angenommen, sich auf ein Leben ohne Öl und ein sich veränderndes Klima einzustellen. Der Übergang in diese neue, ungewisse Welt kann nur durch den Rückgriff auf regionale Lebensmittel und auf die Kunst des eigenen Anbaus funktionieren. Ich schulde all jenen Respekt, die diesem Prozess mit Weitblick begegnen, und danke ihnen für alle Vorschläge, Unterstützung und den vielen guten Kaffee (den man leider nicht im Garten anbauen kann): Wenn doch nur alle Regierungen den Anbau von und die Versorgung mit Nahrungsmitteln ganz oben auf die Liste der nationalen Prioritäten setzen würden!

Begleitet und unterstützt wurde ich wie immer von meiner Familie und ich schulde meiner Frau Meg und unseren Kindern Tim, Ruth und Sarah – allesamt Gärtner und hervorragende Köche – Liebe und Dank.

Vor allem aber gilt mein tiefer Dank und meine endlose Bewunderung Airedale Publishing, die aus Rohmaterial hervorragende Bücher entstehen lassen, etwa wie ein Gärtner, der aus Saatgut preisgekrönte Pflanzen heranzieht: Ein besonders großer Dank an alle – eine Spitzenleistung!

Airdale Publishing Ein großes Dankeschön von Ruth an Andi für sein wie immer großartiges Buch voller Anregungen. An das Team im Haus: Helen, der niemals etwas Redaktionelles entgeht und Murdo, dem niemals eine Abbildung entgeht. Dank an David, Mike und Sarah für ihre herausragenden Fotos und auch dafür, dass sie bei wirklich jedem Wetter draußen waren! Pany, John und Geoff von der Chiswick Horticultural Society möchten wir für ihre Hilfe danken. Henry, Sarah, Jon, James und Raj dafür, dass sie uns von ihren Erfahrungen im eigenen Garten berichtet haben. Unser Dank gilt weiter Halcyon von Horti-Halcyon für ihr Kuchenrezept; Linda für Rezepte und das hervorragende Kochen für die Fotos; Meg C. für Rezepte; Claire für Requisiten; Kate für die schönen Fotos; Norma und Alison für das Überprüfen der Rezepte, und Ione von HarperCollins für ihre endlose Hilfe.

Bildnachweis Alle Bilder im Buch stammen von David Murphy, Sarah Cuttle, Mike Newton © Airedale, mit Ausnahme von 27 ul, 29 Ml © Murdo Culver; 26 or, 43 gol © Dorling Kindersley; 44 or, 209 o © Dorling Kindersley: Peter Anderson; 56 uM © Dorling Kindersley: Dave King; 47, 61, 75, 79, 83, 97, 105, 107, 119, 139, 143, 145, 156, 161, 173, 177 Kate Whitaker